浙江文化名人传记精选修订丛书
原 主 编：万 斌
执行主编：卢敦基

人龙文虎

陈亮传

卢敦基 著

浙江人民出版社

图书在版编目（CIP）数据

人龙文虎 ：陈亮传 / 卢敦基著. -- 杭州 ：浙江人民出版社，2024. 12

ISBN 978-7-213-11490-8

Ⅰ. ①人… Ⅱ. ①卢… Ⅲ. ①陈亮（1143-1194）-传记 Ⅳ. ①B244.91

中国国家版本馆CIP数据核字(2024)第105427号

人龙文虎：陈亮传

RENLONG WENHU CHEN LIANG ZHUAN

卢敦基　著

出版发行	浙江人民出版社（杭州市环城北路177号　邮编　310006） 市场部电话:(0571)85061682　85176516
责任编辑	诸舒鹏
责任校对	何培玉
责任印务	程　琳
封面设计	王　芸
电脑制版	杭州天一图文制作有限公司
印　　刷	杭州钱江彩色印务有限公司
开　　本	710毫米×1000毫米　1/16
印　　张	15
字　　数	227千字
插　　页	6
版　　次	2024年12月第1版
印　　次	2024年12月第1次印刷
书　　号	ISBN 978-7-213-11490-8
定　　价	66.00元

“浙江文化研究工程成果文库”总序

有人将文化比作一条来自老祖宗而又流向未来的河，这是说文化的传统，通过纵向传承和横向传递，生生不息地影响和引领着人们的生存与发展；有人说文化是人类的思想、智慧、信仰、情感和生活的载体、方式和方法，这是将文化作为人们代代相传的生活方式的整体。我们说，文化为群体生活提供规范、方式与环境，文化通过传承为社会进步发挥基础作用，文化会促进或制约经济乃至整个社会的发展。文化的力量，已经深深熔铸在民族的生命力、创造力和凝聚力之中。

在人类文化演化的进程中，各种文化都在其内部生成众多的元素、层次与类型，由此决定了文化的多样性与复杂性。

中国文化的博大精深，来源于其内部生成的多姿多彩；中国文化的历久弥新，取决于其变迁过程中各种元素、层次、类型在内容和结构上通过碰撞、解构、融合而产生的革故鼎新的强大动力。

中国土地广袤、疆域辽阔，不同区域间因自然环境、经济环境、社会环境等诸多方面的差异，建构了不同的区域文化。区域文化如同百川归海，共同汇聚成中国文化的大传统，这种大传统如同春风化雨，渗透于各种区域文化之中。在这个过程中，区域文化如同清溪山泉潺潺不息，在中国文化的共同价值取向下，以自己的独特个性支撑着、引领着本地经济社会的发展。

从区域文化入手，对一地文化的历史与现状展开全面、系统、扎实、有序的研究，一方面可以借此梳理和弘扬当地的历史传统和文化资源，繁荣和丰富当代的先进文化建设活动，规划和指导未来的文化发展蓝图，增强文化软实力，为全面建设小康社会、加快推进社会主义现代化提供思想保证、精神动力、智力支持和舆论力量；另一方面，这也是深入了解中国文化、研究中国文化、发展中国文化、创新中国文化的重要途径之一。如今，区域文化研究日益受到各地重视，成为我国文化研究走向深入的一个重要标志。我们今天实施浙江文化研究工程，其目的和意义也在于此。

千百年来，浙江人民积淀和传承了一个底蕴深厚的文化传统。这种文化传统的独特性，正在于它令人惊叹的富于创造力的智慧和力量。

浙江文化中富于创造力的基因，早早地出现在其历史的源头。在浙江新石器时代最为著名的跨湖桥、河姆渡、马家浜和良渚的考古文化中，浙江先民们都以不同凡响的作为，在中华民族的文明之源留下了创造和进步的印记。

浙江人民在与时俱进的历史轨迹上一路走来，秉承富于创造力的文化传统，这深深地融汇在一代代浙江人民的血液中，体现在浙江人民的行为上，也在浙江历史上众多杰出人物身上得到充分展示。从大禹的因势利导、敬业治水，到勾践的卧薪尝胆、励精图治；从钱氏的保境安民、纳土归宋，到胡则的为官一任、造福一方；从岳飞、于谦的精忠报国、清白一生，到方孝孺、张苍水的刚正不阿、以身殉国；从沈括的博学多识、精研深究，到竺可桢的科学救国、求是一生；无论是陈亮、叶适的经世致用，还是黄宗羲的工商皆本；无论是王充、王阳明的批判、自觉，还是龚自珍、蔡元培的开明、开放，等等，都展示了浙江深厚的文化底蕴，凝聚了浙江人民求真务实的创造精神。

代代相传的文化创造的作为和精神，从观念、态度、行为方式和价值取向上，孕育、形成和发展了渊源有自的浙江地域文化传统和与时俱进的浙江文化精神，她滋育着浙江的生命力、催生着浙江的凝聚力、激发着浙江的创造力、培植着浙江的竞争力，激励着浙江人民永不自满、永不停息，在各个不同的历史时期不断地超越自我、创业奋进。

悠久深厚、意韵丰富的浙江文化传统，是历史赐予我们的宝贵财富，也是我们开拓未来的丰富资源和不竭动力。党的十六大以来推进浙江新发展的实践，使我们越来越深刻地认识到，与国家实施改革开放大政方针相伴随的浙江经济社会持续快速健康发展的深层原因，就在于浙江深厚的文化底蕴和文化传统与当今时代精神的有机结合，就在于发展先进生产力与发展先进文化的有机结合。今后一个时期浙江能否在全面建设小康社会、加快社会主义现代化建设进程中继续走在前列，很大程度上取决于我们对文化力量的深刻认识、对发展先进文化的高度自觉和对加快建设文化大省的工作力度。我们应该看到，文化的力量最终可以转化为物质的力量，文化的软实力最终可以转化为经济的硬实力。文化要素是综合竞争力的核心要素，文化资源是经济社会发展的重要资源，文化素质是领导者和劳动者的首要素质。因此，研究浙江文化的历史与现状，增强文化软实力，为浙江的现代化建设服务，是浙江人民的共同事业，也是浙江各级党委、政府的重要使命和责任。

2005年7月召开的中共浙江省委十一届八次全会，作出《关于加快建设文化大省的决定》，提出要从增强先进文化凝聚力、解放和发展生产力、增强社会公共服务能力入手，大力实施文明素质工程、文化精品工程、文化研究工程、文化保护工程、文化产业促进工程、文化阵地工程、文化传播工程、文化人才工程等"八项工程"，实施科教兴国和人才强国战略，加快建设教育、科技、卫生、体育等"四个强省"。作为文化建设"八项工程"之一的文化研究工程，其任务就是系统研究浙江文化的历史成就和当代发展，深入挖掘浙江文化底蕴、研究浙江现象、总结浙江经验、指导浙江未来的发展。

浙江文化研究工程将重点研究"今、古、人、文"四个方面，即围绕浙江当代发展问题研究、浙江历史文化专题研究、浙江名人研究、浙江历史文献整理四大板块，开展系统研究，出版系列丛书。在研究内容上，深入挖掘浙江文化底蕴，系统梳理和分析浙江历史文化的内部结构、变化规律和地域特色，坚持和发展浙江精神；研究浙江文化与其他地域文化的异同，厘清浙江文化在中国文化中的地位和相互影响的关系；围绕浙江生动的当代实践，深入解读浙江现象，总结浙江经验，指导浙江发展。在研究力量上，通过课题组织、出版资助、重点研究基地建设、加强省内外大院名校合作、整合各地各部门力量等途径，形成上下联动、学界互动的整体合力。在成果运用上，注重研究成果的学术价值和应用价值，充分发挥其认识世界、传承文明、创新理论、咨政育人、服务社会的重要作用。

我们希望通过实施浙江文化研究工程，努力用浙江历史教育浙江人民、用浙江文化熏陶浙江人民、用浙江精神鼓舞浙江人民、用浙江经验引领浙江人民，进一步激发浙江人民的无穷智慧和伟大创造能力，推动浙江实现又快又好发展。

今天，我们踏着来自历史的河流，受着一方百姓的期许，理应负起使命，至诚奉献，让我们的文化绵延不绝，让我们的创造生生不息。

2006年5月30日于杭州

目录

楔　子

永康地处浙江中部，总面积1049平方千米，约为浙江省面积的百分之一。县境东、南、北为低山，永康江及其支流两岸为平原，低山与平原之间丘阜广布，有“七山一水二分田”之说。属亚热带季风区，兼有永康盆地的小气候特征，[①]四季分明，光照充足，雨量充沛。

永康何时开始有人类活动？已取得的考古资料显示，近七千年前的新石器时期就有人在这里繁衍生息。而本世纪初在古时同属金华府治的浦江县浦阳江流域上山，挖掘出了一万年前的稻作文化遗址。它是中国最早的稻作文化遗存，证明中国是世界上最早的水稻发祥地之一。永康的地形地貌、气候条件与浦江相似，也已发现了类似的远古人类活动的痕迹，只是考古活动尚未全面深入展开。随着农耕社会向工业社会的全面转型，古人越来越无法安生，千年逐渐淤积不曾翻转的地层为钢铁机械轻轻挖起，历史因此一页页重写。今日所知之永康远非昔日之真正永康。只是有一分证据才能说一分话，今天谈论永康的远古史，只能到此为止。

永康旧属乌伤，县之建制，始于吴赤乌八年（245）。据说孙权之母因病失眠，四处求医，仍告无效。一日，听说乌伤县上浦乡有座寺庙，有求必应，十分灵验。于是，她偕妹妹来到上浦进香，乞求永保安康，并许下一个愿，如得康宁，必立邑祭祀。后来吴太夫人病体康复，因此感念殊深，常思还愿。到东

---

① 参见《永康县志·概述》，浙江人民出版社1991年版，第1页。

汉建安十二年（207），太夫人病危，在病榻上，她郑重嘱咐儿子为她还愿。孙权于黄武元年（222）称帝，至赤乌八年，他划出乌伤县之上浦乡（今武义、缙云、磐安一带），以“永保安康”之义，设永康县。翌年，孙权继母、吴太夫人之胞妹吴国太奉孙权之旨，乘三马九铃銮驾从建业（今南京）出发，来到永康县进香还愿。坐落于县城万安山上的该寺，后来就称上封寺（今已废）。这便是永康县的由来。验之史籍，正史中最早记载分设永康的是《宋书》卷三十五《志》第二十五《州郡》，在属扬州的“东阳太守”下，载曰：“永康令，赤乌八年分乌伤上浦立。”《宋书》为南朝梁时沈约（441—513）所作，所以目前所存更早的关于永康的历史记载，是比沈约更早一朝的郑缉之作的《东阳记》，其中云：“赤乌八年，分乌伤之上浦置为永康县。”[①]郑缉之，南朝宋时人，《隋书·经籍志》著录其“《孝子传》十卷”，“宋员外郎郑缉之撰”。[②]《东阳记》一书，新、旧《唐书》的艺文志和郑樵《通志》均著录，但宋亡后再无相关记载，估计佚于宋末。这是目前所见最早最可靠的关于永康建县的史籍记录。后来两晋、宋、齐，因之不改。梁绍泰二年（556），升县为缙州，属东阳郡。陈天嘉三年（562），废缙州，旋改东阳郡为金华郡，永康属焉。隋开皇九年（589），曾废永康县，但不久复置。唐武德四年（621），擢为丽州，四年后废州为县。至清仍之。[③]古代永康之建制大抵如是。

永康历史不能算不悠久，但说永康文风很盛，怕不甚妥。当然，永康自北宋以来，也是人文荟萃，如首开永康科举记录、多有政绩、死后为神广受享祀的胡则（963—1039），如以注欧阳修《新五代史》而著名的徐无党（1024—1086），如断讼时深究曲直、不许私和，曾多次上疏弹劾权相韩侂胄而被罢官十多年从不后悔的林大中（1131—1208），如为救济饥民擅开国仓宁受一己之罪也要全一方百姓之命的应孟明（1138—1219），如慨然以孟子自命潜心陆九渊之学的学者胡长孺（1249—1323），如跟随王阳明平定宁王造反功列榜上的应恩

① 〔宋〕乐史：《太平寰宇记》（四）卷九十七《江南东道》九，王文楚等点校，中华书局2008年版，第1952页。

② 〔唐〕魏徵等：《隋书》（四），中华书局1982年版，第976页。

③ 《永康县志·政区》，第1页。

（1458—1520），还有为耿精忠部将所掳投崖全节的才女吴绛雪（1650—1674），近代则有上海经历现代化转型时期的领导人之一应宝时（1821—1890），刊刻乡邦文献《金华丛书》《续金华丛书》的父子胡凤丹（1823—1890）、胡宗楙（1867—1939）。但是，真正能在中国文化史上占一席之地的，至今唯有本书的主人公陈亮一人。近代书画家应均（1874—1941），终身蛰居乡间，所作书画，能自成一格，渐惊凡俗，连笔者素来自以为不通艺术者，在应均的作品前也会低首沉吟，似有会心。应均的成就究竟如何，有待后人评定，当然与陈亮相比还是逊色一些。但是，放在一起来看，两人竟有那么多的相似：同出身于蕞尔小邑，在社会的等级结构中没有跻身上层，应均比起陈亮来交际中更无高人往来。他们凭什么能以一介平民之身，跻身于中国文化史中杰出人物之列？这也算是永康文化史上的难解之谜了吧。

难解之谜总是以其难解而愈加吸引人们去尝试解答。比如永康文风，远不如杭嘉湖一带之盛，盖在于永康田亩薄瘠，难足养人。永康环县多山，形成一个环抱盆地的地形，南宋时番薯、马铃薯等旱地作物尚未引进，山区应该少见人迹。而不大的平原地带，可能因为人口密集，愈见生存压力巨大。时至20世纪，自县城至东阳的平原地带，就并非因广田平畴而富裕，相反，由于人多田少，生计愈显艰难。但后来翻天覆地的经济巨变，即从这里而来。据2020年的第七次全国人口普查数据，永康常住人口为96.42万。这是永康有史以来人口增长最快的十年，比2010年的72.35万增长了33.27%。究其原因，就是永康发达的五金产业吸引了大量外来人口。[①]综观浙江全省，改革开放以来发展最快的，也往往是原先最为艰难落后的地区。但是今日之繁盛，毕竟时日尚短，而文化之经营，定基于优游无事之上。杭、嘉、湖三府，国中天堂，至少几百年来，闾巷之间能供养一个有闲阶级，男恬女嬉，正好以文化做有涯人生之无边消遣，故浙江下三府人才盛于上八府。又金华地区，南宋时可谓“小邹鲁”，但似只盛于南宋至明初。因当时国都在杭州，金华一带可视为中心文化的受辐射区域，

① 永康市统计局、永康市第七次人口普查领导小组办公室：《人口发展的崭新篇章》，《永康日报》2021年5月18日第3版。

所以那一段时期人才辈出；到后来，便渐渐衰退，几不忍提。这里可以补充一两个常人不一定知道的例子：如宋进士，据清康熙十一年（1672）《永康县志》，就有不少皇家后裔上榜，如赵时范、赵时嘉（均魏王后），赵必偶、赵亮夫、赵西泰（均太宗后），赵孟墩（太祖后）。他们均系于永康名下，可见皆居住此地。南宋时永康还出过两个驸马：翁应龙、邵赐，其中翁应龙娶的是宋孝宗的长女。看来南宋时的永康，是皇室系列的居住地之一，其地位甚高。至于20世纪，则是一个乾坤倒转的时代，国人需面对世界，方能成就文化大业。浙江地处沿海，得风气之先，出国留学者较之内地自然更多。而留学后，亦更方便留住京、沪等文化中心，建一家之说，立文化之言，则是古代之文化通已不能再适用于今日矣。

上面说的是成就文化与人才的客观条件。从主观上看，由于环境险恶，必须死拼才能赢得生计，所以造成了永康人共有的特点：首先，由于生计问题重大急迫，任何时候不可能一劳永逸地解决，所以百姓养成勤奋劳作的习惯。一年三百六十五天，除了新年初始的三五天，男人总在劳作，除非下雨落雪；而女人，则连下雨落雪，也都是要忙碌的，只是活略轻一些。其次，由于生计问题是自己的问题，必须自己想办法，所以永康人不轻信信条、不盲从权威，养成了独立思考、敢于蔑视权威的反抗性格。最后，崇拜功利，凡是能产生实效的东西，就想学，就动手模仿，造成实利气氛浓厚，缺乏抽象的思维能力与创造力。前两条可以解释永康为什么能产生如此这般的文化巨人，而后一条可以解释永康为什么没能产生更多的文化巨人。好在现在的永康已经步入全国百强县，2020年名列全国县域经济百强第47位。在农业社会向现代工业社会的转型中，永康已经跨出了成功的一步。在这种经济基础上，以后开出的文化之花，一定会更加硕大繁茂。当然，那可能需要相当长的时间。

第一章　陈亮的家世及先辈

家世疑问

宋高宗绍兴十三年（1143），陈亮出生于两浙东路婺州永康县（今浙江省金华市永康市）龙窟山南的村中，[①]生日为农历九月初七。[②]

中国古人，凡有可能，均有追思祖宗之意与举。陈亮一家也不例外。陈亮有文《先祖府君墓志铭》，叙己之家世，甚为明晰。真正可靠的谱系，陈亮上溯到八世祖陈通：

> 亮之八世祖讳通，及其子讳隆，始自畚田闾间，……至孙讳援，遂大其家。有子四人，其三则于亮为高祖。高祖讳贺，早夭。一子，曾祖也，讳知元，宣和间以隶籍武弁，例赴京城守御，从大将刘延庆死于固子门外。是生我祖，讳益，字进之，为冢子。[③]

此本无疑，然今本《陈亮集》卷之二十五有《书家谱石刻后》一文，说到

① 〔宋〕陈亮：《陈亮集》（增订本）卷之二十五《普明寺置田记》，邓广铭点校，河北教育出版社2003年版，第221页。

② 《陈亮集》卷之三十九《垂丝钓·九月七日自寿》，第407页。

③ 《陈亮集》卷之三十五《先祖府君墓志铭》，第362页。

自己的家世，断自“七世祖始”。两文互相抵牾。在此将该文全篇照录如下：

陈氏得姓，所由来甚详，今不复载。自太丘长以来，逵既渡江，其后中微。霸先用以为陈，历历可考。及唐末五代，比于皇朝之初，陈氏散落为民，谱不可系。今断自我七世祖始，从所逮闻也。自我皇祖若诸从兄弟岁时祭祀，有所谓军阵者次尹，儿时不得问，今莫可质。犹记湖州尚书一人，以待博闻者参考。①

此文读来，疑虑甚多。关键在于其与陈亮自己记载的谱系不合。但由于《先祖府君墓志铭》记叙得十分清楚，所以，后人明明看到“七世”“八世”之说自相矛盾，宁愿暂行规避，取“八世”之说，而略过“七世”不谈。笔者对此文吟诵多遍，更添疑虑：除了“七世”“八世”自相矛盾外，此文如果为陈亮所作，焉会对父亲直呼其名？避讳为中国特有之风俗，其俗起于周，成于秦，盛于唐宋，其历史垂二千年。②陈亮亦不能不受此影响。思索多日，笔者终于豁然开朗，今本《陈亮集》中该文标点原有误，应为：

自我皇祖若诸从兄弟岁时祭祀，有所谓军阵者，次尹儿时不得问，今莫可质。

意思是：我的祖父及他的堂兄弟，过年祭祀时，也祭从军的祖宗某人，但我陈次尹小时没有去问清楚，今天已经无人可以打听了。

至此真相大白，原来这篇《书家谱石刻后》，并非出自陈亮手笔，而是他的父亲陈次尹的作品。陈次尹追溯自己的家世到七世祖，与陈亮追溯到八世祖，完全一致。所以行文至此，结论是：此文应剔出《陈亮集》，可改放到集后的“附录”中，标点也需略改。而陈亮之家世，也再无自相矛盾之窘境矣。

---

① 《陈亮集》卷之二十五《书家谱石刻后》，第226页。

② 参见陈垣：《史讳举例·序》，上海书店出版社1997年版。

龚剑峰先生见《永康陈氏遗谱》之王张威抄本，言该家谱中原有陈亮该文手书，下有“皇宋淳熙改元春三月吉旦八世孙亮谨书（印）”，因此判定陈亮于淳熙元年（1174）三月作此文。[①]根据笔者上述的理由，此文仍不可能为陈亮所作，应该是他在家谱后恭录父亲之作。

陈家远祖

陈氏得姓，依比陈亮略早的文献大家郑樵的说法，为妫姓。“舜传天下于禹，禹封舜之子商均于虞城。周武王克商，乃求舜后以备三恪，得胡公满，封之于陈，以奉舜祀。”[②]这样说来，陈氏为舜之后，历史悠久。上古时的陈姓名人当然很多，但陈亮追溯祖宗历史，不仅没有说到这些太过遥远的伟人，连秦朝、西汉时的都没有说到，一开始就是东汉衰亡时期的事了：

> 东汉之衰，太丘长陈公名实，是为有道君子；纪、群又克世其家，位至三公九卿。司马氏南渡，而逵从以迁。其后家于吴兴，霸先遂居全吴，四世乃亡。其葬于婺之永康号厚陵者，或曰后陵。陵今虽在，锢之以铜，不可发，莫能考其为谁。故永康之陈最号繁多，而谱牒未尝相通也。往尝有于百年屋壁间得数纸书，言谱系甚详，有曰王，曰公，曰御史大夫，曰龙虎大将军者，疑其为陈、隋间也。至本朝咸平以后，始从世俗称号曰公，则陈氏之散落为民久矣。[③]

陈亮是个老老实实的人，他不屑于拉远古的显赫祖宗来为自己装门面，况且他要求有证据来证实自己的话语，所以他只上溯至陈霸先，因为这个上溯至少有家族的口头传说为证。陈霸先生活于公元6世纪上半叶，距陈亮的年代六百年左右。而且陈亮应该亲眼看见过永康的厚陵（或曰后陵），因为前黄村离那

① 龚剑峰：《陈亮佚著〈永康陈氏遗谱〉考略》，《文献》1992年第3期。

② 〔宋〕郑樵：《通志 · 氏族略第二》（上册），中华书局1995年版，第55页。

③ 《陈亮集》卷之三十五《先祖府君墓志铭》，第362页。

陈亮像

个大墓只有七八里地，走路往返，简直是小菜一碟。那里有一个以铜包起来的大坟墓，当时人们没法打开考证究竟里边葬了谁，但据传说是陈霸先的后代。而永康的陈姓，便是从此而来。另一个间接的证据是，有人曾经在老屋的复壁间，觅得古书几页，上面把陈家的谱系说得很清楚，其中说到了公侯卿相，还有龙虎大将军等。直到北宋咸平年间（998—1003），陈姓人物才随俗称为公，可见陈氏散落为平民百姓始于那时。由这两个证据，陈亮将陈家的历史上溯到陈霸先。这是出自他的见闻，不是他在古书中乱觅踪影、胡乱比附的结果。

据《陈书·本纪》，可知陈霸先的远祖为东汉陈寔。[1]陈寔，颍川许昌人，出身低微，所以前面的谱系无考。陈寔小时充当县里的小吏，干各种服侍人的事情，但他有志向学，经常诵读书籍。县令邓邵奇之，让他到太学去读书。后来县令又想把他叫回来当差，大概是觉得读了书不能再干身份低下的事吧，他就隐居到山中去了。当时有一桩杀人案，破不了，县中一姓杨的小吏怀疑是陈寔所为，将陈寔抓起来拷打逼问，没有结果。后来陈寔当了督邮（相当于地市级的部门长官），他专门密托县令善待姓杨的小吏。旁人听说，无不叹服。后来他当了太丘（今河南永城一带）县令。古人根据孔子的教诲和礼教社会的现实，提倡“无讼”，意思就是不要打任何官司。当时此县外乡人很多，而根据法令，外乡人必须被遣送回原籍。该县有一县吏提出在这件事上禁止诉讼。陈寔就说：“诉讼的目的是讲清道理，如果禁止了，公理到何处去讲？到何处去实施？不禁。”结果反而没有人提出诉讼。陈寔为人平和中正，更有一个“梁上君子”的成语源自他。某年正值荒年，百姓生活窘迫，有小偷晚上潜入陈寔的家中，爬

① 参见〔唐〕姚思廉：《陈书》卷一《高祖上》，中华书局1972年版，第1页。

到屋梁上，寻找下手偷窃的机会。陈寔无意中瞥见，却没有呼唤家人仆役前来捉拿。他将子孙们叫来此处，正颜厉色地训导说："人不可不自勉。不善之人，其实并非一开始就是坏人，只是习惯了，倒改变了原先良善的品性，所以陷溺，不能自拔。梁上君子，就是这样的人吧。"小偷大惊，赶紧爬下来，向陈寔跪拜请罪。陈寔徐徐地说："看你的相貌，不像恶人，最好还是克制不好的念头和坏习惯，一心向善。不过，你可能还会因为贫困走上这条路的吧。"他送给小偷两匹绢。史书说此县偷窃从此绝迹。

陈寔有子六人，其中陈纪、陈谌最为著名。父子三人皆以道德著称于世，时号"三君"。陈谌早死，陈纪则活到七十一岁。陈纪曾反对董卓迁都长安的决定，董卓虽然滥杀成性，但尊敬陈纪的高风亮节，没去难为他。[①]陈纪有子陈群，先为刘备所聘，后为曹操所用。魏文帝曹丕时，陈群创制九品官人之法，是为九品中正制，也就是由中央选择贤良且有择人之能的官员，兼任郡的"中正"，由他负责察访士人评列为九品，作为吏部选任官职的依据。这一制度对改变当时由世宗大族操纵政坛的局面，起了极大的作用。

陈准是陈寔的玄孙，晋时官太尉。陈准子陈匡，陈匡子陈达，东晋时南迁，为长城（今浙江长兴）令，爱其山水，把家安在那里。陈达曾向身边的人说："此地山川秀丽，当有王者兴。二百年后，我子孙必钟斯运。"陈达生子陈康，又为丞相掾。晋成帝咸和年间（326—334）行土断，即废除侨置郡县，使侨寓户口编入所在郡县，也就是让从北方逃亡、迁徙过来的士族重新编入南方户籍，陈家才成为真正的长城人。陈康生盱眙太守英，英生尚书郎公弼，公弼生步兵校尉鼎，鼎生散骑常侍高，高生怀安令咏，咏生安成太守猛，猛生太常卿道巨，道巨生文赞，陈文赞生陈霸先。[②]

陈霸先（503—559），字兴国。他在梁朝出任始兴太守，因战功累累，被封为陈王，后废梁称帝，国号为陈。他是一代开国之祖。陈国传四世，亡于隋。

---

① 参见〔南朝·宋〕范晔：《后汉书》卷六二《荀韩钟陈列传》，中华书局1965年版，第2065—2067页。

② 参见《陈书》卷一《高祖上》，第1页。

近祖事迹

从陈霸先到陈亮八世祖陈通的关系，现并无明文记载。陈亮虽然根据乡间古老的传说认定永康陈家是陈霸先的后代，但是，他更实在地说："谱牒之不明久矣。卿士大夫能谱其世家，使始末可考见者，盖仅有之，而况崛起田庐，能由其所起之祖，至或一二百年而不坠，是亦可尚也。"[①]陈亮的家，绝对说不上是卿士大夫之家，倒确确实实地属于"崛起田庐"，所以，能够追溯到八世祖，明了一二百年间事，已是很了不起了。至于永康境内有七处陈姓的主要聚居点——龙山、墓西、石牛、西门、白岩、前黄、清渭，前四处出过朝官，后三处出过富人。但是这七处陈姓的相互关系，在陈亮时就难以考清了："谱牒之相通，则未有考也。"[②]因此在这里只能叙述陈亮本家自八世祖开始的事迹了。

陈通，居于永康前黄，生子陈隆。陈通、陈隆事迹无考，估计是一般农家。到陈隆子陈援[③]，才把这个家族撑大。他生有四个儿子，长子曰陈文付，三子为陈贺，陈亮一系就出于陈贺。但陈贺生子陈知元之后早逝，陈援又老，整个家族的管理便落在长房陈文付的身上。陈文付抚孤存寡，陈知元母子也能晏然生活，不用为生计操心，实则是大伯撑着全家。陈知元是陈亮的曾祖父，1126—1127年之间参军服役，按照惯例开到京城充当守卫，结果碰上金人入侵，陈知元在大将刘延庆麾下英勇奋战，一起战死在城门外。不过，他在捐躯前为陈家留下了根苗：他的儿子陈益此时已二十二三岁，这就是陈亮的爷爷了。陈益还有一个弟弟，叫陈持，为陈亮的叔祖。陈持，一生从事科举，屡试不中，愈战愈勇，"穷且老而其志不休。晚从恩科得一官"[④]，陈持曾指家中长辈的坟墓跟陈亮说："是必为福，福其在汝。是其为墓也，十有二年而后生汝。此非人力，

---

① 《陈亮集》卷之三十五《方元卿墓志铭》，第370页。

② 《陈亮集》卷之三十五《陈性之墓志铭》，第367页。

③ 《陈亮集》卷之三十六《陈府君墓志铭》云："盖自六世祖讳伯援，而邑人始有亲焉。"这里六世祖之名伯援，与前不合，两者不知孰是。

④ 《陈亮集》卷之二十四《送三七叔祖主筠州高安簿序》，第210页。

其殆天乎！”[1]陈持曾为筠州主簿。筠州，领高安等四县，治所在今江西高安市。主簿是主官下掌管文书的属官。他是陈亮八世祖中唯一进入官场队伍的长辈，陈亮对他感情甚深，有《祭三七叔祖文》。[2]

陈益生于北宋崇宁二年（1103）正月初五。他父亲为国捐躯时，他应该是二十二三岁左右。在这时，陈文什的儿子陈良佐又尽心竭力地帮助他们。需再提一笔的是，在陈亮的父母早年掌管家庭的时候，陈良佐的儿子陈廷俊及妻子叶氏，又是同样尽心竭力地给予了帮助。陈亮一家三代受长房照顾，大恩大德，不能或忘。日后在淳熙十六年（1189）安葬他的堂伯陈廷俊时，陈亮满怀深情地写下了一篇《陈府君墓志铭》[3]。

陈益有子，曰次尹，娶舅父黄大圭之女。陈次尹有三子一女，子则陈亮、陈充，最小一子早夭。女适小九岁的表弟周英伯，周为陈亮母亲唯一的妹妹的儿子。陈亮后来赶上祭祀妹夫和妹妹[4]，生离死别之惨痛，陈亮悉历之。

陈亮没有见过曾祖父陈知元，因为他在北宋末年已经为国捐躯了。真正与陈亮一起生活过的最长的长辈，就是祖父陈益。

陈益，字进之，是陈知元的长子，比陈亮正好大四十岁。他先多次投身科举，都是差一点点而未得手。后来他又改成习武，准备走另一条路，结果也未能如愿。陈益豪迈粗率，但经过多次打击和碰壁，见出人头地无望，也就放浪形骸，沉湎于杯中物，酒到酣醉，辄引吭高歌，如碰到客人，不问姓氏，就拉开架势对饮，一醉方休。这个爷爷虽然没有一官半职，在社会上也没有什么地位，但是在陈亮这个孙子的眼中，他讲究孝道，讲求友道，又慈爱后辈，平素处事，明白果决。陈亮后来想，在历史上，又有多少才智之士不得机会终被湮没？自己的爷爷，不也可算其中之一吗？[5]

陈亮的祖母黄氏，同邑的敦武郎黄瑧之女。黄瑧可能是在方腊起义、强盗

---

① 《陈亮集》卷之三十《告高曾祖文》，第320页。
② 《陈亮集》卷之三十《祭三七叔祖文》，第323—324页。
③ 《陈亮集》卷之三十六《陈府君墓志铭》，第374—375页。
④ 《陈亮集》卷之三十一《祭妹夫周英伯文》，第335页；卷之三十三《祭妹文》，第353—354页。
⑤ 参见《陈亮集》卷之三十五《先祖府君墓志铭》，第362—363页。

猖獗时，曾带兵保卫乡里，而他的儿子黄大圭成功俘虏其中的头领，于是黄氏在永康，也是有名的家族了。[①]

陈益的爷爷陈贺早死，留下寡妇李氏；陈益的父亲陈知元战死，留下寡妇吕氏。李氏、吕氏相依为命，她俩死后的墓都在龙窟山。此地众山回环，若蹲若伏，所谓龙窟，就是取象于山地。其西三四里，还有地名唤作龙斗坑。陈亮的叔祖陈持每谈起此墓，便跟陈亮说："这个墓能为陈家带来好运，这个好运一定应在你的身上。墓建成后十二年，陈家得了你。这是天意啊！"由此推算，建墓时应为绍兴元年（1131）。

在墓成后数年，陈益干脆把全家从前黄搬到了龙窟山以南五里的地方。在这里，陈益之子陈次尹慢慢成年。他的舅舅黄大圭，把十三岁的女儿许配给了陈次尹。不料黄家的命运异常不幸。黄大圭生有六男二女，在女儿许配给陈家后不久，黄大圭夫妇相继去世，而在此期间，他们的六个儿子竟然连遭不幸，无一孑遗，最后一个小女儿只能跟着姐姐来到陈家生活。

陈次尹妻黄氏，十四岁生陈亮。据说陈亮降生时，目光有芒，大异于常人，于是陈家就把振兴家运的希望早早地寄托在他的身上。爷爷陈益太希望这个孙儿能出头露面为陈家争光了，以至于晚上睡觉梦到一个名叫童汝能的状元，他内心认定那个状元就是自己的孙子，于是便将孙子命名为汝能，字同甫。[②]乡人们不免嗤笑他这种对孙子的痴爱，但他毫不以为意。陈亮很小时，祖父祖母就逼着小孙子读书，希冀日后他能扬名立业。于是，陈亮的童年，大多便在这龙窟山旁的村庄里度过，每日读书习字，其乐融融。

陈亮的父亲，在陈亮的记忆中反有些模糊。这不是说他的父亲没跟他一起生活，而是说陈亮的祖父，对陈亮的影响远比他的父亲重要。乡村里的父亲通常少言寡语，且严厉，跟儿子很少沟通。而祖父对孙子则常溺爱有加，亲密无间。那时又讲孝道，处于祖孙中间的父亲只有顺从长辈。因此，陈亮对祖父更加亲昵，便在情理之中。我们今天看陈亮的文章，在他偶尔谈到祖父的时候，

① 《陈亮集》卷之三十八《周夫人黄氏墓志铭》，第393页。

② 参见《陈亮集》卷之三十《告祖考文》，第321页。

明显更动真情。

关于陈亮的童年，我们至今无更多的材料可借以更精确详尽地描述，但有两点，可以从心理学的角度来明确：一是他自小就被全家寄予重望，可能这也培养了他一生的自信；二是陈家以及外公黄家的颠仆，更激起他一生雄心不息、奋斗不止的斗志，尤其是他的姨母到他家中寄食并养育他时，谈到六个兄弟相继下世，黄家无后，总是悲不自胜，而将黄家的希望也一并寄托于陈亮身上。[①]众多的困顿可以击败一个脆弱的灵魂，但对有意志力的强者，有时恰好可以用来磨砺他的出鞘利剑，孟子所谓“天将降大任于是人也，必先苦其心志，劳其筋骨，饿其体肤，空乏其身，行拂乱其所为，所以动心忍性，增益其所不能”[②]，盖谓此也。

在本章的末尾，笔者觉得有一点可以提出来讨论，那就是陈亮爷爷在陈亮出生前梦见状元的故事。以前觉得这个故事就是巧合，甚至可能是附会，近乎子不语的怪力乱神。但后来读了一些明清文人的文集，发现古人的传记中有类似故事的不在少数，对这个问题有了一点新的思考。我尝试着来解释一下此类事件发生不少的原因：在古代，生子是大事。所以这件大事足以让家中的每一个成年人关心、关注，甚至时刻萦怀。日有所思，夜有所梦，非常正常。而家中的成年人不止一个，孩子的父母、爷爷奶奶不用说，外公外婆、伯伯叔叔都有可能成为做梦者（当然直系亲属最为关键）。自发现怀孕到生产时总有两百多天，有好几个人日日夜夜在想这个事情，可以想象做到跟孩子相关的梦的概率有多大。相关的梦甚至会有好多个，而且必然内容不一。当然，如果生下来是个女儿，以前所有的梦顷刻自动作废。最后还有一个起重要作用的类似事后诸葛亮的遴选机制：当这个孩子成为有成就的或较为重要的人物到逝世需要写传记时，那些完全不靠谱的梦，根本不会进入他的多种传记乃至故事。选择一个与传主人生相契的梦来作为故事的开端，在此时显得十分容易。当然，陈亮爷爷为陈亮做梦取名，我觉得是真实的，他确实是在陈亮出生时就寄予了自己的全部希望。

---

① 参见《陈亮集》卷之三十三《祭姨母周夫人黄氏文》，第346—347页。

② 《孟子·告子下》。

第二章　以《酌古论》为中心的时期

青年才俊

陈亮少年时的生活，由于文献不足，现在已经很难确知。只知他曾在何子刚的馆舍读过书：

> 公家赀数十万，不可谓无力矣；结姻于朝列，不可谓无势矣。而甘心自屈于乡之暴有力者，犹不必其势，悖言恶动，不与其较，则公之诚心为善，尚不以德义自居，而何问势力之所在乎！亮之心降而诚服，不可谓无所自也。
>
> 方亮未冠时，束书就学于公之馆舍，公不以凡儿待之。岁时之顾遇，杯酒之殷勤，未尝不倍于伦等也。①

即是说，何家家财数十万，又与朝中显贵是姻亲，但在乡间，何平心静气，温言缓行，从不仗势欺人。陈亮十六七岁时在他家中读书。何喜陈亮的才气，每逢过年过节、喝酒吃饭时，总是给陈亮一份额外的照顾。

除此之外，我们还大致可知，陈亮少年时似乎放荡自恣，不受管束，在为

① 《陈亮集》卷之三十一《祭何子刚文》，第332页。

同乡长者、曾任吏部侍郎章服写的行状中，陈亮曾说：

> 自唯少年时不自爱重，晚方悔悟，乡间故不齿也。独公一见得之，命其子弟相与共游。一日来过，则具杯酒从容侍公语，间论天下人物，往往意合，知公金玉人也。[①]

这就是说，陈亮虽然受到乡间德高望重的长者的原宥和信任，但由于胡作非为遭乡人之唾弃的情状仍然一望可知。至于他究竟做了哪些不好的事，他自己不愿谈，今天已无法追溯。但以发展心理学的角度看，那不过是陈亮青少年时的叛逆举动罢了。

陈亮很快从这种盲目的反抗中走出，十八九岁就挥笔写就了《酌古论》。这是陈亮的第一部著作，也是让陈亮一举成名的著作。

在序中，陈亮道明自己写作此论的旨趣：

> 文武之道一也，后世始歧而为二：文士专铅椠，武夫事剑盾。彼此相笑，求以相胜。天下无事则文士胜，有事则武夫胜。各有所长，时有所用，岂二者卒不可合耶？吾以为文非铅椠也，必有处事之才；武非剑盾也，必有料敌之智。才智所在，一焉而已，凡后世所谓文武者，特其名也。
>
> 吾鄙人也，剑盾之事，非其所习；铅椠之业，又非所长；独好伯王大略，兵机利害，颇若有自得于心者。故能于前史间窃窥英雄之所未及，与夫既已及之而前人未能别白者，乃从而论著之；使得失较然，可以观，可以法，可以戒，大则兴王，小则临敌，皆可以酌乎此也。命之曰《酌古论》。[②]

上文意思是说：在古代，文武之道是合一的，到后来才分为互不相干的两

① 《陈亮集》卷之三十四《吏部侍郎章公德文行状》，第360页。

② 《陈亮集》卷之五《酌古论》，第39页。

者：文士专门写作，武夫则去冲杀。双方还互相嘲笑，互抢风头。天下太平时，文士得意；天下有事时，武人逞能。两者各有所长，各有所用，难道其中没有贯通的道理吗？我认为，文并不是写作，而是说有处事之才；武并不是冲杀，而是说有料敌之智。才智其实是统一的。文武不过是才和智的表现罢了。像我这样没有身份的少年，未学武事，也不长于文，只喜爱霸王大略、兵机利害，对这些我自信颇有些心得，所以才能在历史中看到一些英雄所未做到、前人所未道明的地方，于是就来写这部论。以此为鉴，可以观看，可以效法，可以诫勉，大则创立天下，小则临阵对敌，都可以借此斟酌。因此我的书叫作《酌古论》。

《酌古论》的内容和特点

《酌古论》正文共四卷二十一篇。每篇以一位历史人物为题，分别论光武（汉光武帝刘秀）、曹公（曹操）、孙权、刘备、孔明（上下两篇）、吕蒙、邓艾、羊祜、苻坚、韩信、薛公、邓禹、马援、崔浩、李靖、封常清、马燧、李愬、桑维翰这十九位自西汉到五代的历史人物。空言无益，我们还是选一篇大家较为熟悉的来看一看，如《曹公》篇。

陈亮在这篇文章中首先提出了“术”的概念。术，就是运奇谋，出奇兵，决机于两阵之间。有了术，天下无敌。岂是天下真没有厉害的敌人？不是，但只要掌握了术，敌人自然不足破。要谈术，先得谈审敌情，料敌势，观天下之利害，识进取之缓急，孰先孰后，按次序一一进行，而无不如意。汉高帝刘邦是得术的，项羽反是。而曹操，是得术之一二而遗其三四，所谓得此失彼，能雄强于一时，却不能一统天下。这是后人为曹公深自惋惜的。

曹操举义兵、破黄巾、败杨奉、辅帝室，于是降张绣、擒吕布、毙袁氏、破乌桓，平定北方。当时为患的，尚有荆州的刘表和刘备、江东的孙权、江中的张鲁、西蜀的刘璋，加上关西的马腾和韩遂等人。这是曹操当年面对的形势。

何谓术？术就是要审视敌的强弱而决定取之的先后顺序。刘璋、张鲁最弱，应该先取；刘备、孙权最强，应该摆在后面。荆州最近，刘表又弱，刘备强，应该放着让刘备先恣意横行。所以应该先取刘璋、张鲁，以孤立刘备。而要取刘璋、张鲁，必经关西，关西诸将皆不足虑，可虑者唯马超一人。但是曹操没处理好这点，反使马超成为刘璋、张鲁的屏蔽。这就是曹公没有真正全面地把握术了。

马腾及全家皆还京城时，只有马超留在关西。这个时候，为什么不抓牢机会将马超也笼络住呢？曹操是不是觉得以前征召过马超，马超不来，这一次他也不会来，所以先行放弃？这就是曹操不加深思了。以前马超不肯来，是因为父子皆在关西，一人不愿来京，且让他当的官又太小的缘故。这一次马腾已至，应封马超为前将军，待以厚礼，示以诚心，让他带兵自随，再让马超的弟弟带马腾留下的兵。这样一来，马超哪有不来之理？马超一到，关西诸将，皆无足道。这样，韩遂也不敢反叛。以这样的声势入川，刘璋必降。

平了巴蜀，命夏侯渊把守，曹公自领大兵还邺。然后，兵分两路，一自中原，一自巴蜀，荆州必破，刘备必逃。然后大合兵马，命荆州之兵出江陵，蜀汉之兵出三峡，合攻吴之上游；再令一军出广陵，一军出皖城，合攻吴之下游。而曹公亲率精兵数万，直抵武昌，周瑜、鲁肃即使有千百个，又有何用？天下一统，不在话下。曹公的历史地位，亦会大大提高矣。

曹操为什么会犯此错误？是因为听了荀彧的谋划。荀彧说荆州四达，乃英雄之所必争；而巴蜀险阻，非统天下之所急。而不知，真正有战略眼光的英杰，常留所必争者以引诱敌人，而从事于所不急以削弱敌势。曹操早先未击袁绍，先击刘备，先击张绣、吕布再图袁绍、袁术，也是得术的体现。问题是，曹公不能尽知天下大势，到后来频频失策，又没有智术之士提醒他。可惜啊！

以上便是这篇《曹公》的大意。[①]文末将郭嘉、荀彧等魏的著名谋士一律看轻，直有取而代之之概。陈亮此时的心胸可谓大矣，气势可谓盛矣！

《酌古论》的另外篇什，写法大多与上篇类似，指出历史上的军事、政治大人物失误的地方，并且设想应该怎样做。在陈亮眼中，历史上的诸多失败，如果按照他的运筹，都是可以避免的。他在晚年似乎也未改变他的这些观点。不

① 参见《陈亮集》卷之五《酌古论·曹公》，第41—43页。

知于何年写就的《酌古论》后记中，他说自己当年十八九岁时胸中即有那么多的事，如果当时得遂其志，能够跻身为掌握天下军机大事的谋臣，后面未知如何！[①]这说明，他对自己的少年作品仍然是满意的。

归纳总结，陈亮的《酌古论》中，有一些让人非常吃惊的观念与特点：

第一，我们会发现，陈亮在谈论战争时不完全考虑战争的正义性，从来不考虑民心向背、侵略和被侵略等问题，而纯粹从技术上来谈论。这让今人大惑不解，也使得许多迂腐和愚蠢之士茫然不知所措。笔者自己多次读《酌古论》，竟然也没有意识到这一点。直到写作本书，重翻细读，才恍然大悟。其实，这不是陈亮的发明，却为后人所蔽。我们知道，“春秋无义战”，也就是说，春秋时代发生的数百场战争，没有一场可以与“义”搭得上边的。暴秦无道，天下共诛之，那一场秦末的大起义如果说还与道德搭界的话，到了东汉末年，纪纲隳坏，三国的争斗，就一变而为纯实力的争斗了。刘备尽管打了刘家的旗号，但打这个旗号究竟在调动正义感上有无得分、得了多少分，都是值得讨论的问题。三国争斗，也没有一家是拿着人民疾苦与道德的正当与否来做旗帜的。所以，自三国以来，人们谈论军事，几乎都从实力、方略等技术性问题入手。陈亮此文，便是最好的例子。陈亮以后，经过理学的倡导，道法慢慢被抬上了至高无上的位置，不管说什么事，总要把道德上正确放在第一位，于是，在后人看起来，战争首先须与正义、非正义等相关了。后人在战争上打道德牌是否管用？在一定程度上可能是管用的，这是历史的真实。但是后来的管用并不能拿来作为陈亮道德上的缺陷。因为在陈亮生活的时期，从纯技术角度来谈军事为时代一致认可，也符合历史的真实。

第二，陈亮谈论军国大事时极端强调必然，而几乎否认偶然。比如，他举汉初韩信攻赵的例子时反复强调：该成功的一定会成功，不会成功的一定不会成功。就是说，一个伟大的军事政治行动之所以可以成功，并没有什么侥幸的因素，它是实实在在的、必然的，不以人的意志为转移的。又如他在《韩信》篇中说：攻赵时，李左车曾向赵军的统帅陈余建议，说韩信乘胜而来，势不可

---

① 参见《陈亮集》卷之八《酌古论·后记》，第73页。

当。赵地阻险，他愿带三万人，抄小路断韩信军的粮草。赵的主力部队，则深沟高壑，一味坚守，决勿与战，韩信必败。陈余不能用李左车之计，盲目应战，被韩信施展“置之死地而后生”之计，大破赵军。《史记》载：战时，韩信下令勿杀李左车，生擒者奖千金。擒李后，韩信立解其缚，以老师的礼仪对待。后人说，如果赵军采纳李左车的计策，韩信一定败了。[①]陈亮不同意这种观点。在他看来，韩信必胜，赵军必败。因为韩信用兵，千古一人。像这样的英雄，怎么可能输给李左车？所以，如果李左车的计谋真的被采纳，韩信一定有对付的办法。怎么对付？陈亮代想一计：赵军不到十万兵，分给李左车三万，只剩六七万兵。韩信引兵挑战，赵军坚决不战。几天后，韩信可遣数千人先行埋伏，命令等赵军出营追赶时，占领赵营。安排妥当，韩信就可使人大呼：“贼兵抄我后路，马上撤退！”赵军一定认为韩信已经败退，再加李左车军确已派出，这个时候，哪怕是才能之士也都会倾巢而出，何况是贪多忘失的赵军！这样，后面完全按照现实的打法，可以一举破赵。赵主军既破，李左车三万人，又何足道哉！以前曹操伐张绣时，刘表断曹操后路，曹操随机应之，一并破张绣、刘表。陈亮认为，赵军主将逊于张绣，刘表不下于李左车，曹操用兵亚于韩信。曹操尚能败张绣、刘表，韩信难道还破不了李左车吗？[②]

在陈亮看来，真正的英雄豪杰，之所以能建功立业，没有一个是胸中没有大谋略的。他们似乎平日闲居，看似无事，其实天下大势、战略决策尽在他的胸中。一旦有机会，则如高山之上，推转圆石，其势不可阻挡。所以他的用力不大，收功却巨。这绝不是侥幸求胜。因为侥幸求胜，成则为福，败则为祸。此为英雄豪杰所不取者也。所以，在陈亮眼中的历史，没有偶然，只有必然。成功和失败都由内因决定，与偶然没什么关系。这种历史观，当然可以大大鼓舞人的主观能动性，激励人们奋发图强，不惧艰难，奋力进取，是一种积极的可赞扬的人生态度。然而，历史中真的没有偶然了吗？韩信那次与赵军对战，战局究竟会怎样？韩信就那么笃定？好在人生一辈子是由必然和偶然构成，但

---

① 参见〔汉〕司马迁：《史记》卷九二《淮阴侯列传》，中华书局1959年版，第2617页。

② 参见《陈亮集》卷之七《酌古论·韩信》，第57—59页。

必然占几分，偶然占几分，本也辨不清楚。何况人生和历史都没有从头再试一回的道理。

第三，他善于在想象中解决历史问题，我们看《酌古论》，可以把想象中的一个历史难题的解决过程描绘得绘声绘色、栩栩如生。一个历史上从未发生过的场景，给他一写，还真像有那么回事。比如《刘备》篇，写刘备为了报关、张被杀之仇，起兵伐吴，被陆逊堵住去路时，陈亮就设想，蜀汉应该密派一使者去魏国，求见魏主，开口就说："臣私贺陛下，又私喜陛下。"魏主一定会问："何以贺朕?"密使则可说："曹操之所以未能吞并吴蜀，是因为它们有天险，且互相救援。今天两雄相斗，所以可贺。""何以笑朕?"对曰："我听说敌人让路，则一定要攻入。机会间不容发。现在陛下妄信吴人，所以窃笑。""何以喜朕?"对曰："陛下天姿神武，善于改正自己的错误。只要对的，无有不听，此所以喜陛下。"魏主到此时一定会问："现在怎么办?"则对曰："蜀未可卒图，现在应令夏侯尚、曹仁出信陵，贾逵、满宠出东关，或出皖城，或出广陵；因蜀之势，大举攻吴。吴亡则蜀入援，然后从容灭蜀，天下可以一统。"曹丕贪功，而且魏大臣刘晔也出过这样的主意，曹丕至此一定会发兵攻吴。吴国惊慌，必会割地与蜀，联合抗魏。这样，蜀不战可得夷陵。夷陵得，荆州亦可得矣。[①]

上面就是陈亮为刘备在火烧连营大败前出的计策。我们今天读起来，感觉上也像那么回事。至于历史是不是会真的如陈亮所设想，谁也不知。我们只能说，陈亮读史多，受《战国策》的影响很深，才会这样来处理历史。我们知道，《战国策》既是一部战国史书，也是一部游士说王侯的教科书。比如说《齐策》之《楚王死》，就是一个典型的例子。它写楚王不死，楚太子在齐国当人质，下面就说苏秦可以让此事有十个不同的结局，只要怎样怎样做，结果就会怎样怎样。[②]总的意思就是一个雄辩之士可以翻手为云覆手为雨。作为一部教科书，当然可以这样写。但是历史是不是真的会这样？难说。陈亮的《酌古论》，受《战国策》的影响较深是肯定的，可以说他有战国纵横家之风。所谓战国纵横家，

① 参见《陈亮集》卷之五《酌古论·刘备》，第45—46页。

② 参见《战国策》卷十，上海古籍出版社1985年版，第365页。

就是战国时期从事政治、外交活动的辩士，其代表人物是苏秦、张仪等人。他们的基本特点，就是用一张嘴，把圆的说成方的，把方的说成圆的，还要让听的人相信。其实，战国纵横家是不是那样还难说，但是他们给后人的印象就是那样。陈亮在年轻时确也浸染了这种气味。

第四，他有强烈的民族自信心和深刻的忧患意识。这集中体现在《酌古论》的最后一篇《桑维翰》中。众所周知，两宋积弱，屡受外族欺凌，这其中的历史原因非常复杂，但陈亮从一个独特的角度切入，表达了他对现实的深深忧虑，同时也表露了他坚强的民族自信心。他认为，正道是以中国定中国，以夷狄定夷狄，两个事情一定要分开来。如果引进外族的力量来解决中国内部的问题，问题似乎一下子能得到解决，但后患必定无穷。中国如今屡受外族欺凌，就是以前引进外族力量解决中国内部问题的流毒不尽。这种坏的历史举动，开端于唐高祖李渊，成于郭子仪，到桑维翰达到了顶峰。当年隋炀帝无道，唐高祖李渊起兵反隋，曾与突厥连和，因此陈亮将利用外族力量干涉中国内部问题的罪魁祸首定为唐高祖。后来安史之乱，安禄山、史思明进入长安，大乱中国，郭子仪借回纥的兵力，恢复两京，犯下了同样的罪孽。桑维翰则是五代时石敬瑭的谋士。后唐时，石敬瑭被皇帝围困，便派桑维翰去契丹求救，愿割让燕云十六州的土地以交换。他的手下刘知远劝他，只要给金银绸缎就行了，割地会后患无穷，石敬瑭不听。契丹于是出兵，灭了后唐，石敬瑭称帝，是为后晋。后来的北宋，便吃了燕云十六州被割的亏，异族军马老是虎视眈眈，觊觎中土。陈亮以为，中土乱于夷狄，具体地说就是北宋被金人毁灭，他自己那一朝老受金兵欺凌，责任得追究到李渊、郭子仪和桑维翰等人身上。[①]他把这一篇放在《酌古论》的末尾，确实遥寄着深深的寓意。

陈亮在《苻坚》篇中说，当时的晋朝，尽管弱一些，但也是中国；苻坚强，但它是夷狄。自古以来，夷狄哪有整个吞掉中国的呢？——“晋虽弱，中国也；秦虽强，夷狄也。自古夷狄之人岂有能尽吞中国者哉？”[②]他这个反问句用得很

① 参见《陈亮集》卷之九《酌古论·桑维翰》，第71—73页。

② 《陈亮集》卷之七《酌古论·苻坚》，第55页。

有力度。支撑这个反问的，一是自禹汤文武、秦汉魏晋、隋唐五代以来的历史，在这个有主线的历史中，中国四周的“蛮族”可以对中国产生威胁，但从没有整个替代过；二是中国人的道德自信，即是指，我们中国人这么有文化，那些没文化的“野人”怎么能征服我们呢？但是今天的我们都已知道，南宋毁于元，大明毁于清，异族入主中原，后来屡次成为历史真实。所以陈亮的反问，后人一看，竟毫无力量，当然更没理由。它提醒我们，研究历史、评判历史，还是要冷静，要从事实出发，一些激昂的言辞、自以为是的道德感都是靠不住的。可惜的是，很长时间以来，许多中国文人都有这个毛病。陈亮身上，多多少少也有类似的状况。

《酌古论》是陈亮年轻时的作品，但不能以“悔其少作”的惯例去看待。《酌古论》与陈亮成熟后的想法，其实是相同多于相左，发展多于变异。上面总结的《酌古论》的特点，可以说基本伴随了陈亮一生。

时代背景

在写《酌古论》的那段时间，相信国家大事的概貌慢慢浮现在陈亮心中。在此介绍一下陈亮所面临的时代，也许较为合理。

在陈亮出生前十六年——1127年，金人进入北宋首都汴京（今河南开封），于那一年的二月废掉了宋朝的钦宗与太上皇帝徽宗，北宋正式灭亡；三月，金立张邦昌为皇帝，国号楚；四月，金兵北还，虏二帝及后宫、皇族等北去。五月初一，赵构即位于南京应天府，是为宋高宗，建立了一个事后算来有一百五十二年历史的南宋王朝。尔后，高宗在金兵的追赶下东奔西逃，一路行踪所及，有杭州、越州（今绍兴）、明州（今宁波）、定海（今镇海）、昌国（今定海）、台州（今临海）、温州，金兵北撤后，南宋定都临安（今杭州）。不过，正式宣布在临安定都，已是此事成为事实六年后（1138）的事，因为当时有不少大臣，强烈反对将临安定为都城，理由是南京古称龙盘虎踞，前有长江天险，遥控荆蜀，近镇东南。临安僻在海隅，其地狭小，无恢宏之势。定都临安，让人觉得有丢弃江淮之地的感觉。在这本传记的后面，我们会看到陈亮也有类似的看法。

后来，吴玠、岳飞、韩世忠、刘玠等将领一再大败金军，宋金之对峙开始由一边倒走向平衡。在陈亮出生前两年，两国签订了“绍兴和议”，而后，朝廷将坚决主张北伐的岳飞、岳云、张宪等处死，是谓“莫须有”的千古冤狱。在陈亮出生前一年，南宋进誓表于金，划定淮水中流为两国之国界，每年宋贡金银二十五万两、绢二十五万匹，表中称金为“上国”，称南宋为“弊邑”。这种称呼，在正式的外交场合出现，具有非常重要的意义，也成为后几十年国势反复、朝野纷争的一个主因。同年，宋高宗的生母韦氏，被金人放归，抵临安。韦氏十五年前被金人俘虏，据今人的研究，她当时三十八岁，后来成了金大将盖天大王赛里（完颜宗贤）的妻妾，并且生有两子。南归后，这件事便成了丑闻。宋高宗与秦桧于是施展种种诡计，先是将韦氏的年龄增加十岁，年年祝寿，造成五旬老妪不可能再生育的假象；其次，不让其他的被俘人员南归，对知情的官员、使者多加迫害，并严禁私史撰写。今天我们在元代人编的《宋史·韦贤妃传》中，可以多次看到皇太后“年已六十”“年七十”“寿登八十”，这显然是过多的叙述。在她八十岁时，平民九十岁、宗子女若贡士以上父母年八十的，统统封官。[①]这种不寻常的强调，正可看成做贼心虚的表现。最有意思的是，宋高宗说：“皇太后今年七十七岁，而步履康健如五六十岁人，自古帝后无有也。”[②]真是欲盖弥彰！[③]

在陈亮出生的那一年，可称为国之大事的有几桩：一是二月，立太学及科举试法；二是六月，批准李椿年的经界法，并在全国施行。前者是为国家求人才，为人才开出路；后者用今天的话说是重新丈量土地，并按土地大小重新确定税赋，即有多少田地负担多少税赋。这两件事一出，表明南宋统治者已经从东走西逃中缓过了劲，开始坐下来准备好好地过几天太平日子了。

在陈亮出生到少年期间，朝廷基本上执行与金人讲和的路线。而宰相秦桧在窥穿宋高宗妥协苟安意图的同时，更是排斥异己，引用私人，打击正直士大夫。宋高宗和秦桧一唱一和，不容任何关于国事的其他议论。绍兴十八年

---

① 《宋史》卷二四三《韦贤妃传》，中华书局1977年版，第8643页。

② 〔元〕佚名：《宋史全文》卷二二下，李之亮校点，黑龙江人民出版社2004年版，第1508页。

③ 以上内容主要参见何忠礼、徐吉军：《南宋史稿》，杭州大学出版社1999年版。

（1148）八月，高宗对秦桧说："朕记卿初自敌中归，尝对朕言：'如欲天下无事，须是南自南，北自北。'遂首建讲和之议。朕心固已判然，而梗于众论，久而方决。今南北罢兵六年矣，天下无事，果如卿言。"[1]次年四月，高宗还从哲学高度论述了一番与金人议和的道理，"中国之有夷狄，自古无殄灭之理。使可殄灭，秦皇、汉武为之矣。"[2]绍兴二十一年（1151），抗金名将韩世忠病死。他早年叱咤风云，"晚以公王奉朝请，绝口不言功名。自罢政居都城，高卧十年，若未尝有权位者，而偏裨部曲往往致身通显，节钺相望，岁时造门，类皆谢遣。独好浮图法，自号清凉居士。"[3]正是这样，他才得以逃避岳飞的下场，安享天年。绍兴二十五年（1155）十月，秦桧死，次年三月，金国疑两国结盟不固，高宗专门下诏曰："讲和之策，断自朕志，故相秦桧但能赞朕而已，岂以其存亡而渝定议耶？"[4]绍兴三十年（1160），宋高宗立太子，即后来的宋孝宗。

受知周葵

陈亮因《酌古论》受知于婺州太守周葵。在陈亮的一生中，周葵异常关键，一是周葵作为父母官第一个正面肯定了他，这无疑大大增强了陈亮的自信心；二是周葵利用自己的地位将陈亮推到了社会精英的圈子中，让他在青春时就遍识英豪，这也肯定大大提高了陈亮的眼界。可以说，因为周葵，陈亮在前进的途中走得更快更好。这个评价是一点都不过分的。

周葵（1098—1174），字立义，又称惇义，或作敦义。晚年自号惟心居士。常州宜兴人。宣和间中甲科及第。绍兴元年（1131）六月，张琪进犯杭州、宣州、徽州等地。徽州郡守郭东弃城而逃，张琪据有徽州。据何勇强博士考证，可能的情况是，张琪虽据徽州，然本是流寇，又四出掠夺，未能在徽州建立有效的统治；而朝廷新委派的官员迫于军乱，既不敢，也不能到州莅职。徽州一

---

① 《宋史全文》，第1434页。

② 《宋史全文》，第1439页。

③ 《宋史全文》，第1453页。

④ 《宋史全文》，第1495页。

时无主，周葵便与判官代摄郡事。[1]由于在徽州的出色表现，大臣交章连上荐之。大约在绍兴三四年间，周葵召试馆职。馆职地处清望，是宋代储才之所。绍兴五年（1135）四月，赵构亲自召见周葵，说："从官多说卿端人正士。"当面封为监察御史。十月，任殿中侍御史。"在职仅两月，言事至三十章"[2]。他指责现任宰相不称职，说他们施政的最大之失，是"务虚文而无实效"，并列举了不当之事二十余件。赵构说："赵鼎、张浚为朕任事，不可以小事形迹之。"周葵说："陛下有过，尚望大臣尽忠，今臣一及大臣，便为形迹，使彼过而不改，罪戾日深，非所以保全之也。"赵构说："此论甚奇。"另外，他反对宰相张浚北伐。同年十二月，周葵罢为司农少卿。他接连四次上表求去，得准。周葵此次入朝，原是秦桧极力引用的结果。但周葵立朝为公，不为秦桧一人所用，尤其对秦氏的用人，抨击甚力。绍兴二十五年（1155）十月秦桧去世，他才被重新起用。十二月，周葵复直秘阁、知绍兴府。但很快他又离朝，做了几年地方官。绍兴二十六年（1156）三月，出知信州。绍兴二十八年（1158），知抚州，路上病发，改提举江州太平兴国宫。在那里，他兴修水利，恢复被洪水冲垮的堤圩凡百二十里。后来发水灾，旁边的州郡皆深受其害，唯独他治下五谷丰登。城中的河堵塞得不成样子，他下令城中每家出一人，参加疏导工程，吃饭由官家补贴。结果是公私两便。绍兴三十年（1160）八月，进集英殿修撰，寻移婺州。绍兴三十二年（1162）闰二月，升敷文阁待制，仍知婺州。

考《建炎以来系年要录》，周葵的前任章厦，于绍兴三十年（1160）九月离开婺州，"与在外宫观"[3]，则周葵之任婺州郡守，当在此年的九月至十月间。这一年周葵六十三岁，陈亮十八岁。

《宋史·陈亮本传》言：

> 陈亮，字同甫，婺州永康人。生而目光有芒，为人才气超迈，喜谈兵，

---

① 何勇强：《周葵与陈亮》，见卢敦基等主编：《陈亮研究：永康学派与浙江精神》，上海古籍出版社2005年版，第180页。以下采自该篇论文的，不再一一作注。

② 〔宋〕周必大：《文忠集》卷六三，《资政殿大学士毗陵侯赠太保周简惠公神道碑》。

③ 〔宋〕李心传：《建炎以来系年要录》卷一八六。

> 议论风生，下笔数千言立就。尝考古人用兵成败之迹，著《酌古论》。郡守周葵得之，相与论难，奇之，曰："他日国士也。"请为上客。及葵为执政，朝士白事，必指令揖亮，因得交一时豪俊，尽其议论。①

如果说被一郡最高长官所礼遇，大大提高了陈亮的自信与知名度的话，那么下面发生的事对陈亮来说更为关键：绍兴三十二年（1162）夏六月，宋孝宗即位，周葵被调为朝官，先除兵部侍郎兼侍讲，改同知贡举兼权户部侍郎。就是这一年，陈亮与吕祖谦等一道参加了两浙转运司的秋试。吕祖谦有深厚的家学渊源，全祖望说他的祖上从吕公著起，被记载在《宋元学案》中的有七世十七人②，其实还不止③。他从学的也多是名师，如林子奇、胡宪、汪应辰等，这些人也都是被记载在《宋元学案》中的人物。而陈亮生长乡间，又无名师，虽自信满满，不落吕祖谦后，但吕祖谦在次年连中二科，陈亮则一无所得。但他应周葵之请，住在周葵家里，得以接触一时政要、学人，他的阅历必然大开，学识也自然更广。特别是隆兴元年（1163）夏，周葵升参知政事，相当于副宰相，仍对陈亮优抚有加。凡是上门来言事的朝士，周葵都让他们去见见陈亮，结识谈论。陈亮有幸与举国精英结识交谈，一方面固然展露了自己的才识，但更重要的，应该是陈亮借此砥砺自己，正好比一把快刀觅到了一块最好的磨刀石，于是削金断玉的宝刀才得以问世。这一段，不一定能说是陈亮生命史上最光辉的一段，但完全可以说是陈亮最书生意气和畅怀奋发的时期。

政治分歧

周葵对于陈亮的重要如上所说，周葵与陈亮的分歧更是有目共见。更有意思的是，他们两人中所有的分歧，并没有导致人们常有的、放在陈亮身上可能

---

① 《宋史》卷四三六《儒林六·陈亮传》，第12929页。下引本传，不再一一出注。

② 〔清〕黄宗羲：《宋元学案》卷十九《范吕诸儒学案》，见《黄宗羲全集》第四册，沈善洪主编，浙江古籍出版社2005年版，第11页。

③ 潘富恩等：《吕祖谦评传》，南京大学出版社1992年版，第2—6页。

表现得更为激烈的争论——至少我们在文献中看不到半点这种争论的痕迹。

周葵与陈亮的一个分歧是政治上的和战之争。陈亮终其一生是坚定的主战派，他总是主张用兵力讨还被金人侵占的半壁河山。周葵自南宋政权成立后就主张与金人和议，他的政治生涯也跟他的政治主张密切相关。

绍兴三十一年（1161），完颜亮渡淮南征，攻占扬州，宋军溃散。到前线劳军的中书舍人虞允文主动挑起指挥战事的重任，取得了采石之战的胜利，将金军成功地阻挡在长江边上。金军随即发生兵变，处死了完颜亮，大军北还。次年六月，一贯畏金如虎的宋高宗退位，宋孝宗登基，主战派力量渐渐抬头。开府在建康（今南京）、负责向金用兵的张浚此时向孝宗建议，要派兵渡淮，攻占原属金地的地区。周葵在皇帝面前，说了数百言反对这次军事行动。后来张浚在孝宗同意下，绕开日常办公机构，直接命令李显宗、邵宏渊等出战，李显宗很快攻取灵璧（今属安徽），邵宏渊攻取虹县（今安徽泗县）。但在当月，两军即遭败绩，两将奔逃，士气大坏。宋孝宗国难思忠臣，将周葵任命为参知政事。这是隆兴元年（1163）夏六月的事了。

隆兴二年（1164）十月，金朝为迫使南宋签订“隆兴和议”，向南宋发动大规模军事进攻，宋军败绩。十一月，宋孝宗派使携周葵的书信，前往金元帅府求和，提出新的和议条款。主要内容是：一、将原定的金对宋的君臣关系改为叔、侄关系；二、将“岁贡”改成“岁币”，名称上做了点处理，数量也由原先的银、绢各二十五万两、匹减为各二十万；三、归还被宋人近年攻占的四个州，并将商州（今陕西商县）、秦州（今甘肃天水）割给金朝；四、交换战俘。金人对这些内容较为满意。闰十一月，台谏官纷纷上奏章，批评这次议和让步太快，群议汹汹。主张求和的大臣于是提出辞职。孝宗不许。诸大臣走后，周葵单独留下来，再求辞职。孝宗说：“你为什么要这么坚持呢?”周葵说：“我出任这个职位以来，每次与宰相谈国家政事，有以为我对而采用的，有不得已而勉强听从的，绝对不被采用的，有十之四五。然后汇报到你的面前，你又不肯听。大率十件事之中，不采纳的有七八件。我怎么能无愧于心呢？所以我一定要辞掉这个官职。”孝宗知道周葵有一说一，再次挽留。这样，周葵成为唯一的执政大臣，虽是参知政事，实际上行使着宰相的职权。而著名的“隆兴和议”最终也在他的手里成为现实。就在此月，宋朝使节王忭拿着周葵之书前往金军帅府，正式订立和议。[①]因为担心爱国学生闹事，周葵还发了一道黄榜，说："靖康军兴，有不逞之徒，鼓唱诸生伏阙上书，几至生变。若蹈前辙，为首者重寘典宪，余人编配。"[②]和议既成，为了安抚国内舆论，当事人自然免不了罢官的下场。一月之后，周葵罢参知政事，除资政殿学士、提举临安府洞霄宫。乾道三年（1167）三月，起知泉州。乾道六年，加大学士致仕。淳熙元年（1174）正月十二去世，享年七十七岁。

这一时期陈亮的政治主张又是如何？我们相信文献中的点滴记载，即他坚决反对议和。《宋史·陈亮传》言：隆兴初年，与金人约和，天下欣然，把它看成是休养生息的机会，"独亮持不可"，意思就是唯独陈亮以为不可。古人写文章，常有以文害意的时候，此处正是好例。我们知道，反对"隆兴和议"的人其实很多，宋孝宗如没有太上皇赵构的逼迫，也未必会签订这个和议，怎么会变成独独陈亮一人反对呢？当然，陈亮是反对议和的，这应该是事实。从仅存的此时陈亮给周葵的一封信中，我们也可窥见陈亮的态度。这封信写于周葵任参知政事期间，主题是推荐四位人才：胡权、王衜、叶衡、孙伯虎。[③]除叶衡外，余三人《宋史》无传，也未提到。《宋史·艺文六》中有"胡权《治痈疽脓毒方》一卷"[④]，此胡权是不是陈亮所荐之胡权？无考，反正没有别的佐证说明两者有联系。叶衡由小官，不到十年升为宰相，官当得比周葵更大，日后陈亮跟他还有关系，此处不详叙。从"左宣教郎胡权""左文林郎王衜"这些称号可知，他们应为底层官吏一流人物。叶衡是金华人，此时已为於潜（今属浙江临安）知县，治县有方；孙伯虎为永康县尉，善断讼。从此可以推断前面两人或属陈亮同乡。而陈亮推荐此四人的信，描绘当时的形势是：丑虏未灭，边际尚紧，财匮兵乏，士怨民离。他建议周葵应日夜搜求人才，共办大事。他的思想背景中有坚持恢复之志，是无疑的。

---

① 《宋史》卷三三《孝宗本纪》，第629页。

② 《宋史全文》卷二四上，第1661页。

③ 参见《陈亮集》卷之二十七，第244页。

④ 《宋史》卷二〇七《艺文六》，第5316页。

那么，政治主张截然不同的两人为何没有冲突，至少在现有的文献中丝毫没有看到？原因并非十分复杂，至少我们可以推想：在周葵方面，他称许陈亮为“他日国士”，则是希望日后陈亮能为国家办事，至于现在的举止言论，固然卓尔不群，才华横溢，但毕竟少年意气，真正成才还有待于现实的长期磨炼。周葵赞赏陈亮的才气，并不是许可陈亮今日的所思所为。在少年的英杰与日后的大器之间，本就有很长很长的距离，欣赏的姿态不等于现实的使用。在陈亮方面，首先是周葵对自己有深恩：先让自己在家乡出人头地，再让自己在首都交遍天下豪俊，在此期间，一向自信的陈亮可能也不得不叹服天下豪杰之多，有时人长我短，他的心头偶尔也会有自愧不如之感叹。此段阅历大大开阔了他的眼界、拓展了他的心胸是无疑的，陈亮当然懂得这些道理。其次，周葵几乎相当自己的爷爷辈，原不可僭越。再加上周葵道德高尚，言行一致，敢于直言，其道德优势也使陈亮不敢妄加议论。再次，可能也是最关键的，是周葵身居高位，陈亮乃一介寒士。天下大事在周葵有时一言而决，在陈亮是人微言轻，可以说简直没资格发言。在此情形下，关于军国大事，争论显然没有意义。我们猜想，它可能根本就不曾展开。这也许就是今天我们在文献中未曾看到两人有所冲突的原因吧。

学术分野

陈亮与周葵的另一重大分歧，是关于学问。

周葵的学术主张是什么？由于材料缺乏，不易说清。但《神道碑》说周葵“平生问学，不泥传注”，并记下了他论《大学》物格而后知至的一段话，也可作为他这一治学路数的注脚：

> 在人之至为知，在物之至为道。以吾之知，极物之道，如两物相抵，故谓之格。夫物万不同，道一而已。方其格物，物我为二。及其物格，则

自视无我，何有于物？是谓知至。[①]

据《宋史》本传记载：周葵曾授陈亮以《中庸》《大学》，并教导说："读此两书，可精'性命'之说。"陈亮接受了，并且精心钻研。

但陈亮在《钱叔因墓志铭》中云：

绍兴辛巳、壬午之间（1161—1162），余以极论兵事，为一时明公巨臣之所许，而反授以《中庸》《大学》之旨，余不能识也。而复以古文自诡于时。道德性命之学亦渐开矣。[②]

两处记载，显然有些矛盾，但仔细揣摩，其实说的又是同一件事。很可能，《宋史》的记载就来自这篇墓志铭，用了前一句，顺理成章地写上了后一句，即陈亮学问从此走上正道云云。正史篇幅浩瀚，细节出现这样的错误，亦是常事，不值深究。我们读陈亮写于后来的《祭周参政文》，觉得可能更为贴切：

亮昔童稚，纵观废兴。大放于辞，愿试以兵。狂言撼公，一见而惊。借之齿牙，爰及公卿。爱均骨肉，前辈典型。《中庸》《大学》，朝暮以听。随事而诲，虽愚必灵。行或不力，敢忘其诚。[③]

从此看，陈亮与周葵的学问显然有着大的冲突。我们既想了解陈亮的生平学说，则不能不对此略加辨察。

学问是什么？这个貌似简单的问题一时难以说明。但是学问必得关注问题，一时一地之学问，必有它的中心问题。南宋的中心问题是什么？通过什么途径去解决这个中心问题？对这些众人关注的问题，社会会慢慢达成比较一致的共

---

①〔宋〕周必大：《文忠集》卷六三《资政殿大学士毗陵侯赠太保周简惠公神道碑》，转引自何勇强《周葵与陈亮》。

②《陈亮集》卷之三十六《钱叔因墓志铭》，第382页。

③《陈亮集》卷之三十《祭周参政文》，第322页。

识，形成日益强大的主流话语。然而，每个人对问题和途径的认识又必然不尽相同。陈亮与周葵的分歧正在此处。

南宋的主要问题是什么？简单地说，是国贫兵弱，饱受异族欺凌。北宋为收复后晋割让给契丹的燕云十六州，屡屡用兵，但连遭败绩，连宋太宗都曾中箭受伤。后来金人入侵，颠覆北宋，更是人所共知。南宋立国，到隆兴和议，虽也取得过一些胜利，但主要还是取守势。当时对南宋的兵力认识也有不同，但是客观事实已经无情地作出了提示。现在主要的问题是：既然南宋兵弱将庸，那么，为什么不破格提拔人才，专心培养一支强大的军队，以雪国耻？

其实，这个问题后潜伏着一个更大的问题。

在宋代以前的七八百年，即追溯到东汉末年那一段历史时期，将强兵也强，但是国家政权经常不稳，中枢屡被将官推翻，或者朝廷对各地拥兵自强的大员无可奈何。曹操就曾说过，如果不是他在，天下不知几人称王，几人称霸。曹操自己挟天子以令诸侯，诸侯也不服，吴、蜀两国长期存在就是明证。唐代乃中国一黄金时代，然晚唐藩镇割据，朝廷鞭长莫及，最终亡于藩镇。五代十国时期，拥有一点武装实力的军阀纷纷称帝，连宋太祖自己，也是陈桥兵变，黄袍加身，说反就反。如此，宋代政权一旦建立，日夜萦绕在最高统治者心头的问题，并不是顾虑兵将庸弱，而是顾虑他们太强，强得一下就会推翻赵氏的统治。所以宋朝虽受金人欺负，但宋高宗看到岳飞等不太听话的军人，其实和看到金人一样头痛。岳飞为什么被杀，其缘由就在于此。绍兴十六年（1146）宋高宗说的一句话就泄露了天机。他说："自今诸将出入，如身之使臂，无不如意，兹为可喜。"[①]可见这个延续了七八百年的问题，比起本朝两百年来的新难题，更为深刻而持久。

从这个角度来看，控制地方不生异心，既然是朝廷和社会共同关注的中心问题，它必然不可避免地成为学术界的中心问题。其实，学术到宋代亦有一大变化，即理学生焉。中国在战国时代，学术始创，讲的是诸子百家。汉代独尊儒术，但尊儒尊的是经书，所以汉代的学术界，谈的主要是五经，即《诗》

① 《宋史全文》卷二一下，第1421页。

《书》《礼》《易》《春秋》。汉代学术讲家法，即谈论一本经书，要谨守师长的传统解释。所以汉代经学大盛，对一部经书，有多种多样的注疏笺释，其方法都统一在如何理解经书的意义上。东汉以后，学术界风气大变，关键是儒家不能整顿人心，在唯实力是从的军阀混战中起不到作用，对指导人们的生活也不能有所作为，于是社会转向老庄的玄学。后来佛教传入，得到统治者和百姓的服膺，至唐代，佛教地位非常尊崇。在唐代从事政治，已经不如汉代所认为的那样崇高伟大，佛学才是人心的依归。宋代理学之所以发生，便是针对上述的历史大背景。简单地说，这个时代的新的学术，应该解决如何为一个和平、稳定同时哪怕是贫弱的政权和社会提供思想保障，同时要解决个人在这样的社会中生活的规范与意义问题。理学就是在这样的条件下产生的。它通过对孔子、孟子学说的重新阐释，突出了理气、心性等新的哲学范畴，企图通过对人本性的新的探索和阐发来树立新的道德规范，确定新的人生意义。它重新尊崇儒学，但不像汉朝那样尊经，而是大胆地对经书进行新的解读，阐发儒学的内在意蕴，发扬儒学的内在精神。这一学术思潮，在北宋始于周敦颐、张载、程颢、程颐，大盛于朱熹、陆九渊等，终于在南宋理宗年间成为学术界主流。

明了这样的背景，对陈亮二十岁左右的学问，当有更切实中肯的评价。从内容上看，陈亮此际主要研究历史，而非研究道德心性；从转变天下的途径看，陈亮侧重于从决心、谋略、策略等技术层面入手，而不是从个人道德、社会伦理等入手，所以，他的学术与当时社会开始流行的理学思潮格格不入。但是还不能说陈亮在此际反对理学，只能说他此时还不知道学术界的主流话语。他是在讲学术，但他不知道学术界目前在讲什么学术，一定要等到周葵以《中庸》《大学》这些宋代才热起来的儒家经书相授，他才约略得知当时学术的主流，何况他的禀性与学术基础，又使他对学术主流格格不入。所以，从深层次的意义上说，陈亮此时的学问，与周葵所关心的学问大有距离。其实，周葵的学风也较为解放，《宋史》本传说他谈学问不被经书的传、注等束缚，这也是宋儒的普遍特征。但是，周葵的学术关注的内容，在陈亮看来实在太为生疏，所以，尽管陈亮在周葵这里得到了启蒙，但是他毕竟没有马上遵从周葵指引的学术路径。

从今天的角度来看，此事必然呈现出它的两面性：一方面，由于陈亮坚定的学术立场和独特的学术识见，这让他在复杂的社会中能概然提出自己的学术观点，深刻地分析社会的某些症结，在思想界占有自己的一席之地。而另一方面，也正是由于周葵的指引，日后他不得不在这一方面多加探索，有所发现。他一生不服理学，但是他必须面对理学，因为反对主流学术，也是进入主流学术界后的一种姿态。简言之，陈亮如果没有日后与朱熹的反复辩难，那么，他在中国思想史上有无今天的地位便大成问题。主流学术之发生与蔓延有它的道理。你可以反对它，但你绝不可能置身事外。

隆兴二年（1164）冬，周葵罢参知政事。陈亮也恰好于此时被叫回家完婚。周葵逝世于十年后，即淳熙元年（1174），不过他们俩后来没有来往。据陈亮自述，后来他母亲、祖父母三人连续死去，无力下葬，无颜再见周葵，于是有了数年之约但始终未去履行；后来他父亲死于乾道九年（1173）十二月廿四，周葵死于淳熙元年（1174）正月，从今天的历法看，即死于同一年，日子相差不远，陈亮忙于父丧及守礼三年，也未能一去吊祭周葵。他对周葵的最终评价是："忠言佳话，上心之所独知；至于盛世崇勋，人事犹有遗恨。"[①]用今天的话说，那就是周葵的忠心耿耿，正道直言，皇帝内心是明白的，但是在建功立业上，则还有些许遗憾。陈亮一生是一个追求建功立业的人，他与周葵的分歧，最后还是反映了出来。

婚姻传奇

陈亮的婚姻，也与《酌古论》深有关联，那几乎是一场传奇。古代的婚姻，男女双方嫁娶前未曾会面自属正常，但是，一方婚姻的决定者们根本没见过另一方，我想应该不多见。陈亮的婚姻，就是这样富有传奇色彩。

这场传奇的总导演是何茂恭（1128—1172），他的身份是新娘的叔叔，与新郎陈亮素不相识。何家出自婺（今金华）之诸何，其子孙散居永康、东阳等地，何茂恭家是定居义乌的一支。他的家世与陈亮仿佛，可以明确地上溯六世，六

① 《陈亮集》卷之三十《祭周参政文》，第322页。

世以上则不可知。何茂恭的父亲是何榘，生子两人，长为何恢（1125—1183），字茂宏；次则何恪，字茂恭。何榘一心想让两个儿子走科举道路。兄长何茂宏状貌端厚，胸襟坦荡，心机不深，很可能他自度己之短长，于是俯首专门打理家事，将家庭搞到小康，让弟弟专心文墨。他们兄弟两人一起去应举，弟弟得中，兄长未中，兄长反高兴地说："这样可以很放心地向父亲汇报了。"何榘逝去，何茂恭事母甚谨，但从不问钱财，盖他对兄长所为十分放心。中国古代的大家庭，讲究全家一体，但是在钱财如何分配和运用上，由于权益义务不能明晰，必然生出许许多多的麻烦事。在此情势下，唯有讲求道德修养，以无私的道德风范折服他人，何茂宏正是做到了这一点。他与弟弟经常声色俱厉地吵架，但那都是因为评价文章之优劣，所以僮仆们只会窃笑而不会产生惊惧之感，因为他俩绝不会为钱财斗气争吵。后来弟弟早逝，弟弟的长子何大受长大成人，何茂宏干脆将整个家业交给这个侄子管理，自己变成了一个懵然不解的老人。[1]这种处事明白、拿得起放得下的气概，着实令人叹服。

兄弟俩的深情厚谊无须多言，重点是他们如何与陈亮发生关联。我们前面曾提到，陈亮年轻时曾在义乌何子刚家读过书，但在文献中未曾看到何子刚与何茂恭有过什么来往。何茂恭是绍兴三十年（1160）的进士，这一年陈亮十八岁，在写《酌古论》，何茂恭结识郡守周葵要待来年。何与陈两人不可能于此年相识。

何茂恭的详细事迹无考，仅知他得官江西永新县主簿。不过，元朝的《敬乡录》中辑存了他的十余篇文章。像他这样已中进士，连陈亮都认为，联姻完全可以而且应该在同年中考虑。当时何茂宏的大女儿，就许给了何茂恭的同年进士唐仲义。[2]唐仲义是与朱熹结怨的唐仲友之兄，以后陈亮于此还有一番纠葛。何茂恭力主将二侄女嫁给陈亮，尽管我们至今不知道何茂恭何时得官，何时赴任，但此时陈亮在周葵门下，应可确定。何茂恭很可能听到陈亮的盛名，读到陈亮的《酌古论》，也同周葵一样，深许为国士，所以极力促成这桩婚事。

---

① 参见《陈亮集》卷之三十六《何茂宏墓志铭》，第373—374页。

② 参见《陈亮集》卷之三十六《何茂宏墓志铭》，第374页。

其实，对这桩婚事，何茂恭的哥哥何茂宏是犹豫的，关键是自己家是义乌的富户，陈亮只是一个寒士，无功名，家庭又较为清贫。尽管他对弟弟的好心丝毫不怀疑，但陈亮以后会不会有出息，谁也不敢打包票，所以，尽管何茂恭去江西赴任前一再提起这桩婚事，并极力保证陈亮的前途无限，侄女一定会有依靠，何茂宏仍然不肯表态。何茂恭就官江西永新，在大力推进当地教育的同时，一有机会便往家里带书信，一有书信，信中便提到陈亮，并劝告兄长：我的忧虑是失去与这位英杰联姻的机会。书信多了，一天，何茂宏慨然而起："宁可让我的女儿以后过苦日子，我也不能以后无颜见我的弟弟！"于是定下了这桩婚事，到永康提亲，将次女许配给了陈亮。[①]陈亮家应该是很高兴的，有一个这样的家庭来提亲，还有什么好说的呢？

乾道元年（1165），应该是夏天前，陈亮去义乌结婚，娶了何茂宏的二女儿。此年陈亮二十三岁。就婚的细节，今天多已难考，只知道何茂恭在场。何茂恭当时在为他母亲的姐妹王夫人写墓志铭，口颂一两遍后，陈亮听见便能对别人复述。何茂恭大喜："世上竟有记性如此好之人！"[②]仅此一桩小事，也足以让他的妻家相信陈亮一生大有可为吧。何氏兄弟有一妹，嫁与武义刘叔向。在何家的亲戚中，刘叔向也是极力支持这桩婚事的，他还催陈亮父亲向何家下定亲的礼物，早日将这门亲事搞定。刘氏之妻，对自己的这个侄女特别喜爱，所以刘家此刻对陈亮也很好。[③]这场婚姻在带给陈亮新的家庭生活的同时，也应该带给陈亮新的自信。

---

① 参见《陈亮集》卷之三十《祭妻叔文》，第325页。

② 参见《陈亮集》卷之三十七《喻夫人王氏改葬墓志铭》，第390页。

③ 参见《陈亮集》卷之三十八《刘夫人何氏墓志铭》，第395页。

第三章　以《中兴五论》为中心的时期

家穷亲死，父亲被囚

陈亮一辈子的顺利几乎全在少年时期。婚事对于陈亮，虽不啻为他人生的一个高峰，但很快，陈亮就从快意坠落到失意的深渊。也许陈亮之妻何氏更早地预知这一点吧，女人应是更有直觉的。

何氏看到的永康陈家，大概由这些人组成：陈亮的祖父、祖母，都是不管家事、不事生产的，祖父还使酒任性，好比顽童，在感情深厚的亲属后辈看来，正是可爱之处，但在新来的娘子眼中，却可能未必。更让她触目惊心的是她的婆婆，三十七岁，尽管在那个人均寿命不高的时代，也不算特别老，但是婆婆的纵横老脸及衰朽的精力，分明向她预示一生将是何等的艰辛。婆婆在十四岁生了陈亮以后，两年后生了陈充，再过两年生了一子，夭折，再过一年生了一个女儿，那时她才十九岁，就失去了再生育的能力。由此，她的公公还娶了一妾，并生了一个儿子，名唤陈明，现已六岁，但因家贫，出生后一百多天就送给一姓张的人家抚养。夫君据说富有才华，他日或许能够出人头地，但眼下的日子如何撑持？以前的优裕生活能否继续？对何氏来说这是一个颇为痛苦的问题。

果然，就在何氏新婚不久，那一年的八月，陈亮的母亲就撒手人寰。宋代讲究厚葬，厚葬的主要支出倒不是昂贵而丰富的陪葬品，这是因为宋代盗墓之风盛行，厚葬的支出主要在择风水宝地，而风水好的墓地地价高，非一般人家所能购置；制造质地好、厚重不朽的寿棺；缝制送终用的寿衣；盛大的丧礼，丧礼上经常有规模宏大的佛事；还有众多送丧的亲朋好友的饭菜。厚葬在当时已成风气，即使在民间也是如此，对那些贫寒但略有社会地位的士大夫家庭尤有压力。所以这些人家在家人死后，往往无力立即举行葬礼，而是把他们的棺材停放在一边，待到有经济能力时再行安葬，时间一长，据说许多这样的棺材有意无意地遭到遗弃。这也算是一个合理的制度安排。[①]在陈亮四十一岁时，他的岳父何茂宏故去。由于何家是富户，当即筹办丧事，但亦历时一年半，结算下来，花钱百余万。[②]这也可算是陈亮无力葬亲的一个旁证吧。

祸不单行。宋时母亡须守三年之丧，而在守丧期间，陈亮父陈次尹竟被捕入狱。在一个安定的社会，一个平民百姓被捕入狱，对家庭的打击不仅在于现实层面，更在于心理层面。由此而引起的旁人的猜疑和鄙视，简直使人难以抬头。《宋史》本传记载：当时陈亮家的家童杀了人，而被杀者恰恰曾经侮辱过陈次尹，于是被害者之家人自然就怀疑是陈次尹指使家童杀人，报了官。官府将家童逮捕，动以笞刑，逼问。家童死而复苏数次，不服。官府接着将陈次尹也抓了进去。事情说得井井有条，但其实属于误记。陈次尹此时被系狱是真，然而由于什么原因，今天已无从考证。陈亮只说"罥罜"[③]。罥，亦作睊。《孟子·梁惠王下》云："师行而粮食，饥者弗食，劳者弗息，睊睊胥谗，民乃作慝。"说的是国王出巡，到处筹粮，而饥饿者没饭吃，劳作者没休息，大家侧目而视，怨声载道，就要造反了。"睊睊"，侧目而视的样子，表示愤慨。罜，亦作"眭"，目深视貌。"睊眭"两个字的意思相近，揣摩起来，应该是目光中充满仇视之态。如此说来，陈次尹入狱，可能是由于仇家之故，至于何故，已无可追寻了，具体时间也不能考定。我们只知道在陈次尹入狱后，其父母经受不了这样沉重的打击，相继下世：陈亮祖父陈益逝于乾道三年的十二月廿七（按公历应该是1168年了），祖母黄氏则死于1168年夏六月。前面说过，陈亮的母

① 参见徐吉军：《中国丧葬史》，江西高校出版社1998年版，第440—453页。

② 《陈亮集》卷之三十六《何茂宏墓志铭》，第373页。

③ 《陈亮集》卷之三十三《祭妹文》云："吾父以罥罜困于囚系"，第353页。

亲死后，家中无力安葬，如今祖父母相继下世，三具棺材停放在家，孤灯破壁，一派凄凉，自幼生长于富家的何氏，见到这样的惨状，实在难以忍受，就去跟义乌娘家商量。娘家怜惜她，同时不顾陈亮的面子，将女儿接了回去。陈亮心中当时一定是充满愤慨的吧，不过在他遗留的文字中，除了这样一句话："我妻生长富室，罹次奇祸，其家竟取以归"，没有别的埋怨之辞。这句话中语气较重的，只有一个"竟"字。陈亮确实没什么可埋怨夫人的：在此艰难时节，陈亮的亲弟弟陈充，也带着妻子离开了家，在路旁的小房子里居住下来，言下之意是家中的烦恼他不再管。[①]这种表现说来比陈亮的妻子更差劲。此时的陈亮，为营救父亲四处奔走，也顾不得在家居丧的古礼。陪伴祖父母和母亲的灵柩的，是他的妹妹与一个小婢。陈亮日后回忆起这一段时，依然悲不自胜。在后来写的《祭妹文》中，他追忆了这段经历，并悲痛欲绝地倾诉了对妹妹的手足深情。

在这段困顿时期，陈亮四处奔走，恳求官员予以援手，解救父亲。经过艰苦的努力，此事终于有了结果，陈次尹于乾道四年（1168）四月十二，在他以前曾向周葵推荐过的叶衡的帮助下获得释放。我们知道陈亮家境原本不富裕，此次定然又花费不少，到他父亲出狱时，良田已经卖尽，家中已无寸土可耕。我们现在读到一封他写给叶衡的书信，在感谢了叶衡的援助后，也表露了要求经济支持的信息，[②]只是不知道叶衡究竟怎样回应了。

《英豪录》

在陈亮的这段困顿时期，或许在此前后吧，陈亮编了一本《英豪录》。书今不存。但此书序言，保存在《陈亮集》卷之二十二中，序言中有一句话："距靖康之祸，于是四十载矣。""靖康之祸"，即北宋亡于金人之祸，发生于靖康年间：靖康元年（1126），金人攻占汴京；靖康二年（1127），废宋钦宗、太上皇徽宗为庶人。董平先生根据序言中这条线索，将陈亮编就此书的时间定于乾道

① 《陈亮集》卷之三十三《祭妹文》，第353页。

② 参见《陈亮集》卷之二十九《与叶丞相衡》，第300页。

二年（1166）。[1]但古人作文，纪年多言约数，说是四十载，事实上，从三十七八年到四十二三年都有可能。但无论如何，大致的写作时间可以定下来了。

笔者认为，陈亮这一时期，不仅仅编撰了一部《英豪录》。今存的《陈亮集》卷之二十二收录了陈亮的史传序七篇（《陈亮集》卷之二十二解题作八篇，其实最后一篇《二列女传》非序），笔者在此将这至今只见序不见正文的七部书看成陈亮同一时期的作品。这七部书，分别为《高士传》《忠臣传》《义士传》《谋臣传》《辩士传》《英豪录》《中兴遗传》。它们在性质上都是属于一类人的合传，而前六本属于编纂性质——就是在史书中搜录有关材料，将类似的人物列在一起。后一部书，则是陈亮将自己的见闻录下，当然不一定是他自己的亲身经历，听到的也算。从这个角度看，前面六部书散佚了倒没什么，后一部书保存了众多陈亮亲历亲闻的历史事实，弥足珍贵。遗憾的是，这七部书，今天我们都无缘得见了。

然而，在这七篇序言中，我们可以大致考知书作的内容，由此也可一窥陈亮当时的思路与襟怀。

一、《高士传》

高士，今之所谓高人。在陈亮这部高士传中，高士是指颜回、闵损、商山四皓、严光、黄宪、徐穉等人。颜回、闵损为孔子学生。颜回是古代忧道不忧贫的大贤。他跟随孔子，穷困甚，所谓箪食瓢饮，就是他人忍受不了的穷困，颜回处身其中，却不改其乐。颜回很爱学习，不迁怒于人，同样的过错不犯第二次。他的早夭，让孔子十分伤心。闵损，字子骞，以孝著称。小时，后母虐待他，给自己生的两个儿子穿棉衣，给不是自己生的两个儿子穿芦花编的衣服。他父亲知道后想将妻子赶走，闵子骞说："母在一子单，母去四子寒。"父亲闻言，打消了念头，后母得知后大为感动，从此待四子如一。孔子还称赞闵子骞不在僭越礼制的大夫处做官，不拿坏君主的俸禄，是一个立身清正、不惧贫穷的贤士。[2]商山四皓，是汉初四个隐居的高士。当时刘邦想废了吕后所生的太

① 董平：《陈亮评传》，南京大学出版社1996年版，第38页。

② 参见《史记》卷六七《仲尼弟子列传》。

子，吕后惊恐，问策于张良。张良推荐了这四皓，说皇帝得了天下，不能罗致的就是这四位。他们觉得皇帝傲慢，于是逃匿山中，不为汉臣，其实皇帝心中非常重视他们。如果将这四人请来辅佐太子，并趁便时让皇上知道，太子或能不废。吕后设计请来商山四皓，果然保住了太子的位置。[①]严光，即严子陵，年轻时与汉光武帝刘秀同学。刘秀当了皇帝后，严光改名换姓，隐身泽中。后来被发现，征至京都，皇帝车驾至其住处，严光高卧不起，刘秀到床边，摸着严光的肚皮，说："你难道真的不出来帮我吗？"严光长眠不应，良久，张目熟视，说："以前尧帝想把天下让给巢父，巢父觉得此话污了他的耳朵。每人都有自己的志向，你总不至于苦苦相逼吧？"刘秀长叹而去。后两人共卧，严光将脚放在刘秀腹上。[②]黄宪，东汉末年人，出身牛医，他没留下什么事迹，但史书中记载的都是人家对他的敬服之词，比如，同乡的戴良才十分傲慢，但见了黄宪未尝不正容，到离开时，总是惘然若有所失的样子。他母亲问他："你是不是刚从牛医的儿子那边过来？"他答："我久不见黄宪，自以为应该赶上他了；等到一见，则瞻之在前，忽焉在后，不可测度，仍是高人。"名士陈蕃等也说："一段时间不见黄生，鄙吝的念头又从心中萌发了。"徐稺，与黄宪同时人。陈蕃当太守时，不接待宾客，唯徐来时设一榻，徐稺走了，他就把榻悬空吊起来。[③]

由此得知，陈亮的《高士传》，写的都是清贫的操守之士。陈亮感慨地说：这些人难道真是从贫贱中找到了快乐吗？不是的。他们只是坚守自己的道。坚守己道，得到了富贵，可以接受；如果贫贱，也没什么关系。他们的道，与富贵贫贱是两回事。所以，穷或是贵对他们来说，都是快乐的。陈亮读史，看到这些人物，心中羡服，常恨还有许多居于山林的隐士，史书中不能尽载，于是将在史书中看到的高士事迹汇总起来，成《高士传》一书，可以日日观览，"将与学者尽心焉"[④]。

---

① 参见《汉书》卷四十《张陈王周传》。

② 参见《后汉书》卷八三《逸民列传》。

③ 参见《后汉书》卷五三《周黄徐姜申屠列传》。

④ 《陈亮集》卷之二十二《高士传序》，第189页。

二、《忠臣传》

相比起《高士传》，《忠臣传》显得别出心裁，甚至有些大逆不道。它写的是武庚这样的人。武庚，殷纣王之子，名禄父。周武王灭纣后，封武庚以继殷祀。周武王死后，周公摄政，武庚与管叔、蔡叔一起造反，被周公所杀。[1]陈亮认为，周灭商乃天命，乃仁义的胜利。但是武庚作为纣的儿子，不服周的统治，也是理所应当，像武庚这样的人，就是忠臣孝子。忠孝是立身之大节，为臣而报君仇，为子而雪父恨，人之至情，明知不可为也要为的。

和武庚同类的，有翟义、王凌、毋丘俭、诸葛诞等人。翟义，西汉末丞相翟方进之子，为东郡太守。汉平帝死后，王莽摄政。翟义举兵讨莽，自号大司马柱天大将军，兵至十余万。后被莽军击溃，被捕杀害。[2]王凌、毋丘俭、诸葛诞三人，如果对三国历史比较熟悉的人，当会了解一些。他们都是对司马氏家族威逼曹家不满，起兵造反，分别被司马懿、司马师、司马昭杀死的。[3]这些人跟武庚还不一样。他们不是舆论谴责的对象。他们跟着比他们官职大的官员行事，无可厚非。但他们忠胆奋发，为君父挺身而出，尽管他们的目的都未达到，但其心昭然天下，岂能非议。以前史书将他们列入叛臣中，陈亮说："语曰：'盖棺论乃定。'是果可信乎？"[4]所以他勒为《忠臣传》一书，表彰这些被看成叛臣的忠臣。

三、《义士传》

陈亮说，商朝本仁义治国，所以尽管商纣王残暴至甚，百姓们对商也没有普遍反对，周文王天下三有其二，仍臣服商。周武王伐商，伯夷、叔齐叩马而谏。周代商后，两人不食周粟，隐于首阳山，采薇而食。快饿死时，作歌曰："登彼西山兮，采其薇兮；以暴易暴兮，不知其非兮。"[5]陈亮说，他们两人，不是用一死来换商朝的天下，而是他们明君臣之义，虽死不改。这就是义，义是

---

① 参见《史记》卷三《殷本纪》。

② 参见《汉书》卷八四《翟方进传》。

③ 参见《三国志》魏书卷二八《王毋丘诸葛邓钟传》。

④ 《陈亮集》卷之二十二《忠臣传序》，第189页。

⑤ 《史记》卷六一《伯夷列传》。

死生之大节。人都是贪生怕死的，义士也不例外，但他们为义不顾生死，这就是他们的节操。这样的义士，东汉尤多，所以《义士传》“传夷、齐以为义士首，于东汉义士加详焉，其他特起者附之，庶乎有闻风而兴者，岂徒补观览而已哉!”[①]

四、《谋臣传》

陈亮将秦以前的历史分为四个时期：尧舜之际用德治天下，夏、商、周三代以仁政，春秋争霸时期以谋，战国时期以力。汉以来的政治，则四者兼用。道德仁义，是君王毫无疑问会实施的，但碰上紧急情况，道德仁义来不及，用力也不行，那就只有用智了。这便是智士谋臣之所以可贵的缘故。仁、义、礼、智、信五常，以智为最难。仁、义、礼、信，做过头了，不过是厚道；智做过了头，就变成骗子和坏蛋了。汉代以来，智又不至于成为骗子和坏蛋的，不算太多，张良是其中最完美的人物，无人能及。尽管如此，排难解纷，非谋士莫办，所以陈亮认为这本书一定要有。而且，在历史上，谋臣们如果被左丘明、司马迁等人的生花妙笔写过，就名垂千秋；如果没有史家记载，最好的智谋也湮灭无传，陈亮于此特别感慨，所以他编了这本《谋臣传》，将司马迁写过的张良、陈平放在卷首。“其奇可资以集事，其贼可以戒，不为无取云耳。”[②]

五、《辩士传》

辩士，指的是能言善辩之士。陈亮说，在上古，国家与国家交战，都出于不得已，所以一定要有谋士，通两国之情，化解宿怨，争取和平。当时的使者，贵在能表达己方的真情，而不在于天花乱坠的辩论。到战国时，天下混战，鲜廉寡耻之徒就成为时代的新宠。他们摇唇鼓舌，唯利是图，跟白昼抢盗没什么区别。到了汉代，又有一些辩士降生，但他们比战国时的那些辩士要好得多了。

在这部书中，陈亮应该提到了以下辩士：鬼谷子、苏秦、张仪、郦食其、陆贾、侯公、随何等。

鬼谷子，战国时楚人，传说为苏秦、张仪的老师，纵横家之祖。今有《鬼

---

① 《陈亮集》卷之二十二《义士传序》，第190页。

② 《陈亮集》卷之二十二《谋臣传序》，第191页。

谷子》一书传世，但未必为鬼谷子作。苏秦、张仪，是战国时著名的辩士。苏秦头悬梁，锥刺股，攻读《阴符经》。大成后，游说六国，合纵拒秦，据说他一人身佩六国相印，贵极人臣。张仪是苏秦的师弟，在苏秦死后，他站在秦国一方，游说各国采取连横的政策，让秦国不断扩大疆域。[①]郦食其等四人，都是汉初人物。郦食其，年少时为狂生。刘邦起兵时，看不起儒生，常将儒生头戴的儒冠拿下来当便壶。郦食其初见刘邦，刘邦正在洗脚，他长揖不拜，并问刘邦："你是想率诸侯破秦呢？还是想帮秦攻诸侯呢？"刘邦大怒，骂道："竖儒！天下苦于秦久矣，我怎么会助秦？"郦食其道："既然是起兵推翻无道暴秦，对待长者就不应该没礼貌啊。"于是刘邦停止洗脚，将郦让到上座，请教破秦之策。郦食其建议攻打积粮甚多的陈留，并只身入城，充当内应，攻下陈留。后来他又主动请缨，说齐王归汉，齐王从之。只因为韩信对郦食其片言使齐七十余城归降不满，带兵袭齐，齐王烹郦食其。陆贾，也是跟随刘邦的说客。他在战争中似乎没有立下什么功勋，但是他在刘邦面前说的一句话，奠定了他作为中国杰出政治理论家的地位："马上得之，宁可以马上治乎？"意思是：从枪杆子中得来的政权，难道可以同样用枪杆子去治理吗？这句话道出了得天下与治天下的深刻区别，使一味相信武力的刘邦羞惭万分，并令陆贾写作《新语》一书。后陆贾说服在南方称霸的赵佗归服汉室，并帮陈平结交周勃，在粉碎吕后集团的斗争中出了大力。[②]侯公，今天仅存的历史记载只有两句话：那是在楚汉相争时，刘邦使陆贾去说项羽签订和约，项羽不从。再派侯公去，项羽就同意了，以鸿沟为界。刘邦乘项羽不备，再次偷袭，得灭项羽。[③]随何，也是刘邦一大谋士，当刘邦与项羽大战时，随何率二十余人，说服淮南王英布出兵助汉，立下了五万将士不能成功的伟业。"由数子以降，士之肆伟辨以济人之事者，不可胜数，厥迹之著，阙然有愧，史氏之罪也。故余录其可采者"。[④]

---

① 参见《史记》卷六九《苏秦列传》，卷七十《张仪列传》。

② 参见《史记》卷九七《郦生陆贾列传》；《汉书》卷四三《郦陆朱刘叔孙传》。

③ 参见《史记》卷八《高祖本纪》；《汉书》卷一上《高帝纪》。

④ 《陈亮集》卷之二十二《辩士传序》，第191页。

六、《英豪录》

这七部书中，唯《英豪录》一书之内容最不可考。在这本书的序言中，陈亮主要表述了如何识别英豪的方法。他说，现在国难当头，故土未复，而起兵北伐，力有未足。有人说，国之大事，必得圣上和英豪。现在皇帝是圣明的，但英豪之士又何在？陈亮经过认真思考，下结论说：其实，天已降生英豪，只是当政者不知如何使用。所谓英豪，不是追着人恳求被重用的，而是宁可到死不被重用，也不愿自贬身价。这样的英豪，尽管饥寒交迫，仍把天下事当成自己的事。他们的见解迥异于一般人，他们不拘礼法，随意为之。他们被攻击为狂，而他们有些方面确实像狂生，所以他们很难为人所识别。为什么当政者不创造一个机会让英豪们施展身手呢？陈亮编《英豪录》一书，绝不是为了发思古之幽情，而是想告诉当政者：英豪绝对是有的，问题就在于当政者们如何用。至于《英豪录》中收了哪些英豪，今天已没法知道了。

我们细读此序，能够在其中发现英豪标准如何悄悄地带上陈亮自己的影子：

> 彼英豪者，非即人以求用者也，宁不用死耳，而少贬焉不可也。故饥寒迫于身，视天下犹吾事也；见易于庸人，谓强敌可剿也；信口而言，惟意之为，礼法之不可羁也，死生祸福之不能惧也。一有事焉，君子小人，一见而得其情；是非利害之间，一言而决。理繁剧则庖丁之解牛也；处危疑则匠石之斫鼻也。盖其才智过人者远矣。然而旅出旅处，而混于不可知之间，娼之者谓狂，而实狂者又偶似之，将特自表树，则夫虚张以求贾者又得而误之矣。此英豪之所以困而不达，而谓无人焉者非也。[①]

其中有两点非常明显：首先，饥寒迫于身，犹以天下事为己事。这一点可能正好暗示陈亮编《英豪录》时的境况。其次，不拘礼法，唯意为之。陈亮一生磊落率性，也因此多坎坷，这一点甚至预示了陈亮日后的命运。

---

① 《陈亮集》卷之二十二《英豪录》，第192页。

七、《中兴遗传》

这本书应该是七部史传中最有价值的一本，因为它记载了陈亮自己关于南宋初年特异人物的种种见闻。光是序言就写得十分精彩，它记录了两个特异之人的故事。

北宋末，龙伯康在京师，与赵次张相识。一日试射，赵十矢而中六七，颇为自喜。龙十矢十中。赵大惊，龙言："此亦何足道！千军万马，头目转动，我也能百发百中，何况死靶子！有什么好奇怪的！"龙还说："三年后，此地皆胡人。"三年后，京城果然失守于金人，龙伯康也从此再无影踪。

南宋初年，韩世忠在淮西抗金，一时颇难支撑。赵次张献上一计：决淮西之水以灌敌营。朝廷不采，不久金兵退却，韩世忠约其再战，敌使说："听说你们要决水灌我，我岂能落入你的圈套！"赵曾为李纲丞相所用，还曾向丞相推荐岳飞，在岳飞脱颖而出的过程中起过一些作用。后来岳飞当了统制，部队缺粮，赵次张劝其移军阳羡，岳军得粮，阳羡也因此平安。有人曾向赵鼎丞相推荐过赵次张，丞相欲用，有小人进言说："此人心志不可测。使其得志，必为曹操。"丞相犹豫而止。赵次张自度不为用，屏居家中，至死。

陈亮当年的恩师周葵，屡次向陈亮说起赵次张，且告之陈亮："我在朝中推荐过赵。大家都质问我：'你是一个品行端方的人，怎么会去推荐此等狂生？'我说：'我们平日安居，谈谈王道，论论诗书。某日被用，在朝廷上从容把持纲纪是可以的。至于处理突发情况，那种人才，必不可少。我们自己做不了，又讨厌能办事的他人，国事如何搞得好呢？那样不行啊！'"

在北宋败亡、南宋初建的建炎、绍兴年间，世乱纷离，但是亦出了许多英杰。只是不到四十年，这些英杰的姓名多已湮灭，事迹也多不彰。陈亮有憾于此，于是作《中兴遗传》一书。全书共十二卷，"其一曰大臣，若李纲、宗泽、吕颐浩、赵鼎。其二曰大将，若种师道、岳飞、韩世忠、吴玠。其三曰死节，若李若水、刘韐、孙傅。其四曰死事，若种师中、王禀、徐徽言。其五曰能臣，若陈则、程昌寓、郑刚中。其六曰能将，若曲端、姚端、王胜、刘锐。其七曰直士，若陈东、欧阳澈、吴若。其八曰侠士，若王友、张所、刘位。其九曰辩士，若邵公序、祝子权、汪若海。其十曰义勇，若孙韩、葛进、石竧。其十一曰群盗，若李胜、杨进、丁进。其十二曰贼臣，若徐秉哲、王时雍、范琼。”[①]值得注意的是此书前十卷传英杰，后两卷则传盗贼叛臣。看来陈亮此书的立旨在于保存史实。此书的篇幅应该较大，因为序言写的龙伯康与赵次张，陈亮正是因为材料不够丰富，不敢写入书中，只在前面作一交代，依此推断，书中所记人物的篇幅应大于序言。所以，这本书的佚失，真是无可弥补的一大遗憾。

反复体味这些书的序言，笔者以为，首先，除了最后一部《中兴遗传》，其他六部书的篇幅可能不会很大，陈亮在不长的时间内完全有可能完成。其次，也许这些书编于他的困顿时期，但是生活的贫困对陈亮似乎也未产生太大的影响，陈亮不是一个吟花弄月的文人，他坚执的理想和率性的脾气至死未改。我们也完全可以推想，一个生活得艰难的人，也不是一天十二个时辰都愁眉苦脸的，他完全有可能一边对付艰难的生活，一边心存壮志，沉思古今，寻觅富国恢复的道路。生活就是这样复杂而多样，太单一的模式往往错绘了真实的生活。

改名为“亮”

陈亮以前名“汝能”，前面已经说过，这是他的祖父陈益取的，因为陈益在陈亮出生前梦见了一个叫“童汝能”的状元。这个名字充满了祖辈对儿孙扬名立志的希望。但陈亮在廿六岁时，感觉羽翼渐丰，自以为可以奋翅高飞，于是他毅然改名为与诸葛孔明同名的“亮”，且确实因此留名后世。

这一改名，对陈亮自己极有深意，不容轻忽，值得花一节篇幅予以申说。

今天谈到诸葛亮，我们多数人脑海里浮现的，应是《三国演义》中那位可以预见敌情、算无遗策、智以胜敌、百战百胜的形象，再极端一点，就是鲁迅总结的那一句“状诸葛之多智为近妖”[②]。但这实在是诸葛亮在元末明初的底层民众心中的形象。处于宋代中后期的陈亮，他对诸葛亮又是怎样的一种判断？

正史中对诸葛亮的称许，大致在以下三个方面：

---

① 《陈亮集》卷之二十二《中兴遗传序》，第194页。

② 鲁迅：《中国小说史略》，《鲁迅全集》（第九卷），人民文学出版社1982年版，第129页。

一是有从大局出发的预测未来才能。今天仍然在中学语文课本中可见的《隆中对》，确是垂范千古、可以传之万世的皇皇大文。寥寥不满三百字，一是给出天下大势，二是指出刘备今后的发展区域，三是提出了复兴汉室的总方针。总方针尽管日后由于种种原因未能遵循和实现，但刘备从一个仅有弹丸之地的新野发展到一个跨越荆、益可与曹、孙抗衡的大政权，没有这篇《隆中对》，是不可想象的。

二是杰出的治国理政才能。这具体表现在外交和内政两大方面。在赤壁之战前，诸葛亮"建奇策，身使孙权"，说服吴国与己联盟，大破曹军。在刘备去世后，接受刘备的托孤，"政事无巨细，咸决于亮"，"立法施度，整理戎旅，工械技巧，物究其极，科教严明，赏罚必信，无恶不惩，无善不显"。

三是公忠体国之心。诸葛亮自去世始就一直有百姓深深怀念。"其秋病卒，黎庶追思，以为口实。至今（275年，距诸葛亮逝世41年）梁、益之民，咨述亮者，言犹在耳。虽《甘棠》之咏召公，郑人之歌子产，无以远譬也。孟轲有云：'以逸道使民，虽劳不怨；以生道杀人，虽死不忿。'信矣！……其声教遗言，皆经事综物，公诚之心，形于文墨。"[①]

当然，随着时光的飞逝，诸葛亮的形象由于种种原因也产生了很大的变异。其中最明显的就是诸葛亮军事天才形象的树立。陈寿明确说："然亮才，于治戎为长，奇谋为短，理民之干，优于将略"，考之正史中的生平作为，诸葛亮在军事上的建树明显不如外交和内政上之作为，这个评价还是相当平实的。但自东晋偏安江左以来，政治、军事形势的变化给诸葛亮形象的演变增添了新的原动力，诸葛亮的军事才能得到了大幅强调和增强，空城计的故事就是在此时横空出世，有些传说开始带有神秘、奇谲的色彩。[②]到了唐代，诸葛亮由名相逐渐变成一个"智将"，民间故事则出现离奇甚至荒诞的色彩。在文人的心目中，诸葛亮的形象也逐渐高大，杜甫《蜀相》是其中最典型的代表：

---

① 〔晋〕陈寿：《三国志・诸葛亮传》，中华书局1982年版，第931页。

② 陈翔华：《诸葛亮形象史研究》，浙江古籍出版社1990年版，第54页。

蜀相祠堂何处寻，锦官城外柏森森。
映阶碧草自春色，隔叶黄鹂空好音。
三顾频烦天下计，两朝开济老臣心。
出师未捷身先死，长使英雄泪满襟。①

在杜甫的笔下，诸葛亮不仅具有全面的政治、军事才能，而且成了名垂宇宙的圣贤。

到这里，我们自然想知道，陈亮究竟是从哪些意义上推崇诸葛亮，并将其作为人生楷模？

笔者以为大抵有如下几个方面：

一是对大局演变可能出现的变化的预判能力。诸葛亮的《隆中对》看出了在一个纷杂的世界中建立三分鼎足的新可能，陈亮则在给皇帝的各封上书中均强调敌我形势的消长，推演未来的发展，而决定必须抢占时间和制度上的先机。在这一点上，陈亮尽管没有直接征引关于诸葛亮的任何言辞，但在方法和精神上与诸葛亮存在相通之处。陈亮后来有语云："平生有坐料人物世事之癖。"②说的就是这个吧。

二是洞察现实政治深层奥秘和把控其走势的能力。诸葛亮在外交和内政上做出了赫赫功绩，陈亮既未在官，未曾有机会施展胸中抱负于实战，但他对自己的分析和判别能力有相当的自信，确实他也提出了一点很有震撼力的观点。本书后面将一一历数这些观点。特别要指出的是，陈亮并不像民间那样将诸葛亮看成纯粹的智谋之士，而是将他看成比智者高一个或几个档次的英雄。英雄比智者更有大气魄、大格局，堂堂正正，不为琐屑之智计而为大计，能为智者所不能为。智者为"骐骥之马，足如奔风，升高不轩，履湿不濡，度山越堑，瞬息千里"。而英雄之马，则"驾以轻车，鸣以和鸾，步骤中度，缓急中节，锵锵乎道路之间，能行千里而能不行，虽无一时之骏，而久则有万全之功"。"谲

① 〔清〕浦起龙：《读杜心解》卷四，中华书局1981年版，第615页。

② 《陈亮集》卷之二十八《壬寅答朱元晦秘书》，第263页。

诈无方，术略横出，智者之能也。去诡诈而示之以大义，置术略而临之以正兵，此英雄之事，而智者所不能为矣”[①]。他直言司马懿是智者，而孔明则是英雄。两者完全不在一个档次上。而陈亮自己，当然是景仰英雄而且立志要做英雄的。

三也是更重要的，是诸葛亮不仅在智力和处事能力上出类拔萃，同时更是一位道德上的楷模，具有非凡的人生风范，是一位以忠义行事、具备了王者之道的圣贤。诸葛亮与司马懿相比，“仲达以奸，孔明以忠；仲达以私，孔明以公，仲达以残，孔明以仁；仲达以诈，孔明以信。兵未至而仲达之气已沮矣。……锋未交而仲达之能已乖矣。”[②]正史言诸葛亮尝自比为管仲、乐毅，陈亮则说管仲、乐毅都是霸者之臣，不足以比诸葛。“孔明，伊周之徒也。”[③]伊，伊尹；周，周公。在中国古代政治和道德的话语体系上，伊尹和周公都是辅佐一朝兴起继盛的股肱之臣，属于大圣大贤之列。如果说以后陈亮探讨过王霸义利之辨，那伊尹、周公、孔明则皆属王道，非霸道可比也。

除了上面三点，还有一个意识应该剧烈且持续地激荡于陈亮胸中，那就是——君臣遇合。

在古代中国，君臣虽时时近处，但政治身份上则有天地之隔。通行的传统伦理以为臣为君生，臣为君死，雷霆雨露，皆为君恩。当然，这种模式化了的格式有时并不适用于实际情形，特别是一起打下江山的第一代领导集体，虽有君臣之别，但许多时候区隔并不显著，尤其是对敌之际，如臣不用力致使君被俘获，君臣之别马上成了一堆废话。而且从根本上来说，君臣都是人，平等意识一定会发生和存在，这才是人性的本质。如此，君臣之间又靠什么从平辈间的平等关系延伸到君臣关系？而且日后还要不懈地推行，还竟然要让大众认可？这里有一种起源于春秋战国时期的君臣关系模式，即孟子所说的：“君之视臣如手足，则臣视君如腹心；君之视臣如犬马，则臣视君如国人；君之视臣如土芥，则臣视君如寇仇。”[④]今天位于成都的武侯祠，是中国唯一的君臣合祀的祠庙，

① 《陈亮集》卷之六《酌古论二·孔明上》，第47页。

② 《陈亮集》卷之六《酌古论二·孔明上》，第47—48页。

③ 《陈亮集》卷之六《酌古论二·孔明下》，第49页。

④ 《孟子·离娄下》。

而且是以诸葛亮为主、刘备为辅，正是表露了孟子该主张的一个著名庙宇。尽管这个庙的礼制定型于清代，但是它确实反映了上千年以来大众对君臣关系的期许。

陈亮一辈子岂不一直在追求这种关系而将自己摆在诸葛亮一方？他给孝宗皇帝的上书中，屡屡视孝宗为明君、仁君。这虽是应对皇帝的套话，但确也不能否认是他期许皇帝为刘备而己为诸葛亮的念头。君臣关系靠什么来维系？暴力自然是重要手段，但是暴力多数情况下只能得到表面的顺从，难以得到内心自愿的体认。唯有平等、自由的意识才能让人心无挂碍地投入。诸葛亮与刘备的相处究竟属于什么状态？大家都能默诵的，就是“臣本布衣，躬耕于南阳，苟全性命于乱世，不求闻达于诸侯。先帝不以臣卑鄙，猥自枉屈，三顾臣于草庐之中，咨臣以当世之事，由是感激，遂许先帝以驱驰。”[①]一方面，是君主谦虚以待人，三顾茅庐；另一方面，是臣子感激以待命，不是因为自己的功名利禄之心而无原则地投靠，而是有同心相携、同志相求的因素。所谓传统中的“士为知己者死”，即此也。诸葛亮是古代中国士人的最高出仕目标：受知明君，鞠躬尽瘁，死而后已！诸葛亮是这一人生范型的最典型代表。陈亮之所以更名为亮，其一端正由于此！

《中兴五论》

乾道四年（1168），我们这部传记的主人公虚龄廿六，他希望这一年成为他的一个转折点。他不再用以前的名“汝能”，而更名为与诸葛孔明同名的“亮”，参加了这一年的婺州乡试。[②]

乡试结果是令人兴奋的：他名列第一名，为解元。接着，他补太学博士弟子员。[③]他开始描绘自己的未来蓝图了：如果明年会试考中，有机会一瞻龙颜，尽展胸中所学，贡献安邦恢复之计，平生快意，何事能及？我们可以推断，他

① 《孟子·离娄下》。

② 《陈亮集》卷之三十《告祖考文》，第321页。

③ 李幼武：《陈亮言行录》，见《陈亮集》附录，第421页。

是如何一次一次地打着应对皇帝的腹稿，争取须臾间一展平生志啊。

会试的结果令人沮丧：乾道五年（1169）春，陈亮以解元的资格，为婺州所荐，参加了礼部会试。结果未中。[①]他只能束手南归，闭门不出。

尽管在会试时未能如愿，但是，向皇帝进言这个念头越来越强烈，以至于他再难抑制，欲罢不能。这种冲动应该主要源于他的自信。他认为自己明白治国之道，尤其是北方已失的惨痛情势下，如果皇帝毅然采取自己的策略，扬长补短，北虏可以驱逐，国家可以强盛。所谓穷困而不忘天下之事，是陈亮对古代英豪的概括，也应是陈亮本人的品性。我们不能说陈亮参加科举或向皇帝进言没有丝毫为个人谋利益的痕迹，但确实应该承认，如果他有过个人的考虑，这种考虑也不是主要的，甚至是较为微细的。这个二十多岁的年轻人，理想主义色彩依然浓厚。

当然，说陈亮年轻，不谙世故，无疑是低估了他。他不是没有犹豫过、顾虑过。其实他很清楚地看到了当时与古代社会的一大区别。他说当时社会风气不好，这种古代常有的抱怨其实有它非常深刻的地方。我们常说上古的人淳朴，后代的人虚伪。关键在何处？关键在于上古的社会结构单纯，交通不发达，人们生活圈子较小，因此生活中不会假饰也用不着假饰，假饰也没有用。所以他们也很少用心计，自己是怎么样就表现为怎么样。后来社会复杂了，组织化程度高了，一个人的生活可以在不同的圈子里表现不同，人们的心机开始深沉，开始玩弄种种的手段和花招，而结果不外是牟取私利。就像一个人考试不中，接着向皇帝进言，其实他主要目的便在于牟取一官半职或者别的什么利益。真正为国为民着想的人，反倒很少去做那样直白的事。陈亮想，自己如果赴阙上书，尽管心中并无私欲，但是这种举动难免不为人误解。不过，他为自己开脱说，我有智见而不向皇帝进忠言，是愤世嫉俗；有明君如此而又不进忠言，是藏匿真情；自己没有私欲而又怕人家说有私欲，是还不够自信。于是，他渡江北行，毅然上书，这就是他的《中兴五论》。

《中兴五论》，又称《中兴论》，包括《中兴论》《论开诚之道》《论执要之

---

① 《陈亮集》卷之二《中兴五论序》，第17页。

道》《论励臣之道》《论正体之道》五篇，前有序，共一千八百余言。

从这五篇论来看，《中兴论》是纲，其他四篇是说如何中兴的方法。

《中兴论》主要提出一个观点，即抓住时机恢复故土，千万不能再迟疑和犹豫。陈亮用了一个乡间的譬喻：一个人将家中的财产抵押给他人，如果到了子孙辈尚且不能赎回的话，时间久远，世事一变，谁还搞得清哪些财物是抵押的？抵押出财物的家庭，已经基本上没有可能取回故物了。一个家庭是如此，一个国家又何尝不是如此！在陈亮看来，金人占领中原四五十年，他们舍弃了原先的鞍马之长，而改从中原奢靡习气，君臣间也产生了怠惰心理。目前的问题是：假如金人的统治危机日重，一旦中原豪杰奋起，推翻金廷，那么，中原大地就要归于他姓而不再属于赵宋了。中原百姓，老的日益亡故，年轻一代自金人治下长大，何尝知道旧事。到那时，新的南北之争又要开始，那才是真正的忧患。所以，恢复之计不得不讲，而且要马上讲求。国家之耻，不可以不雪；祖宗陵寝，不可以不还；已失故土，不可以不恢复。情势紧迫，时不我待！

陈亮不仅万分强调时间的紧迫性，还给出了一个乐观的时间表。他认为，只要落实他提出的一系列措施，不出几个月，朝廷纪纲可定；等到两年，国家财富就可充盈，人心就会统一，那时候就可无往不利，一举恢复中原——“不出数月，纪纲自定；比及两稔，内外自实，人心自同，天时自顺。有所不往，一往而民自归。”“中兴之功，可跻足而须也。”①

他提出了什么措施呢？措施很多，然而每句都只有几个字：

清中书之务以立大计，重六卿之权以总大纲；任贤使能以清官曹，尊老慈幼以厚风俗；减进士以列选能之科，革任子以崇荐举之实；多置台谏以肃朝纲，精择监司以清郡邑；简法重令以澄其源，崇礼立制以齐其习；立纲目以节浮费，示先务以斥虚文；严政条以核名实，惩吏奸以明赏罚；时简外郡之卒以充禁旅之数，调度总司之赢以佐军旅之储；择守令以滋户口，户口繁而财自阜；拣将佐以立军政，军政明而兵自强。置大帅以总边

① 《陈亮集》卷之二《中兴论》，第19页。

陲，委之专而边陲之利自兴；任文武以分边郡，付之久而边郡之守自固。右武事以振国家之势，来敢言以作天下之气；精间谍以得虏人之情，据形势以动中原之心。[①]

不知道一个有实际政治经验的人会不会给出这样乐观的时间表。

如何北伐收复失地？陈亮在军事地理学上做了一番探究。他认为，应该在襄阳一带设立重镇，推选德望素著的大臣去经营，壮大武装。朝廷应将首都迁到建业（今南京），并在武昌设一行宫，皇帝时常去走一走。这样，敌人会料定我军意在汴京和洛阳，将敌军吸引在中部，然后我可兵分两路：西路出祁山和子午谷，以窥长安等地；东路走海道，袭山东。这样，大事可定矣。

这是陈亮《中兴论》的主要内容，也是他恢复战略的总纲。围绕这个纲，他又写了四篇“论”：《论开诚之道》《论执要之道》《论励臣之道》《论正体之道》。这四篇“论”，就是提出如何中兴的途径。概括一下，主要有两点内容：

一是改革政治。主要批判当朝皇帝包办一切的作风。如果将这理解为批判君主独裁，那就是把陈亮的思想拔高了、泛化了。陈亮其实说得很清楚，让孝宗向祖宗仁宗学习。宋仁宗，北宋皇帝，公元1023—1063年在位。陈亮举了一个例子：有人曾劝宋仁宗将一切权柄收归于己，不要让人臣在中间弄权谋利，作威作福。宋仁宗说：“你的话固然说得对，但安排天下事，我正不想将所有权柄都捏在自己手上。如果一切都由我来定，都对倒也罢了；如果有一件不对，要迅速改正就很难。不如公开讨论，然后令宰相施行，施行了而天下人认为不对，台谏官就可以公开谏诤，改正过来也容易。”[②]在陈亮看来，这种政治制度和作风，应为百世所效法，何况是赵宋皇室子孙！

陈亮的话，明显地针对宋孝宗。宋孝宗的前朝皇帝宋高宗，畏金如虎，任用秦桧为相达十七年之久。孝宗继任，一洗畏葸怯懦之风，提拔主战官员，但是在政事处理中确实存在揽权过多的毛病，最典型的就是频繁撤换宰相。他一

① 《陈亮集》卷之二《中兴论》，第18—19页。

② 参见《陈亮集》卷之二《论执要之道》，第22页。

朝共廿六年，先后出任宰相的凡十七人，其中有三个还是二次任相。任相时间，长的有六年零九个月，短的只有三个月，每人每次平均任期不到两年，其中有三年多还没有宰相。[①]陈亮在上书中对孝宗的作风做出直切批评。他说，现在的朝廷，办一件事多出于御批，有一委任而大多出于特旨。假使都办得对，固然表现了陛下的英明，犹逃不了喜欢抓小事的指责；万一不对，正好给遇事绕着走的大臣一个逃避的借口。他愿皇帝“操其要于上，而分其详于下”[②]。即皇帝在上总揽朝纲，而将职责分给各部门官员。不用御批，不用特旨，一切通过正规的、通常的渠道进行。大权依旧掌握在皇上手中，而不要代替大臣去蒙受做错小事的责备。也只有这样，才能让英豪们心甘情愿地为国效劳。这就是《论执要之道》的主要内容。

第二点内容是道德感召。主要体现在《论开诚之道》《论励臣之道》这两篇文章中。《论开诚之道》认为，当前圣上英明，已无话说，但是，即位八年以来，为何总是不得英才？如果说天下无人才，那是陈亮一直坚决反对的观点。“何世不生才？何才不资世？”[③]那么，为何圣主得不到英才？陈亮认为，或者是圣主开诚不够？——“或者明白洞达、开之以无隐之诚者容有未至乎？”[④]他认为，天下英豪之士，其实并不太要求个人的功名利禄，而只要求主上以诚心待己。只要人主虚心以待，推诚以用，英豪们不需高官厚禄，都愿意赴汤蹈火。反过来，主上自以为了不起，矜慢天下，则英豪们虽有高官厚禄放在面前，宁可穷饿而死，也不会去碰一碰的。可以用高官厚禄劝诱的，肯定不是真正的英才，陛下如以爵位引诱，拿人才当奴才一样使用，天下英豪是决不会来的。所以陈亮总结说，陛下应开心见诚，虚怀若谷，用人不疑，疑人不用，既给了位置，就不要夺他的权；给他分配了事情，就不要听人家的谗言。君臣间开诚布公，无所间隔，天下英士自会不召自来，来了可以献出自己的智慧与力量。[⑤]

---

① 参见《南宋史稿》，第219页。

② 参见《陈亮集》卷之二《论执要之道》，第22页。

③ 《陈亮集》卷之二《论开诚之道》，第21页。

④ 《陈亮集》卷之二《论开诚之道》，第20页。

⑤ 参见《陈亮集》卷之二《论开诚之道》，第21页。

陈亮上述的话，有一点肯定是对的，那就是孝宗一朝确实没什么特别厉害的大臣，除了指挥采石之战、挫败金主完颜亮渡江计划的虞允文。前面高宗一朝，尽管有秦桧当权，但是能臣也不少，武将有名的更多，岳飞、韩世忠等便是。陈亮还有一个观点，即“何世不生才”，也是有道理的。从统计学的意义上说，人之禀赋其实也是个常数，天才和庸人的比例，任何时候、任何地区都应该基本相同。潜在的天才能不能成为现实的天才，社会环境还是决定因素。孝宗一朝为什么没有特别能干的大臣？说孝宗对待臣下有问题，不一定真的切中要害，但至少道出了几分真理是可以肯定的。

然而，陈亮对英豪的定义，是不是理想主义了一些？最明显的，是他认为真正的英豪是不追逐私利的，只要皇帝诚心相待，他就会以死相报。我们不否认这样的英豪的确存在，战国时代确曾出现过不少这样的英豪，但在本节的前面，我们也已提到过陈亮对于今古不同的认识，即社会越趋组织化，人越不可能淳朴，何况上古时期本也存在过许多坏人。一个皇帝完全与臣下开诚布公，恐怕也未必能把国家搞好。英豪们也不是都不要个人利益的。退一万步说，就算英豪们一开始做时一点都不考虑个人利益，那么，在建功立业后，同事如都得了高官，而自己却居于他人之下，也难保不会产生怨恨。所谓“正确对待”，并不是所有人所有时候都能做到的。陈亮提出以上的建议，可能是他对人性的认识还有不够深刻的地方。还有一种可能是他从未涉足现实政治，从而将现实政治简单化了。

如果说《论开诚之道》还是从理想出发阐述了君臣之道的话，《论励臣之道》简直就像一幕闹剧了。他说，如上下同心，君臣勠力，事无不成。如今恢复难行，主上忧心如焚，但臣下置身事外，无报仇雪耻之心。在这样的情势下，陈亮建议，皇帝应该不与正宫娘娘发生性关系，减食撤乐，将群臣集合起来，跟他们说：八年以来，我志在复仇，而你们不肯努力，这是我不明不德所致，我没能力领导你们，不应该坐在这个皇帝的宝座上。这时群臣必然惊恐非常，顿首请罪。此时皇帝可徐徐而道：从今以后，我们一道讲求富国强兵、复仇谋敌之道。大家同心，我则心安。这样，群臣中如果再有人疏忽职守，那就是禽兽。诛之杀之，有何不可！如此，上下可以同心，还愁何事不成！[1]

以上辨析，并不是说我们打算一并抹杀政治中的理想主义。《论正体之道》中讲到的政治中的理想主义，确实在历史中存在过。陈亮在这篇文章中没有提到的诸葛亮的“鞠躬尽瘁，死而后已”，我们大家都熟悉至极。陈亮这篇文章还讲到一个例子，那就是宋真宗与辽军作战失利，订下澶渊之盟。在使者前行时，宋真宗表示可以每年拿出银、绢总数百万给辽国，但宰相寇准严令使者，总数不得超过三十万。后来的和议约定宋每年输辽绢二十万匹、银十万两。在那个时候，君臣一体，互不疑忌，确实属政治清明的时代。陈亮提议，陛下要效法祖宗，大臣要效法寇准等，天下万事皆可为也。

陈亮上《中兴五论》的结果是毫无反应。奏章是递进去了，但是深深的皇宫大院，并未因这块石子的打击而溅起半点浪花。陈亮所设想的一言既出、朝野震动的局面完全没有出现。

宋孝宗应该没有看到陈亮的《中兴五论》。假使看到了，事情会怎样？不好说。不过，有一事可以做参考：在陈亮上书四年前，有一个叫辛弃疾、日后成了著名词人和陈亮挚友的，向皇帝上了《美芹十论》，分《审势》《察情》《观衅》《自治》《守淮》《屯田》《收勇》《防微》《久任》《详战》十篇[2]。辛弃疾是济南人，曾在抗金义军为掌书记，后率军诛杀叛徒，南渡归宋。他熟悉北边情形，南来后又有一定地位，对军事和现实政治情形都较为熟悉。他提出的对策，如《久任》，就抨击当时官员任期太短、一人难以负责一件长期之事的陋习，与陈亮可引为同调。除此之外，他还提出了诸多思路深远又可行的建议，像如何守住两淮前线、如何屯田等。其时正值“隆兴和议”刚刚签订实施，辛弃疾的奏章被束之高阁。我们如果有暇对读陈亮与辛弃疾的上书，至少有一点会达成共识：在对现实政治军事的了解上，陈远不及辛。所以提出的对策，陈所说的远不及辛所说的可行。从抗金中兴这个角度看，《美芹十论》更为名文。这个结论应该是较为客观的。我们自然了解陈亮的一腔热血，但是政治和军事大局却也从来难凭一腔热血成事。

---

① 参见《陈亮集》卷之二《论励臣之道》，第23—24页。

② 参见辛更儒：《辛弃疾诗文笺注》，上海古籍出版社1995年版。

第四章　以理学和史学研究为中心的时期

进入理学

上书不报，渡江南归，陈亮接下来的举动是杜门读书，研究学问，并于自己三十岁那年收徒讲学。

这固然是一个读书人受挫后无奈而必然的举动，但也是陈亮自己的主动选择。就在陈亮著《酌古论》、上《中兴五论》，兴致勃勃地谈论历史以切时弊的时候，一种新的话语正在学术界流行，是谓“道德性命之学”，或曰“心性之学”“理学”。这种新的学说，在日后成为中国占绝对主导地位的官方意识形态，自南宋末确立后竟历元、明、清三朝达七百年之久，对这一点，陈亮是万万没有料到的。我们固然可以说陈亮不够敏锐，对时代主题的变化把握不透。但从另一个角度看，陈亮坚持自己的学术立场，不为一时世风所左右，且能击中主流学术的某些弊病，也正是他在思想史上作为一个大家的必要条件。理学的创建者们固然是文化史上的大家，但理学的追随者们不如陈亮伟大，则是毋庸置疑的。

理学为何在宋代兴起，在陈亮时成为主流？这与宋代出了几个理学大家如周敦颐、张载、程颢、程颐，尤其是与陈亮同时的朱熹有关。从历史的角度透视，则有更深层的原因，即强烈的时代需求促使思想界提供新的伦理道德规范。中国传统的儒家伦理，自东汉末年崩溃。佛家学说进入中土后，成为主导意识形态之一。但是佛家学说很难为日常社会提供一个伦理规范，于是中国便不得不承受许多规范缺失的负面影响，最明显的便是魏晋南北朝到唐五代，只要有军事实力，人人都可称王称霸，弄得社会分崩离析，百姓饱受战乱之苦。宋代重见承平，客观上要求思想界给社会提供一套新的伦理规范，使社会复趋安宁稳定。又因为佛家思想流行多年，新的伦理规范不能不吸取佛家思想之营养。理学便是以孔孟儒家为基础，吸收佛家营养，为适应最新社会需求而缔造出的一套新的学说。理学极端强调孟子在儒家传承中的重要地位，极大地发展了孟子的人性善思想，主张从人的善良本性出发，创建一套新的道德伦理规范；它又吸收了佛家的宇宙论和认识论，借以开通新的人生论。到了朱熹，他将宇宙规律中的必然与人世伦常的应然等同起来，真正建构了一个庞大的理论体系，极大地保证了中国古代社会后期的稳定。朱熹在中国文化史的地位，几可比拟于孔子。中国思想史的研究大师钱穆在《朱子学提纲》中说：

> 在中国历史上，前古有孔子，近古有朱子，此两人，皆在中国学术思想史及中国文化史上发出莫大声光，留下莫大影响。旷观全史，想无第三人堪与伦比。孔子集前古学术思想之大成，开创儒学，成为中国文化传统中的主要骨干。北宋理学兴起，乃儒学之重光。朱子崛起南宋，不仅能集北宋以来理学之大成，并亦可谓其乃集孔子以下学术思想之大成。此两人，先后矗立，皆能汇纳群流，归之一趋。自有朱子，而后孔子以下之儒学，乃重获新生机，发挥新精神，直迄于今。……孔子朱子矗立中道，乃成为其他百家众流共同批评之对象与共同抨击之目标。故此两人，实不仅为儒学传统之中心，乃亦为中国学术思想史上正反两面所共同集向之中心。①

而陈亮，正好生活在理学成为主流学术思潮的时期，但他从开始到最后，始终与理学思潮格格不入，只是在理学蜂起且马上风行的那段时期，他偶尔怀疑自己的学术路向，并有意学习理学。他的理学启蒙，发端于他的恩师周葵。

① 钱穆：《朱子学提纲》，生活·读书·新知三联书店2002年版，第1—2页。

周葵以其完美人格与对他的提携之恩，使他不可能一开始就对理学抱有深深的敌意。我们不知道他于何时读到杨龟山的语录，但是，那段语录对他产生了极大的影响是确切的。那段话见于《中兴五论》的跋，写于壬辰年（1172）：

> 人住得然后可以有为。才智之士，非有学力，却住不得。[①]

杨龟山（1053—1135），名杨时，字中立，世称龟山先生。他是北宋理学家程颢、程颐的弟子。徽宗时，官至右谏议大夫兼国子祭酒，反对割三镇与金议和，指斥蔡京祸国殃民，力辟王安石学术，为“程门四学生”之一，后被奉为“程氏正宗”。著作有《二程粹言》《龟山先生语录》《龟山集》等。他上面那段语录，按照笔者的理解，应该是强调一个人“诚”“敬”“执着”的态度，批判缺少这种态度的才智之士，以为他们最后都成不了大器。陈亮一直自诩为“才智之士”，见到这段话，不禁怅然自失，从此也隐约有了潜心向学、弄通理学的念头。而等到他科举不中、上书未遇，经历了种种坎坷后，他开始对自己产生一些怀疑，而转向他不擅长的主流话语。所以，在上《中兴五论》失败后，陈亮改变了自己的生活方式。他先是闭门读书，继而收徒讲学。如此一过，就是十个年头。

在这段时期，陈亮刊行、编印了理学的多种著作。这些著作全书大多已亡佚，但是痕迹尚历历可考。如他刻印的，有《程氏易传》《杨龟山中庸解》、胡安国《春秋传》，[②]这三部书和谢良佐《论语解》、尹焞《孟子解》，构成当时的五部经学名著。《程氏易传》为北宋著名理学家程颐（1033—1107）所作，又名《伊川易传》。此书自序日期为元符二年（1099），书应作于此段时期。还有杨时（即杨龟山）跋云：伊川先生作此传，未及成书，传与门人张绎，不久张绎死去，故其书散亡，所传无善本。后杨时得，校其错乱重复，逾年方毕。此书是义理派之作，阐释“周易”之理，而不及象数。《杨龟山中庸解》，也是杨时的

① 《陈亮集》卷之二《论励臣之道》，第24页。

② 参见《陈亮集》卷之二十三《杨龟山中庸解序》，第206页。

著作。胡安国（1074—1138），曾任太学博士，提举湖南、成都学事，给事中，中书舍人，以不肯阿附，曾为蔡京所恶。学宗程颐。他的《春秋传》共三十卷，因写于宋室南渡后，所以史书中常寄寓爱国情感，明初定为科举考试专用书。

陈亮不仅为了推广理学而重刊理学家的著作，他也亲手编纂过理学书籍。目前可考的有《伊洛正源书》《伊洛礼书补亡》《三先生论事录》《胡仁仲遗文》。《伊洛正源书》，收周敦颐《太极图》、张载《西铭》、程颐叙《易》及《春秋》等书。陈亮同意张载为孟子、二程为颜回的说法，他这部《伊洛正源书》，汇集了理学大家的权威著作，方便自己每日诵读。[①]《伊洛礼书补亡》一书，陈亮花的工夫就多一些。这本书的由来较为复杂：陈亮有一好朋友，叫陈傅良。陈傅良曾转述朋友薛季宣的话，说薛曾与湖襄间一叫袁道洁的人交往，而袁曾师事程颐，说自己得到了程氏的《伊洛礼书》，并许愿下次到蜀地时将这部书送给薛季宣。薛在蜀相候，但袁后来没来。袁死无子，其书散落。程颐曾说："以前修《六礼》，已到七成。后被皇帝召去，此书乃停，再花一两年，全书就完成了。"依此推断，那部《伊洛礼书》应该是存在的，可惜后来不复见。于是陈亮乃集程颐遗言中凡与礼仪有关的言论，集为《伊洛礼书补亡》，一方面是将程氏关于礼的学术思想整理一遍，另一方面，或者也可为寻访程氏这部遗书提供一点线索。[②]《胡仁仲遗文》是胡宏（1106—1162）的著作。胡宏是胡安国的儿子，传父之学，"优游衡山二十余年，玩心神明，不舍昼夜"[③]，张栻师之。胡宏不愿依附秦桧，避而不仕。在学问上，强调"天命"，即"性"，"性"即"心"，"圣门功夫要处只在个敬"，有《知言》《皇王大纪》《五峰集》等。[④]陈亮说胡宏的文字"辨析精微，力扶正道，惓惓斯世，如有隐忧，发愤至于忘食，而出处之义终不苟，可为自尽于仁者矣"。所以陈亮"推其文以与学者共之"。[⑤]

如仅从这些材料来推断，简直可以说陈亮的治学姿态及功夫都是纯粹理学

---

① 参见《陈亮集》卷之二十三《伊洛正源书序》，第202页。

② 参见《陈亮集》卷之二十三《伊洛礼书补亡序》，第205页。

③ 《宋元学案》，见《黄宗羲全集》第四册，浙江古籍出版社2005年版，第669页。

④ 《中国历史大辞典·宋史》，上海辞书出版社1984年版，第325页。

⑤ 《陈亮集》卷之二十三《胡仁仲遗文序》，第206页。

的，陈亮是理学的皈依者。

不过，另一部《三先生论事录》，则透露了陈亮固有的一些思想特色。三先生，是张载与程颢、程颐兄弟，但陈亮不是选辑他们的论学语录，而是选辑了他们的论事言论。这就使这部书有了独特的色调。该书序言中劈头就引用了顾子敦的一句话："愿在山中与程正叔（程颐）读《通典》十年。"《通典》是唐代历史学家、政治家杜佑的一部巨著。它是我国第一部典章制度通史，反映了上起黄帝，下迄唐朝肃宗、代宗时之重要因革，分食货、选举、职官、礼、乐、兵刑、州郡、边防八类，共两百卷。在一般人的印象中，理学家是谈心性的，并不太涉及历史和现实问题，而陈亮偏偏挑出张载及程氏兄弟关于政事和典章制度的言论，编成《三先生论事录》，既强调了一部分道学先生关心现实的倾向，也表露了陈亮自身独特的学术取向：他还是不能移情于历史，不能忘情于现实，哪怕是沉浸于理学中，他还是要挖掘和突出理学中符合自己旨趣的部分，借此以修正理学。

《伊洛正源书》及《三先生论事录》应成于同一时期，因为陈亮曾把这两部分一起寄给挚友吕祖谦，让他提意见，由此可见陈亮在此时期学术的依违：他也想有志于理学的研索，因为自外于学术主流，毕竟不是一件令人愉快的事。一个学者，他思索的内容人家漠不关心，思索的方法人家嗤之以鼻，思索的结论人家置若罔闻，思索的要领人家不值一哂，这对他来说无异于人世第一苦痛。随之而来的，是对自己学力的怀疑，对自己素养的忧惧。陈亮投身理学，某种意义上说也是想避免发生这种状况。但是，陈亮从历史而来的睿智深思，对现实事务的强烈关怀，对功利的深刻关注，还有他自小养成的坚定自信，总使他不能与讲究心性的理学水乳交融。他在努力皈依理学的同时，总是按捺不住离开理学的冲动。想来这般的水火交战，对陈亮来说应该有过不算太短的一段时光，尽管我们对他这十年中的了解不算太多。

仰慕王通

在这一时期，陈亮编著的书还有《欧阳文忠公文粹》。

欧阳文忠公，即欧阳修（1007—1072），宋代大文学家，也是大政治家，曾任枢密副使、参知政事等职。《欧阳文忠集》凡一百五十三卷。陈亮选欧阳修文一百三十篇，刊印行世。

在今人的眼中，欧阳修为一著名文学家，名列“唐宋八大家”。可在陈亮眼中，欧阳修的文学家身份至多是第二位的。他推崇欧阳修，关键在于欧阳修的文章根于仁义，又能达乎政理，也就是说既在根本上讲仁义道德，又能用之于现世。陈亮评述欧文的背景说，宋代建立以来，宋太祖、太宗、真宗，以深仁厚泽涵养天下达七十年，百姓安居乐业，丰饶富足，皇帝无为而治，大臣们积极参与政事，其盛况无异于汉初的文景之治。当时什么都好，只有经术文章沿五代之卑陋。天子亲自下诏，向天下之学者推行道，于是欧阳修的文章为一代师法。后来王安石之学盛行，只讲霸者功利，于是欧阳先生之文遂被淹没矣，直到现在，尚且如此。所以要编这部文选，与朋友们一同研习，并通过这个途径研究全部欧文，进而再究三代两汉之书。当然，欧阳先生的文章也写得极好，雍容典雅，纡余宽平，反复以达其意，其味常在于言外。人读之，恍如置身于宋初的承平年代。“其关世教，岂不大哉！”①

但此时陈亮投入精力最多的，是隋代的王通。

王通（584—617），绛州龙门（今山西万荣县）人，字仲淹。任蜀郡司户书佐，后弃官归，以讲学著书为业。门人薛收等议谥文中子。杜淹《文中子世家》云：王通的十八代祖王殷为云中太守。九代祖王寓遭西晋愍怀之难，迁居江东。六代祖王玄则仕宋，历太仆、国子博士。王玄则对兄玄谟习军事不满，曾叹曰：“先君所贵者礼乐，不学者军旅，兄何为哉！”“遂究道德，考经籍。谓功业不可以小成也，故卒为鸿儒。卿相不可以苟处也，故终为博士。曰：先师之职也，不可坠，故江左号王先生，受其道曰王先生业，于是大称儒门，世济厥美。”王玄则孙王虬，始北来事魏，为并州刺史。王通父王隆，教授门人千余。到王通，“受书于东海李育，学诗于会稽夏琠，问礼于河东关子明，正乐于北平霍伋，考易于族父仲华，不解衣者六岁。”及冠，“慨然有济苍生之心”。“西游长安，见

---

① 《陈亮集》卷之二十三《书欧阳文粹后》，第197页。

隋文帝。帝坐太极殿召见，因奏太平策十有二策。尊王道，推霸略，稽今验古，恢恢乎运天下于指掌矣。帝大悦，曰：'得生几晚矣。天以生赐朕也。'下其议于公卿，公卿不悦。时将有萧墙之衅，文中子知谋之不用也，作东征之歌而归。曰：'我思国家兮远游京畿，忽逢帝王兮降礼布衣，遂怀古人之心兮将兴太平之基，时异事变兮志乖愿违。吁嗟道之不行兮垂翅东归，皇之不断兮劳身西飞。'"在家"续《诗》《书》，正《礼》《乐》，修《元经》，赞《易》道，九年而六经大就。门人自远而至：河南董常，太山姚义，京兆杜淹、赵郡李靖、南阳程元、扶风窦威、河东薛收、中山贾琼、清河房玄龄、巨鹿魏徵、太原温大雅、颍川陈叔达等咸称师北面，受王佐之道焉，如往来受业者，不可胜数，盖千余人。隋季，文中子之教兴于河汾，雍雍如也。"[①]王通的其他著作，均已散失，唯存仿《论语》体裁的《中说》。它是王通与门人的问答笔记，由薛收、姚义编成，王通子王福畤编定为十卷行世。

王通在中国思想史及儒学史上都有相当的地位。他最突出的贡献是三教归一论。面对魏晋以来老庄与佛学思想泛滥、儒学衰微的现实局面，他以儒学的传承及开拓者自居，意欲将道、释思想纳入儒家的范围。他说："诗书盛而秦世灭，非仲尼之罪也；虚玄长而晋室乱，非老庄之罪也。斋戒修而梁国亡，非释迦之罪也。"老庄思想与儒学同出于中国，整合起来尚有可能，而佛学思想来自印度，其时尚未中国化，与儒学不免多龃龉。但王通对此有自己的思考："或问佛。子曰：'圣人也。'曰：'其教何如？'曰：'西方之教也。中国则泥。轩车不可以适越，冠冕不可以之胡。古之道也。'"[②]便是说外来的佛学不切合于中国的实际。但同时，他认为佛跟孔子一样，同为圣人。王通作为一个儒教的继承者，意识到了面向时代开放旧有理论疆域的必要性。正是这一点，奠定了他在思想史上的显著地位。

然而，陈亮对这一点正好毫无兴趣。这首先与他们两人对自身的身份认同有关。王通认为自己是大儒，而陈亮，尽管《四库全书》将其著作也收于儒家

---

① 〔唐〕杜淹：《文中子世家》，见张沛：《中说校注》附录，中华书局2013年版，第268页。

② 《中说·周公篇》，《中说校注》，第114页。

一类，但陈亮是不以儒生自居的，他甚至不把自己看成是一个思想家，而将自己界定为一个行动者。他最想当的，肯定是一名政治家甚至军事家，尽管他并不一定有这些方面的才能。所以，陈亮对儒家能不能包容或者反对道、释思想等不感兴趣，因而对王通的最大思想特点视而不见。他与王通的契合，笔者以为体现在以下几点：

首先，陈亮与王通最为契合的，当属王通的现实姿态。中国古代的书生，几乎百分之百都是复古主义者。他们将上古三代的社会极端理想化。王通当然也是一个复古主义者，但是，他认为如果复古不可能，那么只有认同部分现实，做一些现实中能做的事情。如此，如果远古的理想不可复现，那么，后代优秀的帝王就值得今人效法。王通把汉代的七个帝王拿出来做榜样，将汉王朝视为现实政治的楷模。“二帝三王，吾不得而见也，舍两汉将安之乎？大哉，七制之主！其以仁义公恕统天下乎！其役简，其刑清，君子乐其道，小人怀其生，四百年间，天下无二志，其有以结人心乎！终之以礼乐，则三王之举也。”[①]杜淹问七制之主，子曰：“有大功也。”[②]“不以三代之法统天下，终危邦也。如不得已，其两汉之制乎！不以两汉之制辅天下者，诚乱也已！”[③]他还推崇诸葛亮：“使诸葛亮而无死，礼乐其有兴乎？”[④]

陈亮的《汉论》，以《七制》居首，开头就说：“考论人物，要当循其世变而观之，不可以一律例也。评后世之人物，一绳以帝王之盛德，则自秦汉以下殆无全人矣。”[⑤]秦行酷政，百姓遭荼毒，惨烈无过于此，汉代高祖拯民于水火之中，后继贤君，为功甚烈。他们的道德虽然不完美，但毕竟为百姓做了许多好事。王通推崇他们，也是面对现实后的迫不得已。这种正视现实的姿态，是陈亮最为欣赏的。南宋兵弱国危，沦丧国土一半，与三代完全不能相拟。必须面对当前的现实，做一些积极的行动，空谈道德理想不能解决任何问题。所以

---

① 《中说·天地篇》，见《中说校注》，第56页。

② 《中说·述史篇》，见《中说校注》，第198页。

③ 《中说·关朗篇》，见《中说校注》，第256页。

④ 《中说·王道篇》，见《中说校注》，第38页。

⑤ 《陈亮集》卷之十七《汉论·七制》，第151页。

陈亮后来与朱熹论辩时大讲汉唐，可以看成他在王通这里汲取了必要的思想养料。陈亮正视现实，主张不空谈、有为的态度几乎延续了一生。王通虽不愿出仕，但在这点上，两人仍是一致的。

其次，陈亮与王通的契合，还表现在对人的重视上。王通之《十二策》，是阐明三才去就之理。《立命篇》云："收曰：'敢问三才之蕴。'子曰：'至哉乎问！夫天者，统元气焉，非止荡荡苍苍之谓也；地者，统元形焉，非止山川丘陵之谓也；人者，统元识焉，非止圆首方足之谓也。乾坤之蕴，汝思之乎？'"[①]天统元气，地统元形，而人统元识。人在天地中不是被动、宿命的一方，人能够改变社会的轨迹，改变自身的命运。陈亮特别欣赏这一点。陈亮一辈子不认同清静无为的态度，屡次上书，奔走四方，皆为复国大计，决不把自己看成历史大局下的消极工具。其实，王通在哲学上肯定人的重要性，在实践中却是相当宿命的。"芮城府君起家为御史，将行，谓文中子曰：'何以赠我？'子曰：'清而无介，直而无执。'曰：'何以加焉？'子曰：'太和为之表，至心为之内，行之以恭，守之以道。'退而谓董常曰：'大厦将倾，非一木所支也。'"[②]"叔恬曰：'文中子之教兴，其当隋之季世，皇家之未造乎？将败者，吾伤其不得用；将兴者，吾惜其不得见'"。[③]陈亮从来没有这种感伤思想和宿命感。他是从积极的角度去接受王通的。

再次，陈亮应该也欣赏王通的使命感。从《中说》看，王通几乎以孔子自居，他的言辞行事，时时有孔子的痕迹。"房玄龄谓薛收曰：'道之不行也，必矣。夫子何营营乎？'薛收曰：'非夫子之徒欤？天子失道则诸侯修之；诸侯失道则大夫修之；大夫失道则士修之；士失道则庶人修之。'"[④]"文中子曰：'仲尼之述，广大悉备，历千载而不用，悲夫！'仇璋进曰：'然夫子何勤勤乎述也？'子曰：'先师之职也，不敢废。焉知后之不能用也？'"[⑤]从《中说》来看，

---

① 《中说・立命篇》，见《中说校注》，第243页。

② 《中说・事君篇》，见《中说校注》，第92—93页。

③ 《中说・天地篇》，见《中说校注》，第56页。

④ 《中说・立命篇》，见《中说校注》，第245页。

⑤ 《中说・关朗篇》，见《中说校注》，第257页。

王通也许将自己看成孔子以后的第一大儒。陈亮当然没有这样的自信，他在生命中时时感到吕祖谦等人给他的压力，但从根本上来说，他还是有信心的。虽然他不敢把自己看成时代的第一人，但他深信自己的思想和举动有不可替代的价值。从这个意义上来说，他跟王通有着相当的契合。

陈亮对《中说》一书倾注了相当的热情，他将《中说》重新分类编排，是为《类次文中子》。《中说》原来还有些附录，如杜淹所撰《文中子世家》一篇，王通之子王福畤录“唐太宗与房（玄龄）、魏（徵）论礼乐事”一篇、《关子明事》一篇。这三篇，陈亮依旧收入他编的《类次文中子》后，作为附录，并专门写了两篇跋：《书类次文中子后》《书文中子附录后》。据束景南先生考证，这些文章大约作于乾道九年（1173）。而《类次文中子引》，文末明确标有写作年月：“淳熙乙巳十一月既望”。[①]淳熙乙巳，为淳熙十二年，公元1185年。这是陈亮与朱熹论争后再次修改旧文的举动，以示自己和朱熹的分歧不可调和。[②]前人以为吕祖谦卒于淳熙八年（1181），显然不可能再为四年后的陈亮文章提意见，笔者原来也以这种说法为然。此次承束先生指出，又重温陈亮原文，遂同意陈亮原署年月非误，以束先生之说为是。

设社讲学

陈亮退居乡里，闭门读书，到乾道八年（1172），他设帷授徒。《孙贯墓志铭》说：“有宋中兴之四十六年，亮始取古今之书一二以读之，稍稍与其可者共学，而同邑孙氏之子懋实来。”[③]南宋高宗建炎元年为公元1127年，加四十五年，为1172年，此为乾道八年，陈亮三十虚岁。

孔子云：“三十而立。”一个满腹经纶、富有才气的人，科举屡试不中，又如何立？再加家庭贫困，连选择的余地都不太有。陈亮曾动过弃文经商的念头。吕祖谦在一封今天已不能准确考证日子的书信中曾说：听说你要去做生意，但

---

① 《陈亮集》卷之二十三《类次文中子引》，第200页。

② 束景南：《朱子大传》，商务印书馆2003年版，第613—614页。

③ 《陈亮集》卷之三十五《孙贯墓志铭》，第365页。

挣钱的念头太执着，则就要与俗人交接，不惬意事也多，你做了就会知道的。我们两人友情深厚，所以我不敢不说实话。[①]这段话当然道出了实情，但是纸后还有着另一层深意：以当时的情势，不走科举一途而改从经商，社会上也不是没有，陈亮自己的岳父何茂宏，就是走科举之路不通，独力承担治家之任，积资巨万，让弟弟何茂恭去走科举路子的。但以吕祖谦对于陈亮的了解，陈亮性格峻急，脾气火暴，有主见而不会察言观色，有韧性但不用于治生得利，要改从经商，谈何容易？这也是朋友的诚心了。但这也从一个角度证明，陈亮很可能在此阶段从事了经商工作，至少是已有这方面的打算。

吕祖谦还有另一封信给陈亮，写于乾道八年（1172）的夏天。信中说：

吾兄保社，今莫已就条理否？后生可畏，就其中收拾得一二人，殊非小补。要须帅之以正，开之以渐，先惇厚笃实，而后辨慧敏锐，则岁晏刈获，必有倍收。然此自吾兄所自了，固亦不待多言也。[②]

大意为：兄台的“保社”，现在有条理了没有？后生可畏，只要有一两个脱颖而出，就了不起了。但当正字当头，慢慢培养，先敦厚笃实，再辨慧敏锐，这样，虽然晚一点，但收获必倍于前。

董平兄据此将陈亮的学社之名定为“保社”。[③]

“保社”何谓？吕祖谦著的《增修东莱书说》卷五在说解《尚书·禹贡》篇中“二百里奋武卫”时说：

绥服者，去王畿渐远，不可以不常存绥抚之心，故以绥为名。三百里揆度天子之文教，而广之二百里奋武卫者，绥服与蛮夷相邻。夷虏之情，恍惚无常，不可以无武备，故二百里常奋其武，以卫中国，文教非于此地而废也，但所奋者专在武事。尔夫以二百里之国，而能捍数百里之蛮者，

① 《吕东莱先生文集》卷之五，《与陈同甫》书之十九，《金华丛书》本。

② 《吕东莱先生文集》卷之五，《与陈同甫》书之九。

③ 参见《陈亮评传》，第48页。

> 盖因其所居而使之守乡邑坟墓之所在，人人自尽，故二百里足矣。后世不明先王之意，秦至发闾左之戍，以备北边，而无功万里，出戍离坟墓弃井邑，怨望而行，遇敌望风涣散，安能为备？本朝之兵，往往弓箭社常得力。所谓弓箭社者，盖近远居人，自结为保社，故能出力自战。此先王之遗意也。以此见先王之制可传于万世，但人不察耳。[1]

可见“保社”应为一通名，指旧时乡村中依保而立的一种民间组织，吕祖谦以这一通用的名称来指代陈亮的学社，并非真的叫保社。玩其文意，此书应是吕氏为保社初建而作，由此推断此年为陈亮授徒之始，至少也相去不远。

陈亮此时的穷困有目共睹：前几年为了营救父亲出狱，卖光了所有的田产，一家生计，从此难继；陈亮的祖父母几年前故去，一直没法下葬。陈亮虽娶了义乌何家富女，但妻子过门后不久在困顿之时被接回娘家，此举应该大大伤了陈亮的自尊。另外，还有件事也可能成为陈亮决意设帷授学的契机。这年春天，陈亮之妻叔何茂恭卒。在妻族中，何茂恭无疑是对陈亮最亲近的，前面我们已经说过何茂恭对陈亮婚事的支持，而另一方面，何茂恭的政治观点及为人品性与陈亮十分投合，何茂恭在绍兴三十年（1160）登进士后，曾上万言书与恢复十二策，具体内容今已不可考，但其平生观点、行事与陈亮暗合。是不是妻叔的猝死击灭了他仅存的一点希望？史料太少，不易遽断。尽管以前有人看他贫困，曾主动将儿子送给他教授，并致聘金，他不为所动，但到这一年的上半年，陈亮开始办学了。

讲经论理

既然收了学生，就得与学生授道。其实，前几节中已经提到过的陈亮编著、刻印的诸种书作，如果看成是陈亮自用的教材，结果也不会大谬。另外，他自己应该也撰写过一些著作，从现存的《陈亮集》看，《六经发题》《语孟发题》

---

① 〔宋〕吕祖谦：《增修东莱书说》卷五，文澜阁四库全书本。

《汉论》《三国纪年》应该便属此类。不需细读其内容，从标题上就可看出，陈亮教授生徒，以经、史为主要内容。从现存陈亮著作的篇幅上看，史的内容大大超过经。而且，《三国纪年》这部书已经佚失，现存的只是一篇序言及其中一些人物的论赞，陈亮平生似乎也没有写过六经的传注。所以，推测陈亮在授课时，讲史大大超过讲经，应该说是合理的。

如果脱离了具体的情境，泛泛而论陈亮的授课，恐怕不能见出陈亮的特立独行。但如稍加检阅，就会发现，陈亮在讲学的队伍中是何等孤单。道家与佛家的思想，在魏晋以来蔓延流布，已成大宗。北宋学者，多观此两类书。学者们在谈经的时候，也经常流露出他们的释老底子。南宋初年，经过许多理学名儒的共同努力，儒学逐渐回到学术的正殿，其讲论的当然以六经等儒门经典为主。如吕祖谦的伯祖吕本中就说："学问当以《孝经》《论语》《中庸》《大学》《孟子》为本，熟味详究，然后通求之《诗》《书》《易》《春秋》，必有得也。既自做得主张，则诸子百家长处，皆为我用。"[①]而当时理学内部，已经派别众多，歧义纷见，理学内部的争论已成当时学术讨论的主潮，理学名宿朱熹，在陈亮授徒之前就已数次与湖湘派交锋，并使湖湘派的主将张栻临阵倒戈。儒学内部的派别为学问的讨论讲求开出了一个新的舞台，学者们大有事情可做了。

但在陈亮的著作中，关于儒家经典的讲论，我们只看到小小的《六经发题》和《语孟发题》。《六经发题》中的《易》已阙，今日可看到的是《书》《诗》《周礼》《礼记》《春秋》五篇。《语孟发题》分《论语》和《孟子》两篇。在这七篇文章中，可看出陈亮明显受到了当时理学思潮的影响，同时也顽固地保留着他自己的某些特点。

在《六经发题・礼记》一文中，陈亮说：礼仪三百，威仪三千，烦琐复杂，但是今天读来，心惬意满，可知礼仪确实表达了人内心的真切需要。学礼必须"敬"。三百、三千条礼，如果有一条没学好，只是因为不敬。[②]"敬"这个概念，被陈亮提到了极端重要的位置。而儒家谈敬，北宋诸儒家虽已开出端绪，

① 转引自潘富恩、徐余庆：《吕祖谦思想初探》，浙江人民出版社1984年版，第3页。

② 参见《陈亮集》卷之十《六经发题・礼记》，第84页。

但真正确立这个概念在理学乃至儒学中的重要地位，则待朱熹在乾道四五年间对儒学的重新体认。当然我们很难将朱熹的贡献与陈亮的想法直接对应，或者实在地指出朱对陈的影响，但是，在强调礼仪本是人心和立敬这两点上，说陈亮有浓厚的道学气息也没错。

在《语孟发题·孟子》这一篇中，我们惊奇地看到了“严义利之辨于毫厘之际”[①]这样的文字。我们知道，孟子原属儒中一家，到了宋代，理学家们虚构了一个道统，即从孔子传到孟子，再传到宋代的理学家，孟子才有了次于孔子的尊崇地位。而孟子之所以被重视，从理论上来看，他确实喊出了理学的先声，关键是“性本善”“养气”及严义利之辨，等等。陈亮在文中也指出，只要人各识其本心，天下就可大治。春秋战国以来，利害兴而人心动，人心一被利害牵扯，就生出社会上的种种丑恶。孟子悲悯天下，提出正本清源之说，指出只要人心一正，天下定矣。而要正人心，必先严义利之辨。《孟子》开篇就说：“何必曰利？亦有仁义而已矣。”其《公孙丑章句上》还说：“行一不义，杀一不辜，而得天下，皆不为也。”这种思想，到汉代董仲舒有过最显豁的表述，则“正其义不谋其利，明其道不计其功”。陈亮，一向被认为是一个与这种将义与利分割开来的思想唱对台戏的好手，为何在《语孟发题》中也会兜售这些货色？道理其实也很简单。我们前面已说过，他也曾下过功夫研究理学，也曾想从内心去体认这种学术界的主潮，如此，他接受一些理学的观念也属顺理成章。他是到理学的营垒中走过一圈后，才慢慢脱离出来的。

其实陈亮受学术主潮影响的现象还不止这一端。在《六经发题》中，他反复地说，寻常儒生寻章摘句之学，根本不是理解经书的本旨。如果以为陈亮是在批判同时代儒生特别是理学的治学作风，那就大错特错了。在这一点上，他与理学家保持同调，反对的是汉代的儒生。汉代儒生解经，主张从本义入手，强调必得用小学训诂、寻章摘句之学。宋代儒生以为前朝儒术不振，就是因为汉儒说解经书的方法错了，所以从宋代开始，解经不重文字，重在以内心体认。他们认为，六经表述了行天下之大道，而这些大道，一定合乎人的至善本心。

---

① 《陈亮集》卷之十《语孟发题·孟子》，第86页。

陈亮在《六经发题》中反复强调的，正是这个意思。在《六经发题·诗》一文中，他就说：先王时期，天下人发乎情而止乎礼，在自然而然中达到了天地正道。当时是最自然不过的，圣人取之，便是《诗》。如果以章句训诂之学去勉强说解，岂能说了解了圣人之心？[①]对《春秋》这一部史书，陈亮也是这样看待。人家说《春秋》用的是鲁国的旧史，表达了孔子对世道的褒贬。陈亮则说，《春秋》所书，无非天意天道。《春秋》是不是孔子写的？这不是我这样的人所知道的。[②]陈亮是在哲学层次说这番话的。对一本他本擅长的史书，他反倒用哲学的眼光去评判。这些都不能不说他明显受到了理学的深刻影响。

当然，陈亮毕竟是陈亮，就是在这一般性的经书解题中，依然可以看出他独特的学术旨趣。在《六经发题·书》中，他说："盈宇宙者无非物，日用之间无非事。"[③]以前的人一看到这两句，定会大喜，从而大书特书：陈亮为一彻底的唯物主义者！今天已不太用唯物、唯心的概念去衡量中国古代的思想家，因为唯物未必高明，唯心未必低能。更为关键的是，中国古代的思想家们，本就对世界是由物质抑或精神构成无甚兴趣。如果有兴趣，也只是为了说明人生应该如何如何，倒推回去作一逻辑推理。所以，唯心、唯物之别，对中国古人来说，意义不大。陈亮这两句话，说他表露了坚定的唯物主义立场也未尝不可，但更关键的，他大概是想说明，一个人活在世界上，便应该做些实事，而不要去讲空洞的道理。他应该是有了这个观点后再倒推回去，说世界无非是由实事构成，这里确实流露了陈亮独特的识见和旨趣。至于《六经发题·周礼》一文，也体现了他对历史推演的一个恒久的观点，不过我们可以在他的文集中到处看到类似的表述，这里就不赘述了。

讲史论史

比起讲经，讲史论史，更是陈亮的长处，也是浙学的特点。作为浙学巨擘

① 参见《陈亮集》卷之十《六经发题·诗》，第83页。
② 参见《陈亮集》卷之十《六经发题·春秋》，第85页。
③ 《陈亮集》卷之十《六经发题·书》，第82页。

的吕祖谦，朱熹屡有非议，其中重点之一便是说吕氏太爱读史论史。比如，他说吕氏尊《史记》，对历史分外仔细，于经却不甚理会。《朱子语类》卷一二一云："某向尝见吕伯恭（即吕祖谦）爱与学者说《左传》，某尝戒之曰：'《语》《孟》《六经》许多道理不说，恰限说这个，纵那上有些零碎道理，济得甚事！'伯恭不信。"[①]还说，吕伯恭"其学，合陈君举（即陈傅良）陈同父二人之学问而一之。永嘉之学，理会制度，偏考究其小小者，惟君举为有所长，若正则（即叶适）则涣无统纪，同甫则谈论古今，说王说霸。伯恭则兼君举、同甫之所长。"[②]朱熹对吕祖谦崇仰司马迁极不以为然。他还说："浙间学者推尊《史记》，以为先黄老，后六经，此自是太史谈之学。"[③]经史孰重，是朱熹理学与浙东之学的分别之一。

陈亮少年读史，此旨终身不变。在《陈亮集》中，保留下来有关于历史的，最起码有十四卷，占总数三十九卷的三分之一强。如其中《酌古论》四卷为早期作品；《三国纪年》完稿后曾寄给吕祖谦，吕祖谦于淳熙二年（1175）夏回信，对《三国纪年》提出了一些意见；《汉论》四卷，具体写作年月不可考，但应与《类次文中子》同时或稍后，因书中一开篇就称引王通之说也。另有《问答》两卷，是陈亮讲学时与学生的讨论记录，具体时间也不可考，但因其多涉及史事，可以在此一并介绍。

《三国纪年》应该是一部部头不小的书。今存《三国纪年》一卷，为该书序言及书中所记人物的论赞。一个较切实的推断是：当时编《陈亮集》时，《三国纪年》全书应该存在，但全书正文，为抄辑古书而成，不是陈亮自著，只是每篇人物传记最末的论赞，表达了陈亮的历史思想观点，为陈亮自己的作品，所以编者就略去《三国纪年》的正文，将序与论赞编入《陈亮集》。所以今天看来《三国纪年》只有一卷，但当时可能为十几卷或几十卷的一部著作。

不过这部书当时寄给吕祖谦看时就是现存的规模，所以也给我们留下一个疑惑：这部史书，究竟采用什么体例？既然是纪年，应该为编年体。编年体是

---

① 〔宋〕朱熹：《朱子语类》（八）卷一二一，黎靖德编，中华书局1986年版，第2938页。

② 〔宋〕李幼武：《宋名臣言行录》外集卷十三，四库全书本。

③ 《朱子语类》（八）卷一二二，第2956页。

我国古史的一种体裁，首创之作为《春秋》，其样式为：首列年、月、日，以时间统记史事，然后分列该时间内发生之史事。北宋司马光的《资治通鉴》便是中国编年体史书的皇皇巨著。但是陈亮这部《三国纪年》，又分魏书、汉略、吴略。按理以时间统率，便不应以国别分。难道此书分为三部分，每部分再以编年体写成？另外，《三国纪年》的人物论赞，又为编年体史书所无。人物论赞，是纪传体史书的体例。如《史记》，则是纪传体史书的首创之作，其中人物传记篇末，例有“太史公曰”，反映太史公对这个人物的总体评价。一本编年体史书，既将一个人物的事迹分散到多个年代中，那么又何以给某位历史人物写论赞？写了论赞后又放在此书何处？这些问题，不要说让八百年后的我们莫名其妙，连当时的吕祖谦也是丈二和尚摸不着头脑。他当时为《三国纪年》写过三封信（后附进今《陈亮集》卷之十六《三国纪年》之后），就提出了以上这些疑惑。可惜我们没有看到陈亮对此的答复。也许陈亮日后示以全书，吕祖谦的疑惑涣然冰释；也许陈亮此著确实有严重的体例问题，陈亮日后做了重大修改，反正后人已没法知道了。顺便说一句，吕祖谦关于《三国纪年》的回信，在《龙川水心二先生文粹》中便附于卷末，但是细玩文意，其编排次序有误：第一、第二书应互倒。第二书写于朱熹、陆九渊的鹅湖之会后，吕祖谦夏末回家后，匆匆忙忙地看了一下陈亮的文稿，未暇深思，就先提了两三条意见。第一书则说：“某蒙示《三国纪年》序引及诸赞，累日已详。”说明吕祖谦在休息一段时间后，将陈亮的文稿细细看过，深思熟虑，才写了这封信。[①]

西晋一统天下后，作《三国志》，以魏为正统；东晋偏安江左，与蜀汉类似，习凿齿作《汉晋春秋》，便尊汉抑魏；但北宋一统天下，司马光作《资治通鉴》，仍以魏为正统。陈亮《三国纪年》袭以魏为正的传统，对魏武帝曹操、魏文帝曹丕、魏明帝曹睿十分推崇，在曹爽等人的论赞中，陈亮论魏国国祚，引了《汉晋春秋》的记载。当时王凌想废掉被司马懿控制的曹芳，恢复曹家的天下，王凌子王广反对，说：“凡举大事，一定要本于人情。现在朝中大臣，虚名远扬，不接实务。司马懿虽然意深难测，但表面上未有篡弑的行为，他用贤人，

① 参见《陈亮集》卷之十六《三国纪年》，第148—149页。

修法令，恤百姓，父子兄弟又都掌握兵权，不容易推翻。”后果然。魏国由此不可为矣。[①]这般话富有深意。从这段话看，陈亮并不是一个理想主义的书呆子，他知道举大事要本于人情的。

陈亮对蜀汉的议论，间有出人意表之处，如他论后主刘禅，对诸葛亮泰然不疑。陈亮说，尽管诸葛亮确实胜任丞相的重任，但刘禅又岂是后世所谓“庸主”？吕祖谦对此表示不赞同，说是后主不疑诸葛亮，只因为诸葛亮的本质好。吕氏此言，失之过深矣。两人相比，还是陈亮的话，较切实际。

陈亮有一段论赞，今天看起来仍然触目惊心，蕴意无限。他论司马懿、司马昭、司马师说：魏之天下，非司马氏不能安也。百姓的心思是怎样的？饱食以嬉游，不知道高楼大厦为舒适；负载重物疲劳了，见了婆娑的树木，就抢着要躲到树荫下休息，还常忘了离开。树木总是要倒的，那些百姓不会为自己的日后打算，树倒后又到哪里去呢？我陈亮想到此，不禁涕流满面。[②]

这番话意味深长，可懂而不易说解。还是在这里做一留白吧。

在《三国纪年·序》中，陈亮明确地说，历史失去了源流，是司马迁的罪过。[③]这使他的挚友吕祖谦非常惊讶，因为朱熹也是这样认为的。而以性格温和著称的吕祖谦，对这一点颇不能苟同。他委婉地指出，你虽不想学司马迁，为何你的史论文章还有他的笔意？[④]为何陈亮也蔑视司马迁？吕在信中特意指出此点，期与陈亮继续讨论。陈亮不推崇司马迁是肯定的，没见过讲史论史的陈亮全面肯定司马迁的其他文字。是不是陈亮以政治家自居，看不起纯为文人的司马迁？还是陈亮与朱熹的观点类似，崇尚义理而藐视历史？只见王通说过：“史之失，自迁、固始也，记繁而志寡。”[⑤]意思是记载事情烦琐而缺少主旨。陈亮是不是受了王通之影响？姑且存疑吧。

陈亮在论史上，篇幅更大的是《汉论》。《汉论》共五卷五十一篇，收于今

---

① 参见《陈亮集》卷之十六《三国纪年》，第141页。

② 参见《陈亮集》卷之十六《三国纪年》，第143页。

③ 参见《陈亮集》卷之十六《三国纪年·序》，第140页。

④〔宋〕吕祖谦：《答陈同甫书》，见《陈亮集》卷之十六，第148页。

⑤《中说·天地篇》，见《中说校注》，第63页。

《陈亮集》卷之十七至卷之二十一，是陈亮关于两汉（主要为西汉时期）的史论。

《汉论》具体写作时间不可考，但第一篇《七制》，从文中子论汉七个皇帝开头，如果说此论写作于陈亮类编文中子同时或稍后，大概不算太穿凿。如前所述，《类次文中子》初稿可能成于乾道九年（1173），《汉论》应该也作于此一时段。

文中子称许七制，即两汉的七个皇帝，说他们有大功，而不说他们有大德。陈亮在《汉论》起首就解释这个说法。他一开始就暴露了他与道学家们不同的历史观。在道学家们看来，评价历史人物必须以唯一的标准，即人心正不正，意诚不诚，德高不高，另外的标准不在他们眼中。陈亮则说，考论人物，要看那段历史的转移变化，不能用一条标准僵硬地去衡量。如果一味用三皇五帝的高妙道德去要求，那么，秦汉以下就没有人物了：

> 考论人物，要当循其世变而观之，不可以一律例也。评后世之人物，一绳以帝王之盛德，则自秦汉以下殆无全人矣。[①]

陈亮说，像秦朝的百姓，应该是古今第一不幸的百姓。秦行暴政，百姓真有天地之大无处藏身之感。汉高祖起兵，易暴为仁，解民危难。像这样的历史功绩，几可以与天地相等了。再加文帝、武帝、宣帝几朝，励精图治，后来虽然王莽代汉，但百姓们还是留恋汉室盛德，光武帝刘秀借此民心，重开汉朝二百年天下。在这样的情势下，你说汉家七朝天子没有功，行吗？

当然，文中子说七君主有功而不说有德，是有深意的。汉高祖刘邦，说有德肯定不是事实。武帝虚伪，宣帝刻深，光武帝及明帝都是小地方看得很清楚，都谈不上有德，唯文帝、章帝，宽宏大量，可以说有德，但一不能容手足之爱，一不能禁奸臣横行，也还是功有余而德不足。文中子身当隋末，念民生之憔悴，

① 《陈亮集》卷之十七《汉论·七制》，第151页。

于是推崇七帝。如果他生于唐虞三代，那么七帝之功何足道哉！[①]这就是陈亮指出的文中子的隐秘心情。

《七制》篇可谓《汉论》之序。《汉论》可分两部分。第一部分七篇，分论文中子谈到的七个皇帝；第二部分四十三篇，就西汉一朝的某些史实做一些评论和发挥。

细检《汉论》，发现陈亮的思想也较为复杂。有时他也有与道学主潮相一致的想法，有时又有一些较为独特的见解。让我们选几篇来看一看：

《高帝》篇。陈亮提出了一个观点，用什么来事先判别一个帝王，特别是一个从民间兴起的帝王？许多人说，从相貌上便可以看出非常之人。陈亮认为，这断然不对。史书说，吕后之父吕公见到刘邦的相貌，惊为异人，才将女儿嫁给刘邦的。后来刘邦做了天子，吕后做了国母。但是说刘邦高鼻梁、长胡须，天下高鼻梁、长胡须者多矣，难道只有刘邦一人？像项羽，人说是“重瞳”——就是一只眼睛内有两个瞳仁，跟舜一样，为何项羽不能像舜一样成事，而闹到自刎乌江？以貌取人，误矣。郦食其归于刘邦，曾说：我见过不少将军，只有刘邦大度能服人。吕公肯定也是根据这点来判断刘邦的未来的，怎么会是根据相貌呢？[②]

如果说《高帝》篇的主题比较显豁，那么，另外六篇，有两个比较集中的观点可以一提：

《文帝》《孝景》两篇，集中阐述皇帝的心术。陈亮认为，皇帝的心术一定要正，而且不能离开道德来谈治术，谈功利。君主如果只谈治术、谈功利，那么，你喜好征伐，便有人拿征伐来取悦你；你喜好刑罚，便有人拿刑罚来取悦你。搞了半天，你还是要走到邪路上去。所以，君主一定要讲德，而不能一味追求功利。“一人之心，万化之原。”[③]以治论人，不若以心论人。心者治之根，治者心之影。心正了，其治必然正。所以论史必谈心，谈心必待君子之论。像汉景帝，其心不正，便不能入文中子的“七制”之列。

---

① 参见《陈亮集》卷之十七《汉论·七制》，第151—152页。

② 参见《陈亮集》卷之十七《汉论·高帝》，第152—153页。

③ 《陈亮集》卷之十七《汉论·文帝、孝景》，第153页。

陈亮还有一个值得注意的重要观点，那就是，最高统治者不可太有为。如果他太有为，那么事物很有可能走到他的反面。在《孝宣》篇中，他劈头就说：一个国家新的大治，来自君主的新创意，但其流弊，也正从这种新创意中来。像西汉传到宣帝，已经是第八朝，留下了许多欺瞒虚伪的病根。宣帝有心于中兴，有为而治，效果立见。但是，也产生了许多明显的副作用。为什么？治天下，不能急于求全。你求全时，一定有你不可防备的后患会跟着到来。常有大风的树林没有安详的大鸟，峻急的瀑布中没有来回自如的大鱼。掌握大权，性格褊急的，不能成为重臣；以法治国，用意刻深的，不能达到好的结果。禁网严了，作奸犯科之事更多；防备密了，漏洞也随之出现。所以圣人治国，宁可多留些余地，也不能为了讲求治术而将各种措施全部推出。讲礼使百姓懂得谦逊之意则够，而不去追究某种礼仪是不是得到了完全不走样的施行；讲法使百姓知道畏惧就行，而无须制定品类繁多的法律。像刘邦初定天下，仅仅约法三章，到宣帝，赏罚分明，多用法术，效果是有了，其流弊也立见。①

在《光武》篇中，陈亮表达了类似的思想，他指出，治天下不能光凭借才智，如果凭借才智而掌握天下，那么，才智所不及处，必然会出现许多毛病。治天下还是应该用宽广的心胸，宏观管理，而不要在细节上斤斤计较。其实难处并不在用才智，而在于控制才智运用的分寸。天下大乱，变故繁多时，不可不用才智。但是有才智的君主应该知道，天下之大，多有才智所不及处。因此在天下安定以后，便应收敛锋芒，放手让大臣们去做。如果总是怕人们将自己看成愚拙之辈，什么事情都管，视朝廷大臣为挑不起担子的无能之辈，是要出大事情的。光武帝刘秀，东征西讨之时，大有才智。但是当了皇帝之后，仍有贤人如严子陵等不愿为他做事。为什么？就是因为他太相信自己的才智。假如他多问少自用，让宰相掌人事大权，不要相信谶纬迷信，那么，真正的盛世就会降临了。②

陈亮这番话，虽在论史，但其矛头是直接指向当时的皇帝的。宋孝宗史称

① 参见《陈亮集》卷之十七《汉论・孝宣》，第155页。

② 参见《陈亮集》卷之十八《汉论・光武》，第157—158页。

有为，一方面有恢复北方的大志；另一方面，只信自己，不信大臣，事无巨细，一手包揽，充分利用君主专制的制度，挫败了朝廷上下与全社会的积极性和主动性也是显而易见。陈亮在《中兴五论》中已经明确地指出了这个问题，在《汉论》中我们看到的这些文章足可表明，陈亮对现实的批判，有深刻的历史思考作为支撑，并非无本之木，无源之水。且不说他的药方有多高明，他对社会病症的诊察是清晰切实的。

说到最后，道德感召是儒生们不能放弃的一帖老方。陈亮在《明帝》篇中总结说，为君之道，不在于让臣子们不敢欺瞒，而在于让臣子们不忍心欺瞒。天下之大，岂是一人之聪明才智所能把握的？所以一定要开诚布公，相信大臣，大家一起来管好国家的事情。[①]像这种言论，确是处处表现对现实的关怀。

《汉论》应该没有写完。因为一开头讲了两汉四百年中的七个皇帝，而接着的四十三篇，只讲到前汉的哀帝，后汉一字未及。这四十三篇《汉论》，篇幅普遍小于前面一部分，有特点的议论也少一些。有的议论，似有新意，但求新过头，反致穿凿了。如刘邦早期倨傲无礼，郦食其求见时，刘邦正叫两个少女给自己洗脚，郦食其长揖不拜，说："你现在起兵讨伐无道之秦，不应该这样傲慢地对待长者。"于是刘邦起身更衣，将郦食其让到上座。这般史实，众人皆知。陈亮对此议论说，不是刘邦倨傲无礼，这是他的驭人之术。一般人，如果对他客气了，他会起随便的心思。像郦食其这种人，平常肯定是不老实的，当他来投奔时，如果一味客客气气，难保他心头不免有所轻慢，反而不肯尽力尽心。所以一开始要做出洗脚的样子，先挫其锐气，再将其让到上座，接着再安其心。刘邦不仅对郦食其一人如此，像随何、黥布那样的大将，他也是这样处理的。这就是刘邦的驭人之术啊！[②]

陈亮尽管说得头头是道，然毕竟有些勉强。真正比较有新意的，应该是下面几段：

汉文帝朝劝农减租，曾下诏减免一半田租，陈亮评为不求富国而求富民。

① 参见《陈亮集》卷之十八《汉论·明帝》，第160页。

② 参见《陈亮集》卷之十九《汉论》，第163页。

他对“国”与“民”中间可能存在的对立的一面看得非常清楚。他评论说，文帝无非是要让百姓安于田耕。富民之道，其实是因为政治稳定而起。后世之君，仅仅只把劝农看成富国之道，就搞错了。[①]汉惠帝除挟书律，就是废除秦朝时带书就是犯法的法律。陈亮评论说，秦行暴政，烧书并制定不得带书的法律，采取愚民政策，终遭灭亡。因为作为书本的六经可烧掉，人心中的六经是烧不掉的，所以秦朝禁书而书存。到了汉代，鼓励读书，于是书生渐出，家自为学，专门授徒，各立一派，互相攻击，甚至引《春秋》以黩武，援《论语》以媚奸，至卑鄙下流者亦是多有。“秦虽焚书，而书之义全；汉虽兴学，而书之旨溃。”[②]陈亮在这篇小文中，尖锐地揭露了学术因禁止而存、因提倡而亡的吊诡。这一点，即使对于今天，仍然很有警示作用。

司马光认为汉武帝跟秦始皇很像。陈亮基本同意他的观点，只肯定武帝对匈奴的战争是雪了国耻，其他则问题多多。如武帝好大多欲、繁刑重敛、游玩兴役等，跟秦始皇相差无几；而许多方面，还超过了秦始皇：杀大臣，杀骨肉，巡游四方之多之远，重税多税，用刑酷深，大兴宫囿，求仙求长生，诸如此类，都过于秦始皇。但是为什么秦到二世马上倾覆，而汉则没有得到与秦一样的恶果？陈亮提出了他的历史解释：一个朝代的兴亡，不是一朝一夕的事情。秦国自秦孝公用商鞅始，失去民心达七世，到始皇时，民心已摇，所以一动即遭崩溃。汉代自高帝、惠帝、文帝、景帝，养民四代，百姓感恩戴德，所以武帝挥霍一朝，百姓尚能忍受，国家虽危而不至于亡。尽管如此，治理天下的人，难道不应该以武帝为鉴吗？[③]

葬亲悼友

陈亮回乡读书授学后，淳熙五年（1178）再次给宋孝宗上书，距他上《中兴五论》间隔十年。这十年中，还有一些事情需要交代一下。

---

① 参见《陈亮集》卷之二十《汉论》，第171页。

② 《陈亮集》卷之二十《汉论》，第171页。

③ 参见《陈亮集》卷之二十《汉论》，第176—177页。

陈亮授徒后，生活境况有所好转。在乾道九年（1173）十二月初二，他终于将停了多年的祖父、祖母和母亲的棺材下葬，地点在龙窟卧龙山下。[①]这一下，大概将他几年的积蓄一扫而空。本来靠他的束脩，可以重新慢慢地积点钱，但不料人有旦夕祸福，同月的二十四日，陈亮的父亲陈次尹倏然病逝。既已将三位先人下葬，将父亲的棺材再次停置，也不恰当。贫困之极的陈亮这时下定决心，向人借钱安葬了父亲。按丧礼得守三年之丧，但陈亮实在没有能力守丧了。坟墓未干，他将父亲的灵位移到道旁的小屋，将大房子腾出来教授生徒。为此，他专门写了《先考移灵文》[②]，哭诉自己的状况，希望父亲的在天之灵原宥。

就在次年正月，陈亮的恩师周葵亦下世，年七十七岁。周葵为常州宜兴人，但穷愁潦倒的陈亮不可能远道去祭拜，何况还有父丧在身。此时他的心头真是异常悲愤，自觉“辜天负地”，不禁“长恸失声”。[③]

不幸的事情接二连三发生，淳熙二年（1175），跟了他四年的学生孙贯去世了，真是使他肝肠欲裂。孙贯，也是永康人，原名孙懋实，陈亮很喜爱他，教了四年后，将他的名改成贯，字冲季。结果就在这一年的七月十三，孙贯死，年二十三岁。孙贯已婚，生有一子，但他去世七日后，孙贯子亦死。孙贯之父孙序，本指望依靠孙贯日后养老，此时子孙俱丧，其痛无以言说。[④]陈亮对这位学生有深刻的印象：他自己多年不能葬母，痛心疾首，在安葬以后，他对学生说：“这下我死而无憾了。”学生们听了都释然，独孙贯神色惨淡，陈亮虽未留心，但也觉情况不对，后来才知道孙贯之母也是多年未能下葬。而就在这一年，孙贯终于想办法弄到一点钱，想在秋天安葬母亲，并向老师求墓志铭。结果立秋前一天，孙贯得病不起。老父哭之哀，道：“不能因为儿子死而不完成儿子想做的事。”终将停了多年的棺材下葬，但孙贯之父实在没有勇气去葬儿子了。[⑤]

---

① 参见《陈亮集》卷之三十五《先祖府君墓志铭》，第363页。

② 参见《陈亮集》卷之三十一《先考移灵文》，第327—328页。

③ 参见《陈亮集》卷之三十《祭周参政文》，第322页。

④ 参见《陈亮集》卷之三十五《孙贯墓志铭》，第365页。

⑤ 参见《陈亮集》卷之三十七《孙夫人周氏墓志铭》，第386—387页。

陈亮想起此事，痛裂肝肠。九月廿八，他带领一班学生去安葬孙贯，深窟厚土，买石头刻了墓志铭，并撰《孙贯墓志铭》《祭孙仲季文》《众祭孙仲季文》[①]。此祭文中两点值得注意：一是他将自己教授学生的学问称为“皇帝王霸之学”，表明至少在此年，他学问的独特面目已经显现，而且也已充分认识到了自己的学问与道学的区别；还有一点是，跟他一起安葬孙贯的学生中，有一人名叫吕约，此人日后和陈亮有着更为复杂的关系。

当然，与朋友交往也是陈亮这十年的重要内容。像日后永嘉学派的领袖、小陈亮七岁的叶适，这段时期就曾在陈亮家中游学，可能还住了一段不短的日子，两人也因而结下了深厚的友谊。[②]陈亮对叶适的才气十分看重。他与永嘉的学者郑伯熊、丞相叶衡等也都有交往。但他最服帖的朋友，还是金华的吕祖谦。陈亮和他是非常遥远的亲戚，吕氏逝世时，陈亮前去哭灵，称自己为“从表弟”[③]，陈亮的曾祖母姓吕，他与吕祖谦的亲戚关系或许由此而来，当然他们的关系远深于此。准确地说，吕祖谦可以算陈亮的半师半友。

挚友吕祖谦

吕祖谦（1137—1181），字伯恭，学者称东莱先生，婺州（今金华）人。吕出身于官宦世家，远祖吕蒙正、吕夷简、吕公弼、吕公著、吕希哲等，都曾任宰相，封侯授爵。北宋败亡，吕氏南渡，定居婺州。

陈亮与吕祖谦的交往较早，他少年得志，意气风发，二十岁时与吕氏同试漕台时，并没有将吕氏看得多少高，用陈亮自己的话，是“自负不在伯恭后”。然而不过数年，吕氏科举中式，仕途顺利，并多与学界领袖如朱熹、张栻等交往，任考官时还选拔了陆九渊，且勤于撰述，著作甚多，于是在学界地位崇高，被列为与朱熹、张栻并称的“东南三贤”之一，为一学术宗师，而陈亮的命运与他判若云泥。然吕氏对陈亮非常优容，晚年尤甚，所谓“箴切诲戒”，“无所

① 参见《陈亮集》，第365、340—341页。

② 参见《陈亮集》卷之三十三《祭叶正则母夫人文》，第348页。

③ 《陈亮集》卷之三十二《祭吕东莱文》，第337页。

不尽”[①]。

吕祖谦的性格平和中正，据说年轻时他的脾气也较为急躁，后来读《论语》，至“躬自厚而薄责于人”一语，瞿然，于是终身无暴怒。[②]像他在官场，恪守“职分之内，不可惰偷；职分之外，不可侵越”的原则，内不旷职，外不立异。不议论朝中之事，特别是人事。对上司，在不违反原则的前提下尽量遵从。他也多能容纳他人，能听进人家的意见，[③]与陈亮慷慨激昂、使气任性的性格，恰是一个鲜明的对照。从某种程度上说，他跟陈亮的投合，也有一点性格互补的因素。

但吕祖谦的生命之旅其实也不平坦。他娶过三任老婆，都在很短时间内故去，二十多岁娶韩复，五年后韩死；三十二岁娶韩复幼妹韩螺，两年后韩螺又故去；四十一岁娶年方十七的芮氏，一年后芮又故去。吕祖谦极为悲痛，觉得芮氏早卒是因为照顾他的缘故。他在出仕期间，连遭丧事：三十岁遭母丧，他到武义明招山守墓三年；三十八岁正为礼部试官时，突遭父丧，他弃官奔丧。他后悔自己为官事所累，没有服侍好父亲，极端悲痛，引起风疾。[④]在这样的境遇下，他仍能长年保持和颜悦色，不急不躁，不能不说在人格上对陈亮产生强烈的感召力。陈亮虽有极度的自信，但未曾想去改变自己的刚烈性情，因而对吕祖谦他一直是服膺的。

《吕东莱先生文集》中，收集了吕祖谦给陈亮的书信二十四通。《东莱吕太史别集》中还有两通，为《吕东莱先生文集》所未收。但《陈亮集》中给吕祖谦的信只有四通，可见大部分已经散佚。通读这些书信，可见出他俩交往中深深的友谊。

现在可考的吕祖谦给陈亮的第一封信，大抵写于乾道五年（1169）。是年六月初六，吕祖谦除太学博士待阙。乾道六年五月初七，吕除太学博士。此信第一句，便写一早在学中奉候陈亮派来的信使，并拿到《孟子提要》，表示要细观

---

① 《陈亮集》卷之二十八《又甲辰秋书》，第268页。

② 《宋元学案》卷五一《东莱学案》，见《黄宗羲全集》第五册，第5页。

③ 参见潘富恩等：《吕祖谦思想初探》，第5—6页。

④ 参见潘富恩等：《吕祖谦思想初探》，第4—5页。

深考。年来为学友人甚少，甚感寂寥，现在有陈亮这样的学友，喜不自胜。如果在书中看到什么问题，定当坦诚论辩，因为读书是自己的事，不敢以假话欺蒙。[①]

陈亮著书作文，大多先寄给吕祖谦，而吕祖谦也认真诵读，并坦诚提出自己的意见，如上文所提《孟子提要》，另如《三先生论事录》《欧阳文忠公文粹》《类次文中子》《三国纪年》等书，陈亮都先送吕氏匡正。吕氏提出的意见，陈亮也认真思考，但分情况吸收。如《类次文中子》中，有“荀扬不足胜”，意思是说：相比起文中子王通来，荀子、扬雄都远远不如。吕氏以为不妥，宜再酌。今天我们看到的文字改为“荀扬非其伦也”，意思差不多，只是口气和缓了些。[②]还有一个例子，陈亮曾作一篇跋，为《题喻季直文编》[③]，开篇原来写乌伤（今义乌）有四个士人很突出，吕祖谦在夸奖文章写得好以后，提出开头应改一改，可以改成“我所知道的有几个人很突出”，因为那里有多少人突出，我们是不可以下定论的。[④]现在陈亮的文集中是这样写的：乌伤本多士，而称雄于其间的，我熟悉的有这么四个人。这样一改，意思完整得多，没有以偏概全的错误了。但也不是吕氏的所有意见他都听，如吕说《三国纪年》“魏文帝赞”中“中国庶几息肩”似未安，陈亮就未改。[⑤]

永嘉之行

大致在这段时间，在永嘉（今浙江温州），永嘉学派正逐渐形成，其代表人物为郑伯熊、薛季宣、陈傅良、叶适等，他们恰巧也都是陈亮的朋友。陈亮认识郑伯熊应较早。郑伯熊（约1124—1181），字景望，他在道学止息的时代，首印二程的著作，大倡道学，永嘉学者因此以其为领袖。他敦厚谨慎，他弟弟

---

① 参见《吕东莱先生文集》卷之五，《与陈同甫》书之一。

② 《陈亮集》卷之二十三《类次文中子》，第199—200页。

③ 《陈亮集》卷之二十五《题喻季直文编》，第227页。

④ 参见《陈亮集》，第149页。

⑤ 参见《陈亮集》，第148、141页。

郑伯英（字景元）则慷慨激昂，两人与陈亮都有交往。郑伯熊应是在陈亮处临安时与之相识，时间大约在乾道二年至六年（1166—1170）郑在京城任职期间。淳熙三年（1176），郑伯熊知婺州，任上曾到永康龙窟陈亮家中造访。薛季宣（1134—1173），字士龙，号艮斋，反对空谈义理，注重研究制度和世务，开永嘉事功学派先声。薛于乾道四年（1168）入都，到太学访旧友，便听说有“二陈”在京城大有名。“二陈”，盖谓陈亮与陈傅良。[①]大概在乾道六年（1170），薛与陈亮相识，感叹“名下无虚士”，以与陈亮交友为幸。乾道七年（1171）九月，陈亮在家筑屋，请吕祖谦和薛季宣作铭，吕祖谦未作，薛季宣则应约而作。乾道九年（1173）九月，薛病故，陈亮有祭文。陈傅良（1137—1203），字君举，号止斋，师事薛季宣，学问注重对制度的研究，曾任中书舍人兼侍读、直学士院、同实录院修撰、宝谟阁待制等。陈傅良与陈亮曾为太学同学，同学于芮烨门下。陈亮在后来一封信中说，他平生的朋友，相知者唯吕祖谦一人，其次就是陈傅良，下来是天民（石天民）、道甫（王自中）、正则（叶适）等。[②]

据考证，陈亮曾多次去永嘉。周梦江先生以为有四次之多，时间分别为淳熙三年（1176）、淳熙七年（1180）、淳熙八年（1181）及不明时间的一次。[③]而据束景南先生考证，陈亮去永嘉应在淳熙元年（1174）。[④]陈亮去永康的原因，束先生考定为在薛季宣上年逝世后，陈亮前往凭吊，并总结薛季宣之学，进而总结永嘉之学。陈亮对永嘉事功学派有着深刻的认同，同时也有些不满，这也是陈亮建立永康学派的出发点。周先生则以为，陈亮家道中兴，并非由于设帷授徒，他说：“南宋时期，东南沿海地区的商业比较发达，官吏士绅追逐财富者比比皆是。对于陈亮家道中兴之原因，宋史专家漆侠在其《宋学的发展与演变》第19章中认为：‘以一个教书匠的微薄收入是不可能的，只有经商与放高利贷

① 参见《薛季宣集》卷二三《答陈同父书》，张良权点校，上海社会科学院出版社2003年版，第298页。

② 参见《陈亮集》卷之二十九《与吴益恭安抚》，第307页。

③ 周梦江：《试论陈亮永嘉之行及其目的》，见《陈亮研究：永康学派与浙江精神》，第186—194页。本节下引该文，不再出注。

④ 束景南：《陈亮生平若干重要问题新考》，见《陈亮研究：永康学派与浙江精神》，第148—151页。

才可能做到。’笔者同意这个意见，认为陈亮的永嘉之行，及其频频出游临海、京口、宜兴等东南城市，其目的都是经商致富。”

周先生不仅就当时的商业情形推断，且在陈亮的文字中找到了一些内证。在写给朱熹的信中，陈亮说：“亮口诵墨翟之言，身从杨朱之道，外有子贡之形，内居原宪之实。”子贡名端木赐，是孔子弟子中最善于经商者。淳熙十一年（1184），陈亮遭遇第一次狱事之后，他在向一些帮助过他的官员致谢的信中，也透露了一些情况。如在《谢郑侍郎启》中说：“身名俱沉，置而不论，衣食才足，示以无求。人真谓其有余，心固凝其克取。而况奴仆射日生之利，子弟为岁晏之谋。”①

综合两位先生的意见，可以看出，陈亮自淳熙元年（1174）始屡到永嘉，一方面是与朋友讨论学问，另一方面则是前往商业繁荣地区贸易生利。而且可以设想陈亮有一个得力的家族团队，如后辈和仆人等，这样陈亮可以一身二任，既讨论学问，又琢磨商贸。如此，他农商并重、重视功利的思想，也就更有切实的现实来源。只是商业秘密不便公开，所以陈亮后来屡被人猜疑，乃至身陷大狱，也是无可奈何。

---

① 转引自《陈亮研究：永康学派与浙江精神》，第192页。

第五章　以上孝宗皇帝三书为中心的时期

太学放论

大约在淳熙四年（1177），陈亮再入太学。我们今日可考证的，是他这一年在太学参加了一场考试，因为大胆放诞的言论，他又一次成为焦点人物。

陈亮在考试中所发的狂论，具体内容今天已不得而知，据邓广铭先生考证，《元一统志·陈亮传》中的一段，或可认定为此次陈亮的一部分言辞。这段话是这样说的：

> 淳熙戊戌，亮又上书曰："自故相虞允文再抚西师，风饕雪虐，经理兵事，不幸而薨于汉中。相曾怀，怀以理财进；相叶衡，衡以诞谩进；相史浩，浩主和议犹若也；相赵雄，[雄]能如虞允文以恢复为念否？"①

"淳熙戊戌，亮又上书"，戊戌便是淳熙五年（1178），这里说的应该是让陈亮名垂青史、下文即将关注的《上孝宗皇帝第一书》。但是《上孝宗皇帝第一书》中并没有上面这一段话。所以这里的内容和时间对不上头。邓广铭先生考证说这

① 邓广铭：《〈永乐大典〉所载〈元一统志·陈亮传〉考释》，见《陈亮集》附录，第432页。

一段应是淳熙四年陈亮在太学应试时所发的一番议论。[①]但查《宋史》卷二一三《宰辅表四》，知史浩于淳熙五年三月除右丞相，赵雄于同年十一月除右丞相。所以，如果陈亮在淳熙四年发这样的议论，也是无的放矢。史浩、赵雄当时都不是丞相，淳熙四年为相的是陈亮以前的熟人叶衡。陈亮又凭什么如此议论？

当然，推断陈亮敢发嘲讪丞相的言论，从情理上说倒是可能的。因为陈亮一生“六达帝廷，上恢复中原之册；两讥宰相，无辅佐上圣之能”[②]，这其中全部的材料，今天已无法找到证据。比如《元一统志》中还有一段陈亮致宰相虞允文的书信，信中指责虞迁延岁月，没有紧锣密鼓地筹备恢复大计。孝宗知道后，对虞允文说，陈亮屡次上书，你可将他唤到朝堂，听他究竟对大纲领能说些什么。虞允文将陈亮唤到，陈亮说：先罢科举百把年，让朝廷内外专以兵马为事，读书人徒说空言，无补于事。虞允文倒是觉得他说得有胆略豪气，但参知政事梁克家是状元，听后不以为然。第二天上朝，孝宗问昨天陈亮说什么。虞允文未及入奏，梁克家抢在前面说，不过是秀才说话。孝宗默然。《元一统志》还记载，虞允文乾道八年（1172）罢相后，以武安军节度使充四川宣抚使，赴任兴元（今四川汉中），曾想用“舍法”特授陈亮官职，将他招到幕府中去。陈亮当众推辞说：“等丞相进取中原，我再来参加廷对，到时候取一个汴京状元！”汴京即北宋首都开封。陈亮此语一出，虞允文击节再三！[③]确实，像这样的话，大抵也只有陈亮才能发出。

陈亮在太学考试所发的狂论，今日虽不可知，但看他上面的故事，批评大臣、议论国事之大胆已不待言，所以也颇引起一些震动，用他自己的话来说，是整个太学议论纷然，以至于连朝廷也震动，不少朝官对陈亮懊恼，时延数月，太学中的学官，也不知道如何处理陈亮，因为找不到处置陈亮的条规，进退失据。陈亮于是退出太学，回家读书。[④]

这次考试失利，对陈亮的打击其实很大。事后他有信给平生好友吕祖谦，

---

① 参见《陈亮集》附录，第433页。

② 《陈亮集》附录，第430页。

③ 参见《陈亮集》附录，第430页。

④ 参见《陈亮集》卷之一《上孝宗皇帝第三书》，第11页。

怀疑此中有人故意为难，等等。吕祖谦回信劝慰，说考官定是无意。其实有意无意，今天的我们已不可得知。但以吕祖谦之深知陈亮，即使有意，他也会说成无意的，而且吕祖谦一生又是那样的宽以待人。

上孝宗皇帝第一书

淳熙五年（1178），正月丁巳，陈亮更名为陈同，诣阙上书，是为陈亮一生最为光辉事件之一。之所以要更名，是因为陈亮虽已退出太学，但曾为太学生，姓名已在太学之籍。而当时的太学仍延续秦桧的禁令，太学生不得上书议论国事。

陈亮此番的上书，保存于今《陈亮集》卷之一，题为《上孝宗皇帝第一书》。这封上书，分析深刻，设想大胆，气势雄浑，真如一场大风雨后，洋洋黄水裹挟万千土木滔滔而下，铺天盖地，一望无涯。它既有对宋朝立国之本的剖析，又有变革政治的大胆设计，更有对茫茫九州谁主沉浮的深深忧虑。

陈亮此书，大致可归纳为以下要点：

一、中国向何处去

这里的中国，指的是北宋时候的中国，意谓以中原为主体的国家。这个国家被金人攻破，君臣百姓偏安一隅重承大统，然而不能不存恢复之念。陈亮说，中国为天地之正气，天命之所钟，人心之所会，衣冠礼乐之所萃，百代帝王之所以相承，岂是夷狄所能够任意播弄指使！①

如果单凭这几句话，指责陈亮犯了虚骄的民族主义错误，那是误解了陈亮，低估了陈亮。诚然，陈亮一辈子讲气、讲气节，但他不是光凭一股气来看待现实的。他以六朝的历史提醒赵宋的最高统治者：东晋偏安江左，不停向北方用兵，见得汉家天下犹有可为。到北魏孝文帝定都洛阳，异族竟然仿效中国之人行衣冠礼乐，结果南方的天下就完了。后来一统天下，应在西北而不在东南；隋、唐两朝的开国者都是西北人，这就是天命可畏之处啊！陈亮就是这样从历

---

① 参见《陈亮集》卷之一《上孝宗皇帝第一书》，第1页。

史事实出发，批判了社会的苟安心理，从而大声地警醒大众："一日之苟安，数百年之大祸也！"[①]从这个角度看，陈亮恰恰不是一个专讲道德和气节，认为道德和气节可以决定一切的人物，他通过总结历史经验，对统治者敲起了深切的警钟：不要依仗深厚的祖宗基业，不要依仗文化正统在你这一边，以为天命人心可以长久系于你这一边，要知道，"皇天无亲，惟法是辅；民心无常，惟惠是怀"，天命和民心都可以改变。日长月久，最高统治者就有可能被替换了。[②]

这一方面的内容，其实陈亮在九年前上的《中兴五论》中已然提到。两者相比，《中兴五论》说得较为简略，主要是从历史记忆的角度说的，即生长于戎狄统治下的百姓历经几十年已经不知道旧宋，恢复将十分困难。这一次，他是从南北朝的历史、从天命人心不可以久系这两点上立论的。当然，这样说更有历史依据，也更重切地打动了最高统治者的心弦。

二、反对议和，主张废弃和约，向金宣战

陈亮反对议和是出于几种考虑：首先，以前议和修好，实在是金兵来势太强，行动太速，当时南方是愁怎样议和，而唯恐不能议和。当时金人草居野处，往来无常，但是现在金人有了改变，城郭宫室，政教号令，一切都与中国相似：点兵聚粮、文书往返，动辄数月，行动因而也不再像从前那样雷厉风行了。废除和约后的情势，也不会再像原先那样可怕了。[③]

陈亮提出废除和约的考虑，是出于他对国势更深层的思考：从哲学的角度，他服膺孟子"生于忧患而死于安乐"的概括，深信苦难和忧患是兴国安邦的必要条件。孟子曾说，一个国家，如果没有敌国外患，这个国家就会灭亡。陈亮说，一国的人才，是要在用中看出他的能干与否的，安坐论道，不足以见出人的才干；一个国家的财政，是要到用时才看出它的多少，不做事而存着的钱不足以说明它够用。说白了，一个国家如果想振兴，哪怕是没有敌人都应该给自己制造一个敌人。用陈亮的话说，朝野如常见敌人在境，此乃这个国家的福气，是英雄用来争天下的机遇，[④]何况身负切肤之痛的赵宋南方政权。

---

① 《陈亮集》卷之一《上孝宗皇帝第一书》，第2页。

②④ 参见《陈亮集》卷之一《上孝宗皇帝第一书》，第2—3页。

③ 参见《陈亮集》卷之一《上孝宗皇帝第一书》，第3页。

历史的事实也支持陈亮的观点。东晋偏安江左，百年之间，从未与北虏媾和，所以其大臣东西驰骋，颇多可用之人。春秋鲁宣公十二年（前597），晋、楚战于邲，曾率师大败楚军的晋大夫栾书，就指出楚国近年来君主戒惧，常常训导百姓民生不易、祸至无日，常常训诫军队胜利不可常保，所以楚军最强，不可与战。而晋、楚两军相交后，晋师大败。所以陈亮以为，议和是最不可取的，只能造成上下苟安的氛围，而举国的斗志、全军的士气，就在这氛围中渐次消磨殆尽，一个国家再也出不了人才，出不了有战斗力的军队。所以，一定要打破这种苟安的和平局面，代之以战争状态。①

这一点，在以前的《中兴五论》中未见阐述。这也是陈亮在思索历史多年后得出的结论，可谓他的发现。他不仅具体分析了全国近来的态势，更从哲学的高度指出一国保持奋发状态的必要条件，不惜制造一个紧张的态势来提升自己的战斗精神。他提出的观点不管能不能实施，都是极有启发性的。

三、赵宋因何立国，如何变革

晚唐的问题是藩镇割据，上失其柄，所以君弱臣强，遂成五代时中央数易之祸。宋太祖建立新朝，四方次第平定，藩镇皆归中央指挥，地方以京官派出充当，三年一换，地方之财归于漕司，地方之部队归于郡，朝廷只要以一纸文书下于郡，就像手臂指挥手指一般方便听话，连管仓库的人都由朝廷任命，天下就统一了。如此，兵皆天子之兵，财皆天子之财，官皆天子之官，民皆天子之民，地方再也没有自搞一套。天子忧勤于上，而以礼义廉耻规范士大夫之心，以仁义公恕对待平民之生计，举天下皆在规矩之中，两百年的太平基业以此而立。

然而，以天下划一解决了地方割据的前朝积弊，却带来了另一个问题：外部势力步步进逼，俨与中国分庭抗礼。原先地方各自为政时，凭借自己的力量，基本可以抵御外族入侵。而天下一统后，一切听命于中央，反戕杀了地方的活力，难于抵御外夷。但赵宋立国，主要是应对晚唐地方割据之问题，对不敌外夷的副作用不得不忍耐容受。所以赵宋早期，在规矩之余，也留出一丝空地，

① 参见《陈亮集》卷之一《上孝宗皇帝第一书》，第3—4页。

尊大臣，重守令，不摧折天下富商巨室，便是想备不时之需。但后来屡经改革，尤其是用了王安石，一破旧例，将民间的东西全收归朝廷掌管，如将天下的兵马全归于朝廷，将郡县的利益全收于朝廷，摧折富民，打击商人，结果是一国之内，除朝廷外无有他。王安石不知赵宋立国的本意，正是权力太集中，中央太重而地方太轻。他更进一步地强化中央，打击地方，结果可想而知。这种谋国大臣，真不足以谋国！

南渡以来，政策大抵如祖宗之旧，有所损益，但没有构成大的变化。陛下胸有恢复大志，励志复仇，但其方法，仍然是收罗天下之兵，搜刮郡县之利，富人无五年之积，大商无巨万之藏。陛下命令一下，大臣徒充高位，胥吏坐行法令，而百官只好推诿责任；奇人奇才日益埋没，而守规矩之人又担当不了应对事变的重任。太祖皇帝经略天下的真意，到第二代太宗时已不能全部真切领会，何况现在！我希望陛下能体会此层深意，厉行改革，推出另一番新天地。①

以上陈亮对赵宋立国之本和治国之变的阐述，确是击中了当朝统治者的心病，也是对赵宋政治的精当概括。一国之立，必有一国之本，也必是应对前朝之最大问题。解决了前朝之最大问题，也必有前朝所能解决而本朝不能解决之大问题在。日积月累，此大问题不断发展，成为本朝存续之最大威胁，陈亮就是从这个角度指出这个威胁，并望最高统治者改弦更张。然而原先的国家机器，是否能容得人们作那么大的变革？陈亮没有正面阐述这个问题，他的态度是乐观的。问题是，像孝宗这样志在有为的皇帝，在这一点上始终没有什么变革，这是不是暗示着他也无法违反这个王朝设立的本意呢？

无论如何，这番关于赵宋立国的阐述，是《中兴五论》中所未曾见的，也是陈亮研究历史多年后的独特心得。它真正切中了赵宋王朝的根本问题，提出的改革措施也是针对这个根本问题的。陈亮对赵宋政治的洞察，真是深入骨髓；提出的改革设想，也是大胆至极。不管他的设想能不能实行，都已不妨碍他成为一名杰出的思想家。

---

① 参见《陈亮集》卷之一《上孝宗皇帝第一书》，第4—5页。

四、钱塘不足以据，应依凭荆襄之地行恢复大计

接着的一点，陈亮论述了恢复的地理方略。《宋史》本传说，早年他游行西湖时，便曾慨叹："城可灌耳。"这是因为他看到钱塘城的地势低于西湖，如果敌军掘开湖堤，以水灌城，城中难以抵御。今天我们在保俶路南头，需爬一段缓缓的上坡才能看到西湖，是不是就是西湖高于城区的遗存？陈亮说，吴、蜀为天地之偏气，钱塘又是吴的一隅，当年吴越国的钱镠，在唐衰落时拥兵自立，但他也自知地理限制，始终北朝中国，不敢孑然独立。所以这一带在五代时兵祸最少，两百年来，人物日益繁盛，甲于东南。但在建炎、绍兴年间，即天子刚从北方逃到南方时驻留在杭州，有论者就已指出此地非恢复之地。此地风俗华靡，讲究治生，为乐园。而今已过五十年，一个小地方所钟藏的天地灵气已经发泄殆尽，谷粟桑麻丝等出产一年少于一年，禽兽鱼鳖草木之生也一年少于一年，公卿将相大多为江、浙、闽、蜀之人，也是才干日下。据钱塘已耗之气，用闽、浙日衰之士，欲鼓东南习于安乐的脆弱之众，如何北向而争中原？

陈亮承《中兴五论》之余绪，特别提出荆襄之地的重要。但是这一次，他不像上一次主要从地理立论，而是从他上文谈到过的历史哲学——"气"，来论证荆襄之地的重要。陈亮先追溯荆襄之地的辉煌历史：在春秋时，楚国凭借这块土地与齐、晋争霸。战国之际，楚国借此独与秦争帝，到秦国一统天下，但"楚虽三户，亡秦必楚"。其后，刘秀起于南阳，亦是楚地，而与刘秀同时起事的，亦多楚人。它也是三国交据之地，诸葛亮起于此而辅佐刘备，荆楚之士从之如云，而大汉的血脉得此遂在蜀地存活。周瑜、鲁肃、吕蒙、陆逊、陆抗、邓艾、羊祜，都是荆襄之地的杰出人士。再过百余年，东晋南渡，荆襄之地在东南雄踞于前，整个国家也常依赖此地为强。但是经过长时期的繁盛，此地的"气"发泄无余，于是在隋、唐两朝，变为偏方下州。到宋朝，更是荒落之邦，民居稀少，土产菲薄，人才间出，如晨星寥落。再到金人入侵，此地荼毒尤甚。现在南北对列，荆襄不出粮食，无从进兵，大家也不珍惜。殊不知一方土地，既已沉寂五六百年，必有"气"积聚良久，有朝一日定喷薄而发。且其地东连吴会，西连巴蜀，南极湖湘，北控关洛，左右伸缩，足以为进取之机。陛下应该慨然移都建业（今南京），抛弃钱塘那块"气"已尽发的老地，并在武昌设一

行宫，择一大臣委以荆襄之任，宽其文法，听其处置，三数年之内，国事必有大变，借彼进取，大事可成！[①]说到这里，要补充一句，重视荆襄之地在复国中的作用，并非陈亮所独创，至少比他早出生整整60年的重臣李纲（1083—1140），就曾多次强调荆襄之地的重要性。[②]

陈亮于书末总结说，天道六十年一变，五代时石晋失掉了卢龙，是丙午、丁未之际（946—947）；次年（948），宋太祖从军，后以平定天下。丁未、戊申之际（1007—1008），为赵宋最鼎盛时期。再过六十年，宋神宗于丁未年（1067）即位，国家之事一变。再六十年到丙午、丁未（1126—1127），金人南侵，遂为靖康之祸。现在到再一个丙午、丁未（1186—1187），只有十年不到了。天道六十年一变，陛下有应变之策了吗？今日是大有可为之时，不可苟安而任凭大好时机白白流失了。

在最后，陈亮简短地追述了自己的过去。他说，年轻时，数至临安，结交人物如林，但没有一个人的言论听后让我服帖的；辛卯、壬辰间（1171—1172）回乡参究天地造化之初，考古今沿革之变，推极皇帝王霸之道，得汉、魏、晋、唐历史教训，有所领会，然后知现在流行的道学诸人，自以为得正心诚意之学，其实都是得了瘫痪而不知痛痒之人。他们不顾君父之仇，低头拱手，谈性说命，陛下善待道学之士，但是又不让他们做事，我陈亮心中服膺陛下之仁，然也知现在自以为得富国强兵之术的才臣，都是靠气势压人的虚骄之人，并无真才实学，只会放言高论。陛下明白他们的底细，不以大用，我陈亮也因此知陛下之明。陛下励志复仇，足以对天命；笃于仁爱，足以结民心；而又仁明足以临照一世群臣，足为百代之英主。当此明主，面对日非的国势，我陈亮不得不披肝沥胆，将所思尽献于陛下面前。[③]

以上是陈亮《上孝宗皇帝第一书》的主要内容。比之《中兴五论》，陈亮的思绪更为深沉，剖析更为敏锐，设想更加大胆，这不能不说是闭门读书思索数

---

① 参见《陈亮集》卷之一《上孝宗皇帝第一书》，第6—7页。

② 参见《宋史》卷一百一十七《李纲传》，第31册，中华书局1977年版，第11251、11258、11261页。

③ 参见《陈亮集》卷之一《上孝宗皇帝第一书》，第7页。

年后的积淀。它是宋代的一篇杰出文献，以今天的眼光看，它对宋朝立国之本的剖析，以及反对议和，主张以战来砥砺国家财、人之用，仍然切中北宋朝廷的要害。陈亮曾自评云："堂堂之阵，正正之旗，风雨云雷交发而并至，龙蛇虎豹变现而出没，推倒一世之智勇，开拓万古之心胸，自谓差有一日之长。"[①]这段自评，恰可说是他《上孝宗皇帝第一书》的精当写照。凭此一封上书，陈亮自可名垂青史。今日《宋史》全文收录这篇《上孝宗皇帝第一书》，良有以也。

翻墙而逃

陈亮书既上，宋孝宗赫然震动，他欲用北宋种放的旧例对待陈亮。

种放（956—1015），洛阳人，字明逸，年少时就不喜游戏，也不参加科举，来往名山间，慨然有出尘意。父早卒，兄长皆参加科举，唯他与母亲隐居终南山，结草为庐，以讲习为业，得束脩以养母。他不喜佛学，性嗜酒，安心简朴生活，多著书作诗。淳化三年（992），有人向皇帝举荐他，皇帝下诏召见，他的母亲愤恚地对种放说："我叫你不要聚徒讲学。你既已隐居，还要文采和名声干什么？你再这样，我就单独搬到深山老林去了。"她将种放的笔砚全部毁掉，母子转到穷山僻地居住。后来种放母弃世，诏赐钱、物以助其丧。

次年，兵部尚书张齐贤荐种放隐居三十年，不入城市十五年，孝行纯至，简朴退静。宋太宗下诏召见。九月，太宗在崇政殿召见首包头巾的种放，问以民政边事。当日，授左司谏、直昭文馆，左司谏为寄禄官。后累迁工部侍郎。他曾上《时义》十三篇：《议通》《议德》《议刑》《议器》《议文武》《议制度》《议教化》《议赏罚》《议官司》《议军政》《议狱讼》《议征赋》《议邪正》，与皇帝讨论政事甚多，但从不与外言，故人不知。[②]

我们现在常说中国古代为君主专制，然而在传统中国，一般皇帝也不能为所欲为，盖有祖宗成法及制度在也。像陈亮上书，固然写得很有见地，但也不

---

① 《陈亮集》卷之二十八《又甲辰秋书》，第269页。

② 参见《宋史》卷四五七《隐逸传》。

能胡乱提拔，必须依旧例处理，人家才没话说。宋孝宗此刻想到的就是北宋时的种放——当时皇帝召见一介平民，并立授以官。今日他也想依例对待陈亮。但是正在孝宗有所意欲、未有动作，众官员还未明白皇帝心意之际，一个人窥破了孝宗心头的秘密。

这个人叫曾觌，《宋史》将其入《佞幸传》。

曾觌（1109—1180），开封人，字纯甫，号海野老农。孝宗即位时，曾以武翼郎（从七品）除权知合门事，兼皇城司。数月内，谏罢曾觌者甚众，但他反而被提拔，光任用他职位的命令就改了四次。曾觌与龙大渊、梁珂等朋比为奸，侍御史王十朋曾向皇帝揭发：陛下行一事，进退一人，曾觌等人一定要将功劳掠为己有。如果中枢有不妥处，他们就到外面放风声，说自己如何如何在廷上力争。他们还经常泄露众大臣奏章的信息，出来乱说。至于收受贿赂，到处请托，在他们不过是小事罢了。望皇帝迅速将他们罢官。王十朋的谏章似乎毫无结果，而另一个攻击曾觌的监察御史龚茂良，则因此而待罪。

一天，右史洪迈同参知政事陈俊卿谈自己官职的变动消息，陈俊卿问："你从何处得到这个消息?"洪迈说得自曾觌、龙大渊。陈俊卿当即把此情况通报给宰相叶颙、魏杞，并独自向皇帝奏知，将洪迈的话在皇上面前对质。孝宗大怒，出两人于朝外，任命曾觌为淮西副总管，这是一个闲职，所以当时舆论为之大快。但后来，孝宗立皇太子，曾觌以伴读有功，升承宣使。淳熙元年（1174），除开府仪同三司。淳熙四年（1177），也就是陈亮上孝宗皇帝书的上一年，曾觌想给子孙谋官，遭参知行丞相事的龚茂良以法阻止。曾觌大怒，后指使侍御史谢廓然上章奏龚茂良罪，龚被罢。曾以前虽然也插手国事，但未敢放肆，到这一年，他竟有本事责免大臣，士始侧目矣。他的秘诀是让皇帝信身边的人而怀疑大臣，所以他总能立于不败之地。

正是在这个时候，陈亮扑通一声冒了出来。

曾觌是深通官场技巧的人，他想抢在皇帝召见以前去见陈亮，把擢用陈亮的功劳记在自己的本子上。也许是一个夜晚，曾觌跑到陈亮住的馆舍。殊不知陈亮品格正直，耻于同他交往，竟然翻墙而逃。曾觌大怒，觉得无法将陈亮拉到自己的圈子中，而众大臣也觉得陈亮放言无忌，对他任意议论朝中大臣的放肆十分厌恶，于是他们团结起来向皇帝进言，打消了孝宗依种放旧例擢用陈亮的企图。[①]

正因如此，陈亮上第一书后，整整八天，未有任何反响，陈亮按捺不住，笔走龙蛇，再次伏阙上书，是为《上孝宗皇帝第二书》。

上孝宗皇帝第二书

第二封上书的主题，其实跟第一书已不一样。如果说第一书是陈亮退居乡间八九年读书思考后的厚积薄发，第二封书则是借第一书的未尽气势而就，它的主题是催促，催促皇帝早日就第一封书下决定，最好是动雷霆之怒，改弦更张，撕毁与金人的和议，秣马厉兵，整肃内政，废除科举，把天下搅个天翻地覆。至于陈亮自身的出处，既然天下动荡，难道还任由这个发起者无事空闲？因而那不是他必须要考虑的了。但是第一封书上去，最高方面竟然毫无反应，陈亮不禁疑惑、沮丧、伤心：究竟是自己建议的方略不对，抑或是言辞还不能打动皇帝的心弦？

《上孝宗皇帝第二书》，主要包含下面几层意思：

一、发挥自己的学术长处，再谈历史教训

这一次不再谈“气”了，也不说东晋南北朝，而改说更为遥远的西周末年。我们知道，西周末年遭犬戎之祸，周幽王被杀。公元前770年，周平王东迁到洛邑（今洛阳）。依陈亮的说法，周平王东迁是不对的，周朝应该凭借众诸侯之愤，用晋、郑的力量，向各地诸侯晓其大义，让他们大举兴师，以扶王室，凡不参与部署的，天下共诛之。这样集聚军队，可以一举扫荡犬戎，洗国家之耻，舒臣子之愤。而周平王安于洛邑，尽管安顿好了百姓，香火也续上了，但是让臣子忘却臣父之大仇，而将天下众诸侯置之度外，结果是周室虽存，但地位已下降到列国之一。所以说，不明复仇之义，是一个国家走向衰亡的开始。[②]

---

① 参见《宋史》卷四百七十《佞幸传》。

② 参见《陈亮集》卷之一《上孝宗皇帝第二书》，第7—8页。

陈亮这一篇文章，气势是足的，一开始就拈出周遭外族欺凌的史实，借以指代北宋覆亡，激励本朝的复仇雄心。但是周朝和赵宋确实有大不同，简单地说，宋朝是一个大一统国家，而西周为一分封制天下，两者不能简单互换。这样简单地比附，陈亮此书的说服力减少了不少。

二、说明孔子作《春秋》尊王攘夷之大义

《春秋》本是一部早期的编年体史书，但古人多以为其中蕴藏孔子历史哲学之无穷奥秘，所以后代便有多种发挥。陈亮在这里借圣人之权威，宣扬圣人的复仇之心、讨贼之义，以及孔子的民族意识。这也非陈亮自己的独到发现，倒有些拉大旗作虎皮的味道。①

三、指出皇帝之英明，以及群臣之不足恃，也是全书的中心

这种说法，既是陈亮对当时现实不满的真实念头，也有给皇帝下说词的策略考虑。我们且来看看他是如何论证出这一点的。一起首他先恭维孝宗说，陛下立志复仇，不肯偏安于一隅，是谓大功；关心百姓，每有水旱，辄忧虑见于颜色，是谓大德。但是天下之才臣智士，又都不能明陛下之义，所做的事情都不在点子上。他们可以分成两批：一批人讲正心守法，简单地说是守规矩的，包括道学之徒在内。他们推崇的君主，以从善如流、虚心向学为类，臣子则以识心见性为贤，他们说的都是方正的言论。他们只是不知道偏安一隅不可以承天命，忘却君父大仇不足以讲人道。如今兵疲民穷，但恢复又不能不讲，所以如今不能讲常道。拱手谈正论无补于大计，所以他们为陛下看不起也是正常的。另有一批人是谈恢复的，也曾提出过不少伟论，但是他们不知道凭借钱塘以谋中原是不可能的，用东南习于安乐的军伍去进取也是没结果的。这一派人听起来是在务实，但不明天下之大势，也不能不为陛下所疑。经生学士、才臣智士都不如意，陛下于是不知道靠谁，最后只有独凭一己之力运转四海了。左右亲信之人窥主上之意向，借以讨好皇上，士大夫亦安于此习，所以附会之风渐长，这样大权看似在陛下手里，其实已经移到近臣手中了。一帮不做事也不犯错误的人，安坐庙堂发号施令，而陛下也以为他们容易指挥，放心将国家大权交给

---

① 参见《陈亮集》卷之一《上孝宗皇帝第二书》，第8页。

他们掌管，苟安的局面就这样造成了，这与陛下的本意也完全南辕北辙啊。①

陈亮一生眼高于顶，很少有人为他看得起，所以他在这里将天下人全部说得一钱不值。他将臣子们分为两类，在第一封上书中就这样说过，但是没有说得这般清楚。这两类人，一类是空谈家，做人规矩，但在这个非常时期派不上用场；一类是在做事、发奇论的，但因不明白根本，也等于不做事、发空论。这样一来，整个政治就遭到陈亮的彻底批判了。而我们看陈亮如此批判现实，也觉得他一辈子当个思想家更为适宜，如果要当政治家，姿态不应如此。

文章就这样过渡到下段，即第四段，仍然是讲他自己。他说，他上书论国家立国之本末而开有为之略，论天下形势之消长而决有为之机，本是准备一见皇帝、倾诉奇略的，但上书后，待命八天，未有丝毫动静。这样的事，发生于承平无事之时尚且不可，何况是这形势紧急大有可为之时？君主这样，天下将会不知所向！

文章到此，吐露出全书的警句："张浚始终任事，竟无一功可论；而天下之童儿妇女不谋同辞，皆以为社稷之臣。"为什么？"彼其誓不与虏俱生，百败而不折者，诚有以合于天人之心也。""秦桧专权二十余年，东南赖以无事；而天下之童儿妇女不谋同辞，皆以为国之贼。彼其忘君父之仇而置中国于度外者，其违天人之心亦甚矣！"②

都堂省察

宋孝宗对陈亮的第二封上书心有所动。他遭群臣的反对，已经不愿依种放旧例，亲自越次召见一介平民，立授官职。他的安排是，下旨让一些官员先当面考察陈亮，如果大臣汇报考察结果是陈亮确有见地，就可顺势召见，再做主张。

这次审察在都堂即尚书省的大厅举行。主持审察的官员有几人，现已不可

---

① 参见《陈亮集》卷之一《上孝宗皇帝第二书》，第8—9页。

② 《陈亮集》卷之一《上孝宗皇帝第二书》，第9页。

知，仅知主持审察的有同知枢密院事赵雄。

赵雄（1129—1194），资州（今四川资中）人，字温叔。隆兴元年（1163）类省试第一，虞允文荐他入朝。乾道五年（1169）受皇帝召见，即日授为秘书省正字。极论恢复，为孝宗所赏识，除右史，两月内，除中书舍人。曾出使金朝，与金主争辩再三，坚定不屈，金人谓之“龙门”。

孝宗与赵雄的关系有一段时间相当不错。淳熙二年（1175），赵雄为礼部侍郎、签书枢密院事。一日上朝时，孝宗说今年蚕麦收成都好，丝与米的价格都平稳，甚好。赵雄接着说，孟子谈论正道，便是从不饥不寒开始的。孝宗说，最近士大夫好放言高论，不言农事，微有西晋清谈之风。其实，《周礼》与《周易》都谈理财，周公、孔子也何尝不以理财为要事？而且还不止此，士大夫们都怕谈恢复。如果他自己的家有田百亩，其中五十亩被别人占去，他会不会相安无事，不去报诉官府？赵雄说：陛下志在大作为，这些话应该记到《时政记》中。该年十一月，赵雄升同知枢密院事，据说他每次见皇帝，“二帝在沙漠”这句话从未离口。不忘国耻，志在恢复，亦是赵雄的旨趣所在。[①]

我们不知道两人以前有没有什么冲突。但是看《元一统志》，发现陈亮对于赵雄有非议。玩其文意，陈亮的议论应发于赵雄为相不久。赵雄为相，是淳熙五年（1178）的事情，也就是与陈亮上书同年。但陈亮于正月上书，赵雄十一月拜右丞相，按理说在审察的这一天，两人应该没交往也没意见。可是事情远非这么简单。陈亮和赵雄都是名满天下，以前会不会相互有所知晓由此产生单方面甚至双方面的反感？尽管没有任何史料可以证明，但是我们也不妨做这样的假设。因此都堂审察之事，对处于下位的陈亮不利。

综合有关史料来看，陈亮对赵雄为相的非议实在没有多少道理，赵雄是坚定的主战派无可怀疑，且他身赴金城曾与金主言辞交锋，毫不逊让，也证明他不完全是不谙政事的一介书生。陈亮与赵雄的分歧，可以肯定不是主战与主和这个基本观点的分歧，而且两个人在政治问题上观点有时是完全相同的，可能由于脾气不投合，甚至出于政治权力的考虑，反目成仇也是常有的事。这里有

① 参见《宋史》卷三九六《赵雄传》。

一个例子：孝宗有一段时期特别喜爱大将张浚的儿子张栻。张浚向金用兵，几乎屡战屡败。张栻主要为一个学者，但坚持恢复，誓与金人不共戴天。他对国内的弊政也知之甚深，并向孝宗当面指出。孝宗除张栻侍讲，以便经常商论国事，同样是主张恢复的虞允文和赵雄就怏怏不乐，在各种场合予以刁难打击。[①]

不管赵雄与陈亮事前有没有恩怨，抑或是两人初次见面便非常看不惯对方，更或者是对谈之间陈亮触怒了赵雄，反正那次都堂审察弄得很不愉快。陈亮面对都堂审察，心中可能有点忐忑不安。当大臣拱手称旨以问时，陈亮说了三条：

一、二帝被金人俘虏，盖国家之大耻，天下之公愤，至今已过五十年，天下之气销烁颓惰，不再以复仇为念，主上与二三重臣应该振作精神，动员全境，使民众视国耻如私仇，恢复乃可行耳。如果主上只与左右近臣商量恢复之计，不动员天下的民众，恐不足以感动天地之心，恢复之事亦恐茫然难为。

二、目前举国的习惯，是严守规矩准绳行事。这种渊源有由来的。五代之际，兵财之权柄都分散到地方上。宋太祖统一天下，平定祸乱，将天下之兵权、财权一统于中央。后世不能体察太祖本意，片面使用他的政策，致使天下郡县空虚，本末俱弱，现在谈恢复，如果不毅然改弦更张，变革中央大、地方小的政策，哪怕得精兵数十万，得财数万万，都不能胜利恢复；哪怕金虏将故土平白无故还给我们，我们也守不住。

三、宋太祖用天下之文士取代武臣，也是鉴于五代武人割据。所以本朝以儒立国，儒家学术崛起并占主导地位，甚于前朝。也正由于此，现在的文士烂熟萎靡，临事无策，诚可厌恶。主上应该反其道而行之，让文人们学些武事，以后即使有事，也不必专赖武人。西汉以军吏立国，当时的儒生，专门把事搞得一塌糊涂。[②]

不知是这些观点还是在表达这些观点时流露出的粗率态度，触怒了来审察陈亮的赵雄，可能还有别的人，二三大臣相顾骇然，而陈亮亦惶恐而退。这场都堂审察便这样虎头蛇尾地结束了。

---

① 参见《宋史》卷三九六《赵雄传》。

② 参见《陈亮集》卷之一《上孝宗皇帝第三书》，第10—11页。

上孝宗皇帝第三书

这次都堂审察后的等待，是十天。十天后，依然没有任何动静。陈亮忍无可忍，又上第三书，是为《上孝宗皇帝第三书》。

这封书的口气比前面都激烈。一开头就直陈国之弊病，说道：选拔江、浙、闽、广之士，没有蜀地之士，总数也有十五六万，而缺少才智，拘谨委琐，日甚一日；财税收入倍于太平时期，而十分之九用来养兵，兵没有用，且百姓由此穷困。像这样的国势，本是赵宋立国后推行政策的必然。当前必须大变。我陈亮私下以为陛下春秋已经五十有二，经天下事变已多，阅天下义理已熟，这个时候行恢复大事，必不至伤国家之大体，而收驱逐金虏之效。到了六十岁，就可以享受承平天下，难道真要把这遗患留给后人去解决吗？①

陈亮在这封书中回顾了都堂审察的经过，复述了自己对大臣们的应答，并强调指出：本朝已到不得不变之关键时刻，而且变有多种：有可让国家迁延数十年之策，有百五六十年之策，有重开数百年太平基业之策。我都已在心中筹划烂熟。但是这些计策，关于国之根本，也是最高机密，不单独由圣上听取和决策前，是不能泄之于外的。所以审察时就说了那么三条，而二三大臣已相顾骇然，我亦退出都堂矣。②

陈亮在此时提到了唐代的马周。马周（601—648），清河茌平（今山东茌平）人。字宾王。马周少时孤贫，不为乡里所重，但他好学。到京师长安，住在中郎将常何家。贞观三年（629），唐太宗让群臣上书议论国事得失，常何为武将，没有多少文化，马周就捉刀为常何写了有二十多条的奏章。太宗看了，十分中意，问常何。常何说："这不是我写的，是家中的食客马周写的。"唐太宗当即派人去召马周。马周在路上赶过来时，皇帝派来催促的使者就有四批。见了面，马周的言谈让太宗很满意，令直门下省，后拜监察御史、中书令。③陈

① 参见《陈亮集》卷之一《上孝宗皇帝第三书》，第10页。

② 参见《陈亮集》卷之一《上孝宗皇帝第三书》，第11页。

③ 参见《旧唐书》卷七八《马周传》。

亮说马周为一琐细平凡之人，唐太宗尚且如此重视，言下之意，是自己远过马周也。

陈亮在后面剖析了自己上书的本心，说自己在太学，去年在考试中因一发狂论，弄得满学哗然，影响还扩散到了朝廷，自己于是归家退耕。但是在家中，反复忖念自己多年所学为何，又念陛下为一明圣之君，自己明白陛下一心恢复。如果只为避他人的讪谤，不向陛下陈国家之大计，不是对不起天地以及赵宋王朝的太祖英灵？像自己，如果仅是为了攫取功名利禄，那么，只要在太学好好熬日子，再参加上一两次考试，碰上一个公平公正的考官，我也是能够获得的。但是，我又怎忍心图一己之富贵而失百年社稷之大计！所以来冒昧上书。我的本心原是为了国家社稷，并无一丝为己之心。世上有为争一文钱而相互残杀的，也有推却万钟之禄不愿领受的，人与人有时就差这么多！我陈亮也不想再说了。都堂审察十日还毫无反应，我再一次上书。如果这封书奏上后三天仍无动静，我将渡钱塘江归家，终老于田亩之中。我一家数十口，在离都城不到四百里处，当待罪家中，任凭处置。干冒天威，罪当万死！①

以上就是《上孝宗皇帝第三书》的内容。其实，陈亮关于政治、历史、军事等的观点，已集中体现于《上孝宗皇帝第一书》，余下的两书，不过是组织材料将某一方面的话语说得更透彻罢了。我们也相信陈亮确实有一些话没有写到上书中，而是想在皇帝召见之时倾囊而出，但是那些计谋到底有多少奇效，则是另外一回事了。况且一个国家，也绝不是凭一个明君和一二大臣之力，就能回天创造奇迹的。陈亮久居田园，从未操过实权，对现实政治的运作有所隔膜，也是可以理解和原宥的。

上书结局

陈亮三次上书后，《宋史》本传载：皇帝欲授陈亮一官，陈亮笑曰：我是想为社稷开数百年之基业，难道是拿来换一个官自己当当的吗？他挥手别去，渡

---

① 参见《陈亮集》卷之一《上孝宗皇帝第三书》，第11—12页。

江南归。真况是不是这样，很难说。陈亮的这两句话是有的，见《陈亮集》卷之二十七《复何叔厚》。但是这封信写于都堂审察之后和第三封上书之前。当时可能有过授予陈亮官职的打算，也好借以应付皇帝。而陈亮的打算是：如果授予一官，当日就奉还，然后渡江东归，因为他的原意是面朝圣上，献几百年太平之策。[①]但是陈亮的这个打算，竟然没机会实行。一个合理的推断是，陈亮不仅在给朋友的信中谈了这个打算，可能在口头上对周围的人也有泄露。官府中人绝对不会让他人对自己如此藐视，所以即使有过那样的打算也随即打消，根本没有给予陈亮辞官的机会。真情大抵应该是：陈亮上了第三封书，等待三天之后，官府仍毫无反应。他只有照自己说的，束手南归。

三次上书，今日看起来为陈亮青史留名的充分理由，但在当时，无功而返，对陈亮的打击极大。一方面，陈亮对高层尤其是介于皇帝与自己之间的用事大臣有了极深的失望乃至痛恨；另一方面，社会舆论也予陈亮以极大的压力，而且这种压力日后还要给他更大的苦头。挚友如吕祖谦，写信劝慰他时也说：春天你的上书举动，习常守故者固然怪骇，但是反思自己，也不能说毫无问题。吕祖谦在此还节引《论语·卫灵公篇》之语，原文是这样的：

> 子曰：知及之，仁不能守之。虽得之，必失之。知及之，仁能守之。不庄以莅之，则民不敬。知及之，仁能守之，庄以莅之，动之不以礼，未善也。

孔子的意思是说：凭聪明才智能得到的，如果没有仁，得到了也不能保有，还是要失去。要用才智去取得，以仁德去保有。不以严肃的态度去治理，百姓也不会认真。有才智仁德和认真的态度，假如不按礼去行动，也还是没到尽善尽美的程度。

吕祖谦此言，当是婉言讽慰陈亮才智足够，但仁、庄、礼诸节，则有未能。吕祖谦点到为止，接着说，这样的话题，纸上也谈不透，下次见了面把手

① 《陈亮集》卷之二十七《复何叔厚》，第260页。

细论。[1]

陈亮当然一点就通，主要是他心底里对这位挚友十分相信，在回信中，他已辞气平和，殊少慷慨任性之迹。陈亮的信虽佚，但吕祖谦收信后大喜可以确定。吕马上回了一信，中有语云："驱山塞海，未足为能。惟敛收不可敛之气，伏槽安流，乃真有力者也。"[2]意思是说，表面上勇猛的举动，其实未必是真正的勇敢；只有收敛不能收敛之气，才是真正的勇者。

像吕祖谦这样劝慰讽喻，陈亮虽觉是逆耳之言，心头毕竟有一分温暖。如果另外的人说，味道就不一样了。现在可以看到的一封书信，出于永康同乡吕皓之手，态度当然不是像吕祖谦那样温和，而是夹枪带棒，讽刺与挖苦齐上，嘲讽与责难并出。

吕皓说：前代的英雄豪杰，其进退都有一定之规。当天下大变，不得已而不能不应，而后神色不动，志气不挠，像辅佐商汤击败夏桀的伊尹，原在莘野隐居，汤使人聘迎，往返五次后才出山；协助周武王推翻商纣王的姜太公，本在渭水之滨垂钓。我吕皓近来看到了你陈亮的《酌古论》，觉得写得很好，虽古代的兵法大家孙子、吴子，也不一定写得出来。而且两帝被俘之耻，国人皆深以为耻，确实应该奋不顾身，从事恢复。但是一个高士，应该是人家来诚心聘请，礼仪俱全，才能出来谋事。像汉末天下大乱，诸葛孔明犹待三顾茅庐而后出。这不是说要自我抬价要挟主上，而是说自己必得优游余裕，悟通天下之道，而后才能在出山后应对破解各类难题；而在聘请人的主上方面，如果盼望人才不急切的话，他就容易藐视和怠慢得到的人才。

如果吕皓的话说到这一步为止，那倒也罢，问题是，吕皓的文笔在下面轻飘了起来：

如果人家不来请问，自己拉着人家的衣角，一定要跟他说金玉良言；人家不来求教，一定要登门去教授，正如同千钧之弩，为了一只小小的老鼠而发，气泄力减，到真有出山大用的机会时，本事却没了。不瞒你说，我与同辈是在

---

① 参见《吕东莱先生文集》卷之五，《与陈同甫》书之十八。

② 《吕东莱先生文集》卷之五，《与陈同甫》书之十九。

背后议论过你，议论的结果是大笑一场，你大概听到了，结果是不可忍受。其实被人家笑一下有什么关系？陈胜说："苟富贵，无相忘。"也被人家耻笑，结果他带头摧垮了暴秦；韩信也曾为人耻笑，结果他带兵成就大汉四百年基业。你如果有大本事，人家的一笑何以久久不能释怀呢？你还勃然大怒，见人就说，某某人我以后不再跟他说话了。这有什么必要呢？①

吕皓是什么人？他是陈亮的学生吕约的弟弟。陈亮于淳熙二年（1175）葬孙贯的时候，吕约也已拜到陈亮门下读书。他的家庭，重农事而不废儒学。所以吕约会拜在陈亮门下，吕皓也曾得官。吕皓与吕约，是同父异母的兄弟。以他与陈亮的关系，犹自写信嘲讽，可见乡间对陈亮的看法有多大了。

《陈亮集》中有一书，是回吕皓这封信的。信中强调自己上书之本心是洁净的，是纯为国家社稷考虑的。他这样答辩，估计是知道人家嘲笑他一介平民也敢率尔上书，如今蓬头垢面一无所获地回来。陈亮说，一个人之心，只要它是洁净的，那么，哪怕人家一下子不明白，总归有明白时；哪怕一时不为他人了解，总归有了解的时候，也没有必要为了人家的议论而改变自己。

> 被示缕缕，具悉雅意。古人有言曰："自靖，人自献于先王。"此不独国家大臣之道当如此，凡人晓然使此心明白洞达，要自有知者。前者诸友尝问"陈平、王陵之事孰为正？"因答之曰："使王陵发心不欲王诸吕，皎然如日月之在上，不幸而以此国破身亡，其心皎然如日月之不可诬也，若只欲得直声，以为在朝诸臣皆无我若者，则济不济皆有遗恨耳。使陈平主心必欲刘氏之安，且委曲弥缝吕氏以为后日计，不幸或事未济而死，此心皎然不可诬也；若占便宜，半私半公，则进退皆罪耳。"夫子之所谓仁者，独论其心之所主。若泛然外驰，虽曰为善，犹君子之所弃也。亮虽不肖，然亦须要与此心为主，眼下虽不必其一一皆是，然此心之皎然固自知之矣，正不待他人之为计也。吾人之用心，若果坦然明白，虽时下不净洁，终当有净洁时；虽不为人所知，终当有知时。若犹未免于慕外，虽声名赫然，

① 参见〔宋〕吕皓：《云溪稿》《与陈龙川先生书》，《续金华丛书》本。

在人心岂可欺哉？凡百不在多言，各以此自反足矣。子才回简，一时之妙答也；若如吾辈分明说破，又烦吾友缕缕矣。[①]

这封信可佩服的地方在于没有一点火气。陈亮有时颇有雅量，不能等闲视之也。

吕皓见信后，又给陈亮回了一信。信中议论陈亮唯求心之洁净的观点说：

自古以来，英雄豪杰，其举动尽管都合乎理，但是也不能说自己的心洁净，就在行为举止上不小心谨慎。因为哪怕你在词语意气之间牵涉起小人的疑心，无名的祸灾都会集中到你的身上。一个英雄豪杰，自己格调越高，离开众人也越远，真正了解的人也越少，他作为众人攻击目标的可能性也就越大。俗语云：瓜田不纳履，李下不正冠。如果自以为无心扭瓜摘李，但举手取之，主人看到责问，而回答说：我岂窃瓜偷李之人？我根本没这个心思啊！心思邈忽难见，主人只看到了你的行迹，你又怎么说得清楚？所以我的意思，是希望阁下不要光自恃其心光明磊落，于行迹也要注意。何况人心唯危，变化无常，虽圣人也须凛然对待，决不能依仗清白之心就废却世上规矩。这本是常理，也用不着我与阁下啰里啰唆地说明。但是我跟你有不寻常的关系。你开门授徒之时，四方高足云集，我吕皓由于庸陋，不足以拜到你门下而另就老师，但我与你的门下高徒往来甚多，简直可以看成同一门户。如果一间聚百来人的大屋，栋折梁坏，众人必奔逃骇散，此时后悔，已经来不及矣！所以必须事前有警。我这封信，正可当作警语看。[②]

吕皓与陈亮的信只此两封，陈亮的信仅存一封。但是吕皓的信，后来竟然句句应验。天道神明，有时而惧，也是没有办法。我们不知道吕皓这两封书的写作日期，但从信中文辞推知，该书写于陈亮上书之后是没有问题的。日后他们真的共同面临一切大的劫难，而吕皓也由处理这祸难而名满天下。

---

① 《陈亮集》卷之二十七《复吕子阳》，第262页。

② 《云溪稿》，《与陈龙川先生论事书》。

消沉退隐

尽管完美地回答了吕皓的责难，但三次上书毫无结果，对平生慷慨豪迈的陈亮，毕竟是重大的打击。此年他三十六岁，本来也较能体会人世间的多面与复杂。有时他觉得自己与少年时相距甚大，判若云泥。二月中旬，他从都城回永康，估计大多数时间是坐在书斋，杯酒自遣平生萧索，间或翻检些旧文，以度寂寥。在端午节的前两天，他偶然翻到了八年前上的《中兴五论》。相去时间虽不算长，但他读来，恍如隔世。再想到孟子讲的话：不按规矩驾车出去打猎，打到的禽兽哪怕堆积如山，也不能吃。自忖自己的连续上书，是不是也像孟子说的不按规矩驾车了呢？在那一刹那，他不由产生了一些不自信。抽笔在《中兴五论》后写了一个简短的跋后，他兀坐良久，不发一语。[①]

在接下来的三年中，即淳熙五年（1178）二月上书无效到淳熙八年（1181）七月吕祖谦逝世，他的心态是灰色的，他的生命史上也未发生任何较为重大的事情。用中国古代常见的一个词形容，他退隐了，退隐于永康家中，心态也退隐了，较少奋发有为的豪志，写起文章来，也是低回沉吟，流露出不常见的消沉。

这个时候的陈亮，闲时写一点文字。比如三十六岁的初冬，他为义乌宗武写了一个墓志铭。[②]宗武与南宋初的忠臣宗泽同门，是宗泽胞兄宗沃的孙子，曾任饶州（今江西波阳）德兴尉。想到抗金名将宗泽，临死时一语不及家事，大喊“渡河”三声而卒，陈亮的热血又禁不住奔腾起来，他在文中称宗泽为“一代之人豪，中兴之元勋”。另外，他为宗武作文，还有另一层关系：宗武的女婿何大辩，是自己的妻弟，宗武长子宗楷的妻子，又是何大辩的妹妹。

同年他还为浦江的钱元卿写了墓志铭。钱元卿，是他的学生钱廓的父亲。钱廓，即钱叔因，婺州浦江人，陈亮日后也专门为他写过墓志铭。在《钱元卿

① 参见《陈亮集》卷之二《中兴五论・跋》，第24页。

② 《陈亮集》卷之三十五《宗县尉墓志铭》，第364页。

墓志铭》中，陈亮除了简单追叙他与钱廓的师生情谊外，更强烈的感慨是浦江的不同风气。原来浦江虽与永康同属婺州，但地势不同，永康为低山丘陵地区，浦江则为“山邑”，商贾来往较少，百姓也更为质朴，以农为业，家庭以不欠租税相尚，人以不历官府为常，不尚空读，多从实务，安居乐业。而钱廓来学，沉雅和顺。待其学成归家，大人长者都很尊重他，有的折节与交，为他县之所无。[①]陈亮在这里，大概是想到了乡间对自己的非议吧。钱廓作为自己的弟子，在浦江备受尊重，而作为老师的自己，在永康又遇到如何的嘲讽呢？

此段时期陈亮的悲哀，偶尔挑起，而悲哀的内容，则为丈夫一世，天禀才气，而默默无闻，得以竟世。淳熙六年（1179）初冬，他为周夫人黄氏写了墓志铭。周夫人黄氏，是他妈妈唯一的妹妹，即陈亮的姨母。在父母双亡、兄弟六人皆相继死去时，她曾跟姐姐在陈亮家中过活。后来陈亮母亲早早逝去，陈亮的弟妹就由姨母带大。姨母病重之时，屡向陈亮说：“我的一家，已断子绝孙了，希望你出人头地，足可了结我姐的遗愿。”在陈亮上书后的次年，他的姨母下世，陈亮真是不胜其悲，他悲苦哽咽，有语难言，为姨母写了一个简短的墓志铭。铭文中叹息她的父系一家已成尘土，夫家则未有子孙出人头地。陈亮是在写姨母，其实未尝不是在写自己！[②]

两年后，他为浦江学生方坦的爷爷方元卿写了墓志铭。方家托他来写铭，陈亮在文中说，恐怕后世之人也不会知道永康陈亮为何人了，我为方先生写的墓铭还有什么用！陈亮一生，本有强烈的使命感。他追求建功立业，出人头地，也不光是为了光宗耀祖，关键他还是对自己的才能有相当的自信。[③]一个人如有才华，岂能为了一己之利而奋斗？既禀才能，他身上便担负着巨大的使命，至于他是辅君定国、上马杀敌，还是返而著书、传之后世，则要看他一辈子的遇合了。

总之，他是为天下而奋斗，不是为自己私利而努力，他评论汉代的扬雄便

---

① 参见《陈亮集》卷之三十五《钱元卿墓志铭》，第367—368页。

② 参见《陈亮集》卷之三十八《周夫人黄氏墓志铭》，第393页。

③ 参见《陈亮集》卷之三十五《方元卿墓志铭》，第370页。

是用的这个观点。[1]但是，一个大有才华之士，搏击多年竟然默默不名于世，这种沉痛和悲凉，在富有使命感的陈亮身上，怎能不显得格外沉重！

① 参见《陈亮集》卷之九《扬雄度越诸子》，第77页。

第六章　以与朱熹辩论为中心的时期

痛悼东莱

淳熙八年（1181）七月廿九，陈亮的挚友吕祖谦卒于婺州。尽管两年前吕祖谦因病辞去官职，但是在闲居期间，与陈亮常有书信往来，而且在陈亮心目中，晚年的吕祖谦对自己尤其好。如今吕猝然逝去，他悲不自胜，赶到吕氏的居家哭灵。九月，在自己家设香烛茶酒以祭，并写了《祭吕东莱文》。[①]这篇祭文，表达了他对儒家的深刻见解，以致朱熹日后见到此文讨厌万分；[②]但同时行文又悲痛至极，流露了他与吕祖谦的真挚感情。这里征引如下：

呜呼！孔氏之家法，儒者世守之，得其粗而遗其精，则流而为度数形名；圣人之妙用，英豪窃闻之，徇其流而忘其源，则变而为权谲纵横。故孝悌忠信常不足以趋天下之变，而才术辩智常不足以定天下之经。在人道无一事之可少，而人心有万变之难明。虽高明之独见，犹小智之自营；虽笃厚而守正，犹孤垒之易倾。盖尝欲整两汉而下，庶几及见三代之英。岂曰自我，成之在兄。方半夜之剧论，叹古来之未曾。讲观象之妙理，得应

① 《陈亮集》卷之三十二《祭吕东莱文》，第337页。

② 参见《朱子语类》卷一二三，第2966页。

时之成能。谓人物之间出，非天意之徒生。兄独疑其未通，我引数而力争。岂其于无事之时，而已怀厌世之情？俄遂罹于末疾，喜未替于仪刑。何以遭之太惨，曾不假于余龄！将博学多识，使人无自立之地；而本末具举，虽天亦有所未平耶！

兄尝诵子皮之言曰："虎帅以听，孰敢违子！"人之云亡，举者莫胜。假设有圣人之宏才，又将待几年而后成；孰知夫一觞之恸，徒以拂千古之膺！伯牙之琴，已分其不可复鼓，而洞山之灯，忍使其遂无所承耶？眇方来之难恃，尚既往之有灵。呜呼哀哉！尚飨！

陈亮此刻的心情是十分哀痛的。但他没有想到的是，挚友的逝世竟成了他登上另一座人生高峰的契机。

吕祖谦的学术被称为婺学，也称金华学，在浙东与陈亮为首的永康学以及以叶适为首的永嘉学鼎足而三。但在吕祖谦还活着时，永康学和永嘉学至少没有后来那么显要的位置，他们有一部分生活在吕祖谦的大度包容里，陈亮就是那样。而永嘉学人来婺游学的更多，以致某些学人的家中吃的大多是温州的海货，说话时也竟然带上浓浓的温州腔。[①]

吕祖谦的学术主旨以及他的脾气性格，都决定了他的大气包容。他不仅是浙东学术的代表人物，与朱熹、张栻并列被称为"东南三贤"，还参加了理学体系的部分创建工作。譬如淳熙二年（1175），吕祖谦自浙入闽与朱熹相会，两人在寒泉精舍同读理学大师周敦颐、二程、张载的著作，选出他们的言论精粹，编成理学的重要经典《近思录》。这部书被朱熹定位为接近四位理学大师的阶梯，而四位大师，又是接近儒家"六经"的阶梯。吕祖谦的学术领袖地位，在他活着时，没有人能去动摇，也没有人想去动摇。

问题是，吕祖谦死了。这面统帅的大旗一倒，待兄如师的吕祖俭，当然再无气度和水准包涵群雄；此外，他自己正在往浙东事功之学的道上猛跑下去。曾为吕祖谦弟子的陆九渊，亲到金华祭奠恩师，在祭文中深情追思，并将其引

---

① 参见《敬乡录》卷十一，时少章《书王木叔秘监文集后》，四库全书本。

为他学术上的知己。而陆九渊是朱熹的主要论敌之一，他的这个举动不能不让朱熹感到忧虑。陈亮长期隐身于吕祖谦的光芒下，随着吕祖谦的逝世，自然而然地，陈亮的身影在世人的心目中慢慢清晰起来。所以，吕祖谦一死，此时的学术力量重新分化组合，形成了一个新的格局。在新的格局中，新的冲突各方渐渐形成了。

当然，这种从理路上看来自然而然的演变，身处其中的当事人心中倒未必十分清晰，他们很可能也是自然而然地行事，并未深刻思考他们自己的时代意义。像朱熹与陈亮，吕祖谦之死，一开始倒是增进了他们之间的友谊。两人作为吕氏的挚友，在挚友逝世之际，相会一番，纵论天下，畅叙友情，又是何等快事。该年九月，也就是吕祖谦死后一个多月，朱熹被任命为提举浙东茶盐公事，他的职责是赈济浙东的灾荒。在十一月底向皇帝面奏七札后，朱熹开始视事。

淳熙九年（1182）正月，朱熹从绍兴府的嵊县、诸暨开始巡视，然后走到了婺州的浦江、义乌、金华、武义、兰溪，再转入衢州的龙游、常山、开化、江山等地。就在这途中，陈亮赶去相会，在某座山间，两人作了十日之谈，其中还在永康龙窟陈亮家中会面。[①]一场在思想史上彪炳千秋、当时影响甚巨、至今尚使人饶有余味的论战，就这样不经意地揭开了。

结识朱熹

淳熙十年（1183），陈亮为朱熹九月十五日的生日祝寿，写了一首《水调歌头》，满怀深情地追忆了一年前他与朱熹的初次会面，词云：

> 人物从来少，篱菊为谁黄？去年今日，倚楼还是听行藏。未觉霜风无赖，好在月华如水，心事楚天长。讲论参洙泗，杯酒到虞唐。

① 《陈亮集》卷之二十八《又乙巳春书之一》中说到自己家中盖新房的情形时说："亮旧与秘书对坐处，横接一间。"这证明朱熹确实到过陈亮家中。

人未醉，歌宛转，兴悠扬。太平胸次，笑他磊块欲成狂。且向武夷深处，坐对云烟开敛，逸思入微茫。我欲为君寿，何许得新腔？[1]

这首词字调响亮，声腔悠扬，回忆两人初次见面的场景，情真意挚地描写了祝寿时令，贴切合时，确是一首好词！

两位颇享大名的文士初次在山间会面，有着共同的逝去的挚友，面对共同的世事，他们各自的伟论和谈吐，给对方都留下了深刻的记忆和美好的印象。在朱熹，是觉得那段游乐甚好，别时不胜怅惘。而作为一名思想家，他对陈亮的学术观点也深感兴趣，他强烈要求阅读陈亮手定的《类次文中子》，并将《战国策》《论衡》两书及自注的《田说》也带给陈亮一读。朱熹的信札，写得简洁明白，又富有情致："别后郁郁，思奉伟论，梦想以之。临风引领，尤不自胜。"[2]

在陈亮一方，则是平生眼中无甚人物，其实吕祖谦在他的心目中为最好的兄长与朋友，但在学术上，他也很可能未对其顶礼膜拜。与朱熹相处十日，虽然朱熹在当时声望极高，但很难说在他的心目中过于吕祖谦，可他急于想再交一个吕祖谦式的挚友则是肯定的。他在回信中先叙述了自己见朱熹后的感觉：朱熹的妙论，常出乎他的意料之外。放眼天下，唯此一人而已。以前陈某人总是坐在家中，大抵各种人物不出我的意料，现在知道这个习惯原来不对，要改！他对朱熹来信中的问候深表感谢，并且下了这样一个判断：我性格顽固且背时，众所共弃，原先只有吕祖谦还看得上我，现在难道还有超过吕氏的人吗？[3]这么一句，道出了陈亮对结交朱熹的深深期待。

拿到朱熹送的书，尤其是朱熹自著的《田说》，陈亮好好读了一遍，在回信中表达了自己的意见。他先肯定朱熹的文章中有很多在政治领域中可以采纳的智慧，但他按捺不住，在信中表述了自己与朱熹截然不同的学术观点。他认为，对待今天的形势，不能采取朱熹建议的修修补补的方法，而应该大胆地改革成规，使用法度外的奇想，才能够立功建业："度外之功，岂可以论说而致；百世

① 《陈亮集》卷之三十九《水调歌头》，第402页。
② 《陈亮集》卷之二十八《寄陈同甫书》（一），第282页。
③ 参见《陈亮集》卷之二十八《壬寅答朱元晦秘书》，第263页。

之法，岂可以辏合而行！”天下大事，只有运用自家的气力才能做得动。而怎样集合天下人的力量集中于我们想做的事情呢？陈亮亮出了自己的历史观：要做到“形同趋而势同利”，也就是说，要让天下之人觉得大家追求的是同一个目标，利益都是一致的，那么，不同的人都会不约而同地集中在一面旗帜下了。① 要达到这个目标，不是光靠道德感召就能成功的。在这里，陈亮其实表明了自己不同于道学主张以道德感召为主启发众人的基本观点。

陈亮在第一封回信中发表明显不同于朱熹的言论，绝不是急于要与朱熹分庭抗礼，而应该看成陈亮在一代伟人前着急的自我表现和袒露。仔细推寻，可以归纳出陈亮待友交友的模式：他才气超迈，慷慨奇伟，寻常人物他根本不放在眼里。他不靠规行矩步去赢得人家的尊敬，而总是以他不羁的才华、独特的见解赢得人们的注意和敬佩。在朱熹面前，他也知道自己的地位和学术影响都无法与之并肩，但他期望以自己的奇思傥论得到朱熹的赞许，在某一方面让朱熹佩服。应该是在这种思维的支配下，他在第一封写给朱熹的信中便毫无顾忌地袒露了自己的心迹，而不去管“交浅言深”的故训。陈亮坦率得可爱。

那一年，陈亮沉浸在新得挚友的欣悦中。他给朱熹的第二封信，玩其文意，应写于同一年的五六月之交，离上一次见面三个月，距上一封信月余。随信他寄去了自己新写的十篇《杂论》中的五篇。对这些颇有些见解的文章，他很有点自我欣赏，只憾当世无人赏识，言下之意当然是希望朱熹能够例外。全信主要谈那年的灾荒及人事，娓娓动听，显示陈亮确实把朱熹当成一个可以依靠和信赖的朋友。浙东上一年大灾，尤其是绍兴旱灾甚重，朱熹此官，就是由赈灾而来。而陈亮所生活的永康，梅雨季节未来梅雨，池塘中全无蓄水，夏季旱象已显。陈亮还推断，上一年除绍兴外，浙东旱势未透，今年旱情可能要甚于去年。婺州已发生大疫，衢州米价飞涨，达四千七百文一石。婺州救荒不遗余力者，唯有行政副长官赵某人。现在有全家饿病而死只留下一两小儿的，赵氏已收养了这样的孤儿五六十人。赵出外轻车简从，百姓有什么要求他都想方设法加以满足。但听说赵某只有二十来天就要走了，另有人来替代。现在旱势已成，

---

① 参见《陈亮集》卷之二十八《壬寅答朱元晦秘书》，第264页。

如果这样的官员也调走，那该怎么办？尤其救荒的责任现在已压在你朱熹身上。你也应该为自己想想，有这样的官员，救灾各种事宜会做得更得力。至于陈亮自己，如果六月再看不到雨，田秧亦无生理，我只有到绍兴你的官府上求一碗现成饭吃了。绍兴情况如何？田都种上了吗？你的责任重大，亦不得推托，现在如同舟遇风，为了各自性命，亦须努力。①

陈亮的这封信，写得甚至有些琐碎，亦少他平常喜爱的议论，反而显得更为真切。朱熹收到这封信，也看到附寄来的《杂论》，觉得陈亮原来不是自己所想象的那样，未必是一个同道，但朱熹也珍惜新的友谊，于是在回信中说陈亮的文章奇伟异常，多有创见，只是自己读后惊魂未定，不敢下断语，等看了十篇全文后再行讨教。他说到了绍兴的情形，前几日雨势葱郁，但是没落下来。自己也不想做这个官，因为看透官场，知道做点事情太难。如果因罪被罢，则是幸事了。他在这封信中，将陈亮说成一个“抱膝长啸之人”，即未出山的诸葛亮一流人物。②从某种意义上说，这是误读。两人只有十日之交，未能充分了解对方，所以多有不贴切之认识。但是这种不贴切的认识，有时也是极为愉快的，它为两个本来并不投合的人创造了一个投合的情景，而且有时人也就慢慢地投合了。至少在那时，这种友谊带给陈亮的是欢欣和抚慰。

论辩之前

陈亮与朱熹来往两封信后，有一年多的时间没有联系。淳熙九年（1182）七月三日，陈亮收到了朱熹对他第二封信的回复，此后各人忙各人的事情。在这年夏末至第二年的秋天陈亮再次去信这段时间，发生了两件颇吸引人们眼球的事情：

第一件事，说明了文人说的话不可当真，不可作数。这里指的是陈亮。我们读他给朱熹的第二封信，说到家乡灾荒及自己的打算，觉得他贫苦弥甚。但

① 参见《陈亮集》卷之二十八《又壬寅夏书》，第264—266页。

② 参见〔宋〕朱熹：《寄陈甫书》，《陈亮集》卷之二十八，第282—283页。

他在这一年中，竟然盖起了数间房屋。那一年的灾情后来大不大，我们不知道，但我们知道一户农家绝非靠一年的好收成就可以新盖房屋，那几乎是一个农户一辈子最大的事情。一边在哭穷，一边在盖房子，在当时人看来可能也属正常，但是，对深信古人文字的后人，不啻为一帖最好的清醒剂，也为人们攻击文人说话不可当真提供了最好的证据。

如果说陈亮的盖房，仅仅为文人之言不足信提供了证据，那么，另一件与风流、贪污、受刑等都有关涉的事，具备了哪怕在今天都可大肆传播的资格，而八百多年来，一直脍炙人口。我指的是《二刻拍案惊奇》中的一回：《硬勘察大儒争闲气，甘受刑侠女著芳名》。在这个故事中，朱熹和陈亮都是主要人物，而朱熹毒打侠妓严蕊的狠毒，都是由陈亮撺掇而起。明代的凌濛初写这个故事，主观上没有攻击朱熹和陈亮的敌意，他掇拾前已有之的笔记故事，据以敷衍成白话小说。他所依据的蓝本，是朱熹同时人洪迈的《夷坚志》与宋末周密的《齐东野语》，虚构也大致不出二者之范围。

为了方便起见，在这里还是复述一下《二拍》中这篇小说的主要内容：

话说天台有一官妓，姓严名蕊，琴棋书画，歌舞管弦，无所不通，善诗能词，又行事义气，待人真心，声名远播。台州太守唐仲友很喜欢她。此时，永康陈亮前去游玩，爱上一个妓女赵娟，两人有婚约，赵娟欲脱籍从良。唐仲友明白陈亮家底，跟赵娟说了一句："你如果要跟陈亮去，必须要忍得饥，受得冻。"赵娟心事顿变，从此冷淡陈亮。陈亮明白原委后，便去见了朱熹，向朱熹说：唐仲友说你不识字。朱熹大怒，巡历台州，唐又没及时迎候，朱当日追了唐的太守印信，并将严蕊收监，要问她与太守通奸的情状。朱熹认为两人必然有关系，而且女人柔弱，严刑拷打之下，没有也招了，所以有恃无恐。谁知朝打暮骂，千捶百拷，折磨了月余，严蕊就是不招。后来岳霖复勘此案，严蕊当场作《卜算子》一首：

不是爱风尘，似被前缘误。花落花开自有时，总赖东君主。

去也终须去，住也如何住？若得山花插满头，莫问奴归处！

岳霖大加称赏，将严蕊释放，脱籍从良。严蕊后嫁一宗室，成为正室。[①]

这个故事后来在民间广为流行，时至今天，网站上遍地可见义妓严蕊的故事。故事的主旨，是攻击道学先生朱熹刚愎自用，为了一口闲气硬派人以罪，而陈亮在其中搬弄嘴舌，扮演了一个极不光彩的角色。

问题是，朱熹与陈亮身负千古奇冤，至今尚未完全清洗。即便是帮朱熹辩解最力的束景南先生，反过来说陈亮到台州，察知唐仲友情况，因告朱熹，是可靠的。且说陈亮放浪狎妓，依据之一是吴子良的《林下偶谈》的论载，依据之二是陈亮在淳熙五年（1178）科举下第，就曾狎妓寻乐，醉中同一名痴呆的富家子卢氏戏作君臣礼，酿成一场大祸。[②]这里的第二条依据，虽有记载，实属传言，我们在下一节再作辨正。

朱熹不是本传的主角，所以，在此仅介绍一下束景南先生在《朱子大传》中对此案的考证：淳熙九年（1182），朱熹巡历台州，发现在这里有一个知州唐仲友的贪污王国。他仗着自己的弟妇是当朝宰相王淮的妹妹，不仅不赈灾救荒，而且催逼租税，中饱私囊，贪盗残民，植党淫恶。严蕊确是一官妓，因色被唐所宠，估计也借此地位，交通关节，残害百姓，从中取利。朱熹连续上劾文六道，奏劾唐仲友。[③]

朱熹对唐仲友的奏劾尽管终被王淮化解，但是这种坚决的举动毕竟轰动了当时的浙东以及朝廷。外界一些不明事理的人不免对朱熹有种种揣测，比较善良的人，则认为朱熹如此强硬不顾官场体面，定然是受了某些小人的挑唆，不经意之间对唐深有恶感，因此两人呈不共戴天之势。最有意思的是，后人将这个小人定为陈亮。但当时，持有人挑唆观点的正是陈亮本人！我们来看陈亮给朱熹的第三封信，也就是癸卯年（1183）秋写的，中间就是这样说的：

去年台州奏劾唐仲友之事，是非毁誉，各占一半，但造成了巨大的震动，要改变天下的状况，是不能不采取这种手段的。以朱先生你的人品，决不会出于私心。但是人家影响我们的决断，常常出于我们所不能觉察的地方，尽管是

① 参见〔明〕凌濛初：《初刻、二刻拍案惊奇》，岳麓书社1989年版，第559—566页。

② 参见《朱子大传》，第517页。

③ 参见《朱子大传》，第505—530页。

圣人有时也难以觉察。现在舆论认为是有人借你报他与唐仲友以前的怨恨，你怎么会让人当枪使？只是没有觉察到罢了。现在外界议论很多（估计不少是说朱熹故意整人的），我说的是不是最持平之论？其实当初也有人来托过我，我平生不曾说人是非，更不愿意帮一方整另一方，所以也没到你面前说什么，一切让你自决而已。[①]

其实陈亮当时确实被牵到此件事中。一方面，他与朱熹的友谊是明显的事实，众所共知。两人因挚友相知，因学术相知（两人论战此时尚未开始），曾经见面十天，又有书信来往，认为陈亮在朱熹面前说得上话的人必然很多。另一方面，他与唐仲友又有一层曲里拐弯的亲戚关系：陈亮的岳父有六个女儿，陈亮娶的是二女儿，大女儿嫁了金华唐仲义，唐仲义为唐仲友之亲兄。这就是说，陈亮与唐仲义为连襟。但唐仲友与陈亮关系不好，也似确有其事。据说陈亮在太学读书时，唐仲友为公试官，故意出怪题难倒陈亮，并将陈亮做得不好的答卷公之于众，使陈亮让人笑话。[②]此事姑且不论真假，反正怀疑陈亮在朱熹面前说坏话的人中，就有唐仲友。[③]这是陈亮给朱熹的信中谈到了的。

朱熹复陈亮的信，已经是辞官南归武夷时了。而朱熹原来认为，陈亮应该会站在唐仲友一方，反对他的奏劾。因为陈亮毕竟是唐仲友的姻亲，且又是同乡，虽陈亮是一杰出人物，但亦不至于不受感情牵带，所以一直心中有疑，在奏劾事发生后也尽量避免与陈亮来往。这次收到陈亮的信，对陈亮高尚、干净的人品和操守，不禁大为感动：知道老兄能以义胜私如此，真是为一世之豪！谈到自己原先的疑心，朱熹暗自羞愧。

在信中，朱熹表述了不同于陈亮的学术观点，但口气完全是商榷式的，言辞是非常客气的，他还邀请陈亮到武夷山去游玩，从容山间，款听伟论，亦平生快事。[④]尽管学术上的争论即将展开，但此时两人相处得十分融洽、和谐，也是确凿无疑的。

---

① 参见《陈亮集》卷之二十八《又癸卯秋书》，第266—267页。

② 参见〔宋〕吴子良：《荆溪林下偶谈》卷三《晦翁按唐与正》，四库全书本。

③ 参见《陈亮集》卷之二十八《又癸卯秋书》，第267页。

④ 参见〔宋〕朱熹：《寄陈同甫书》，《陈亮集》卷之二十八，第283—284页。

第一次入狱

淳熙十一年（1184），陈亮四十二岁时，他遇到了平生以来最重的祸事：被捕入狱。

关于陈亮前后两次入狱的情形，记载杂乱纷纭，以致真相埋没，如《宋史》本传就记了三次，明显违背了陈亮自己所言的两次入狱的真相。好在近年对陈亮的研究逐渐深入，真情实况渐得大明。可以负责地说，陈亮此段时期的遭遇已经有一较清楚的轮廓。这里为了阅读方便，以叙述事情真相为主，中间略辩各家说法。

话说永康有一姓吕人家，父名吕师愈，有子吕约、吕皓。吕约、吕皓这两个姓名，其实在本书中已经出现过，吕约曾为陈亮学生，吕皓则曾在陈亮上书失败后讽刺、劝谕过陈亮。吕家与应该是同村的卢家有争执，起因很小，不满百钱。但卢家系一厉害之辈，竟罗织罪状，将吕师愈、吕约父子告到官府，致收于监。

吕氏父子以何罪被捕？不满百钱的争议当然不足以构成犯罪的根由。卢家告发的是吕家犯叛逆大罪，罪不容赦。几年前，应该是吕约吧，在酩酊大醉后，可能一时忘形，玩扮演君臣的游戏。这一痛脚被卢家抓牢，吕约被捕，后来吕师愈亦被捕。

扮演君臣之游戏，究竟详情如何？今日已不能确知。写过“满园春色关不住，一枝红杏出墙来”的叶绍翁，在笔记中记载陈亮也牵涉此案。他是这样描述的：

陈亮、狂士甲、一妓女，同在一萧索寺院狂饮。醉中将妓女呼为妃子。同饮的还有一人，借机想将陈亮拖入陷阱，就跟狂士甲说：你既已册封了妃子，那也要封宰相喽。狂士甲就说：陈亮是左相。此人再问：那我呢？甲说：你当右相。我用左右两相，大事成矣。某人便让甲就座于僧之高位，二相前往奏事，毕后跪拜。甲俨如皇帝，接受跪拜，妓女则捧觞唱“降黄龙”歌，以示给皇上做寿。妓女与另二人同呼“万岁”告终。[①]

当时吕约被抓入狱，陈亮并未受牵连，所以叶绍翁的记载根本大误。但从这记载推断吕氏案件详情之一二，或不为远。

但以这种醉后相戏之事作为狂悖罪证，即使是在纲纪明肃的古代社会，似乎也不十分过硬。所以，卢氏接着又利用另一桩事件，诬陷吕氏蓄意毒杀他人。吕师愈也许就因为此事被系狱。

这一次毒人事件，牵涉了陈亮。叶适略记此事云：

一次乡人的宴会上，有一道胡椒粉，主办者将其特意放到陈亮吃的那碗羹中，这是村民敬重某人的习俗。结果，坐在同一桌的人回家后突然死去，家人怀疑此物有毒，陈亮因而入狱。[②]

但叶适此说也有误。真实情况大概是这样的：卢家之家长大概那天吃饭时与陈亮同席。酒席散后近半月，卢家此人患病而死，死前大夫等等都去看过，也没什么特别的说法。死后近十天，其子突然扬言，说吕师愈与陈亮共谋毒死了卢氏。他去告官，官府接受了卢氏的说法，于是将吕师愈、陈亮逮捕。[③]

陈亮入狱，起初因杀人罪，但是官府确实不能落实陈亮杀人的证据。而后，事情起了微妙的变化，有人控告陈亮索贿、受贿。[④]于是，案情又进入一个新的阶段。

为何身无官职的陈亮会被人认为犯了索贿罪？原因正在于他和朱熹的关系。在上一节已经说过，他与朱熹的友谊，让社会上很多人以为他在朱熹面前能说上话。再加荒年之后，陈亮竟动工盖房子，而他以前穷困至极，祖父母和父亲死时都无力举办葬礼，为何如今竟一富如斯？乡间对人的暴富，难免有种种的猜忌、嫉妒等心理，而人们也容易将陈亮的暴富与他跟朱熹的关系联系起来，认为他借与朱熹交好，到处索贿受贿。否则，一个原来穷得可怕的书生何以一夜暴富？这种社会心理看似胡乱推测，毫无证据，但千万不能低估它的杀伤力。

---

① 参见〔宋〕叶绍翁：《四朝闻见录》，沈锡麟、冯惠民点校，中华书局1989年版，第24页。

② 参见〔宋〕叶适：《陈同甫王道甫墓志铭》，见《陈亮集》附录，第419页。

③ 《云溪稿》，《上丘宪宗卿书》。

④ 参见《陈亮集》卷之二十八《又甲辰秋书》，第268页。

舆论有时真可杀人，说的就是这种状况。

问题还不止于此。此时的社会环境有了一个重大变化，那就是对道学已经出现打压的迹象。上一年的六月，监察御史陈贾、吏部尚书郑尚上疏言道学假名济伪，当明诏中外，痛革此习。[①]宋孝宗首肯。而禁道学的直接起因，便来自朱熹的奏劾唐仲友。在那场案子中，唯朱熹知道陈亮未跟自己说过半句话，完全置身事外，外界几乎都把陈亮看成跟朱熹一伙，于是陈亮正好撞在这个枪口上。也许永康的县官正好与反道学的势力一伙，也许他为了秉承上意，迎合上司，将陈亮重加治罪。只是陈亮一来真不是道学，他还一直反对道学，看不起道学先生；二来也确实从未卷入任何官场斗争；三来更无以毒药害人之事。所以，当事者的百般推寻，也不能在他身上落实什么罪状。

但要从狱中释放，毕竟还需要许多契机，特别是需要高层次的干预。吕皓在这时做出了一件大事：吕家务农而不忘科举，但吕约、吕皓兄弟似乎屡试不就。旱灾荒年中，朝廷特开纳粟捐官之例，吕家为吕皓捐得一官。吕皓在这时毅然上书，辩父兄之枉，并决定将自己的官职还于国家，以换得父兄的无罪。吕皓在给孝宗皇帝的上书中提到了汉代的缇萦，她在父亲获罪且膝下无子时挺身而出，上书请求入身为官婢，以赎父刑，汉文帝大为感动，免去其父之罪。吕皓说不要使圣世的男儿，不及汉代一女子。[②]孝宗于是释吕师愈、吕约父子，而吕皓孝义之名，当时传遍天下。吕家父子既得赦免，被牵连的陈亮也得以脱狱。《宋史》本传中还记载说，宋孝宗干预了陈亮的狱案，说是“秀才醉后妄言，何罪之有!”并将关于陈亮犯罪的文书一把推到地上。

陈亮这次入狱，大概才真正知道了世情之可畏：一个人要被控告，可以有无数的理由；而纷乱的社会舆论，也会给予无数的口实。唯一可庆幸的是未尝身受肉刑。

在陈亮系狱期间，营救最力的是他的内弟何大猷及同父异母的弟弟陈明、弟子喻偘和喻南强等。何大猷几乎以学生的身份，四处奔走，到京城请托。钱

---

① 参见《续资治通鉴》卷一四八。

② 参见《云溪稿》,《上孝宗皇帝书》。

塘江起波涛，他一天两次往复，差点覆舟，也不惧不悔；[1]陈明则始终陪伴陈亮度过那一段艰难岁月；[2]喻偘到处向人宣解陈亮平日之为人；喻南强更是义形于色，赶到温州，向叶适诉老师之冤。叶适说：你真是一个义士。马上持笔作书数封，让喻南强拿着去找各种关系申冤。[3]陈亮出狱后还致信宰相王淮道谢，认为是他主持公道。[4]其实王淮在此狱事中的作用比较难说。但不管怎样，陈亮终于身出囹圄，重获了自由。

陈亮大抵是春末三月被捕，在牢里度过七八十日。五月二十五日正式被释，六月二日回到永康老家。被释之日，在一名叫陈一之的官员处碰到一朱姓秀才，他让这个秀才给朱熹带一封简短的信，报告自己近况。到家后，他见到了朱熹的信。[5]此刻，他的心潮起伏，思虑万端。

开始与朱熹论争

朱熹给陈亮的这封信，宣告了两人论争的正式开始。

今天的人们，已经习惯于将一个人的观点与人品分开看待。也就是说，其政治观点开明或者保守，与他为人的高尚、廉洁、正派与否并没有内在的必然联系。但在古代中国，一个学者的学术观点有时和他的为人紧紧缠在一起，难以分离。

朱熹对陈亮学术观点的指责，就是从陈亮的为人开始的。

在朱熹看来，陈亮被系狱的遭遇，至可同情。但是追溯起来，陈亮自己的为人上存在问题，也是遭祸的重要原因。这一番话，朱熹自称憋在胸中许久，一直没有机会说。朱熹概括陈亮的脾性，是自处于法度之外，不乐闻儒生道礼守法之论。而陈亮以前的朋友，虽贤如吕祖谦，也从未敢向陈亮当面说这一番

① 参见《陈亮集》卷之三十六《何少嘉墓志铭》，第384页。

② 参见《陈亮集》卷之三十六《庶弟昭甫墓志铭》，第377页。

③ 参见《宋元学案》卷五六《龙川学案》，见《黄宗羲全集》第五册，第238页。

④ 参见《陈亮集》卷之二十六《谢王丞相启》，第237页。

⑤ 参见《陈亮集》卷之二十八《又甲辰秋书》，第267页。

逆耳之论。吕之规劝陈亮，一定先婉转言辞，找到一个巧妙的角度，然后才劝说一两句。朱熹认为真正爱护关心你老兄的，不应该那样做，而是应该当面直道其非。本想有机会见面时倾其腹心，没想到你遭遇灾祸那么快。你遇此祸，尽管我不知原因，但和你平日所作所为定有密切关系。你是一个高明刚决的豪杰，定能深知自身的毛病，勇于改过。希望你以后痛自收敛，规矩做人。

以上是朱熹对陈亮做人的规劝。此外，朱熹认为，陈亮其为人处世，与其所持的学术观点紧密相连。于是，他接着建议陈亮说："绌去义利双行、王霸并用之说，而从事于惩忿窒欲、迁善改过之事，粹然以醇儒之道自律。"①

在朱熹的心目中，道义和功利、王道与霸道是截然对立的。而陈亮平素所倡导的，是将这两个对立的东西捏在一起，于是抬高了功利和霸道，对自身的修养便不能不有所放松，也不愿做一个醇儒，所以放浪于法度规矩之外。对功利的追求，妨碍了陈亮对道德的讲求。所以陈亮应该痛改前非，在理论上和实践上都与过去划清界限，做一个纯粹的儒生。

面对这么一封信，陈亮真是百感交集。该年九月十五日，朱熹收到了陈亮的回信。我们假设这封信在永康到武夷山的路上走了一个月，那么，陈亮从六月初归家到写成此信，也用了两个来月的时间。陈亮在信的开头说已是深秋，说明他写这封信确是酝酿良久，三虑五思。

这封信主要回复了朱熹提出的几个问题：一是说明自己狱事之因，以及入狱与自己性格之联系；二是详述自己与吕祖谦的交谊；三是辨明自己的学术，并非如朱熹所言的"义利双行，王霸并用"，而有自己的一贯逻辑。言辞之间，对朱熹仍然优容，并未以辞使气。下面我们看一下此信的主要内容：

首先，陈亮对入狱的缘由作了一些解释。这在上一节已经介绍，在此不赘述了。陈亮接着剖析了自己平常的为人：嘴上说的是墨翟之言，行为遵从的是杨朱之道；表面看去像子贡的底子，其实真正像的是原宪。墨翟即墨子，讲兼爱，讲利他主义；杨朱则相反，拔一毛而利天下亦不为；子贡与原宪都是孔子的学生，前者经商为巨富，后者为贫士。这也就是说，陈亮说的和做的、表面

---

① 参见〔宋〕朱熹：《寄陈同甫书》，《陈亮集》卷之二十八，第284—285页。

和实际有着极大的反差。听他说理论，会认为他是一个极为热心实际事务的人，其实他不参与社会的任何具体事项，不仅一般的杂事不参与，连公认的善事如慈善事业，且他的财力物力做得到的，他也从不参与。从表面上看，他由于经商，家境殷实，其实真实情况也未必。现在我们看这四句话，对后两句或许不以为然，但前两句确可以加深我们对陈亮的认识。我们据此知道陈亮为一纯粹的理论家，而绝非实干家。他的功利性很强的理论，是一种对世界的理论性把握，而不是从自己的为人出发发散开去的自我说明。如果以他的理论来印证他的为人，确实会大大误解陈亮。用今天的话来说，陈亮不是活动家，不是公共领域的知识分子，而更像一个学院派，一个专在书斋中思想的理论家。陈亮觉得自己平素与社会毫无关涉，更不会与人结怨，说自己的为人易于招祸，那是无稽之谈，更谈不上痛改往日脾气，重新做人。所以陈亮在信中说，我今年的祸事，可能是有自己的原因，但说运气不好也是可以的。

针对朱熹说吕祖谦不敢批评陈亮的说法，陈亮也作了辩解。他说自己与吕祖谦，年轻时不相上下。后来吕氏为一世师表，自己却沉沦于乡间，多被旁人看不起。吕氏晚年垂怜于己，待己极好，但旁观者，还有极为亲近的吕氏弟子，对吕这样觉得气愤，而陈亮自己又嬉笑玩侮于其间，也就是没有对吕氏的礼待诚惶诚恐，于是谤议沸腾，讥刺百出。关于他与吕氏关系的种种议论，应该是出于他们之口。其实吕氏晚年虽待陈亮极好，教训告诫，亦是常有。这些书简现都保存完好，吕氏绝不是十分迁就的人。而陈亮自己有时或不能一一遵从吕氏之言，但朱熹信中那种描述，只能是吕氏弟子造的谣，真实情形绝非那样。

至于朱熹对自己学问的概括和指责，陈亮觉得首先是朱熹误解了自己的学问，“义利双行、王霸并用”是一种错误的概括，他自己的著作、书信中从未讲过这样的话。陈亮更没有想到的是，后来的许多年中，人们也都这样套用朱熹的这句话概括他，直到20世纪末才有一些认真的研究者辨明陈亮的本意。[①]世俗善用概括之粗疏，让人长叹。

陈亮到此亮出了他与朱熹在学术观点上的根本分歧，那就是在王霸义利问

---

① 参见《陈亮评传》，第205页。

题上的基本看法。他说：

王霸义利这个问题，其实是孟子、荀子开始论说的，汉唐间的诸儒都没有深入探究，直到本朝的理学宗师，辨析天理人欲，于是王霸义利之说大明于天下。但是他们认为，上古三代是以道治天下的，而汉唐是用智和力把持天下的。这个观点，我陈亮就不能心服口服。当世儒生，说是三代以天理，后世以人欲，人欲中偶有与天理暗合，所以后世的国运有时昌盛，说到这里，我陈亮倒要反问一句：难道一千五百年来，天地人心都是凑合着过来的吗？如果真是这样，那么天道又在何方？所以我陈亮认为，汉唐的君主也是合于天道的，但是他们不能完全合于天道，所以有一些错误的地方，错误之处固是因为人欲，但成功之处就显出了天道的存在。那些儒生把义与利、王与霸截然分割开来，说三代是义，是王，汉唐是利，是霸，那才是真正的"义利双行，王霸并用"。我陈亮的观点，正是反对"义利双行，王霸并用"，而将义与利、王与霸统一在一起。比如唐太宗，要说出他成功之处的大义所在，揭露他些微的错误由于人欲，这才是学问的正道。

这段话是朱、陈论争的关键所在，下面用现代的话语略加疏通。孔子时，未有义利之辩。到了孟子，开始提出一个人做事为了什么，是为功利呢还是道义；评价一个人、一个社会，是按功利标准呢还是按社会标准。孟子的结论是不能看功利，一定要看道义，说得极端一点，是杀掉一无辜对天下有利，也断然不能杀。汉朝的董仲舒对此总结得最简练，道是"明其谊（义）不谋其利，明其道不计其功"，也就是把功利与道义看成互不相关的两截，坚持道义标准，排斥功利标准。陈亮则不这样看问题。他认为历史是一个统一体，功利必然反映出内在的道义。不管什么朝代，只要做得成功，里面必然暗合天道，表现出天道的某些规律；如果做得不好，则违背了天道。

有人按此言论，认为朱熹的天理人欲截然分离，是对三代以后封建统治者的严厉批判，而陈亮的观点，容易导致对君主的肯定和颂扬。[①]此说为笔者所不取。论朱熹，固然可以那么说，但是，说陈亮的学术观点容易导致为君主辩护，

① 参见《朱子大传》，第606—607页。

并无依据。因为陈亮说得很清楚，三代以后的君主，做得好的便是合乎天理，夹杂人欲的，如果社会治理不好，功也不在了。他对后代的帝王是能较冷静客观地看待的，既不盲目赞扬也不全面批判。这就是他真实且平实的观点，无须演绎而导致歧义。

陈亮与朱熹的分歧，其实来自更大、更复杂的历史背景和思考路径。简单说来，就是在一个缺少道德规范的社会，起着道德垂范作用的知识分子如何界定人生的价值和意义。研究历史并在历史中汲取灵感的陈亮，对建功立业的大人物敬佩崇敬，并断言在他们身上体现出道德的意义，他们的生命具有人生的价值。不重历史而注重理念规范的朱熹，则断言一个人只要正心诚意，练就一颗仁心，根据这颗仁心敬畏地行动，不管他能不能做出什么显著的成绩，都具有了人生的价值。两人的区别就在这里。其实任何理论论争，除开表面上对立的言辞，还有更多相异的背景和前提。只有补充上这些背景和前提，我们才能够听懂论争双方的真正观点，做出自己的判断。陈亮和朱熹的论辩也是这样。

这个根本观念的分歧，导致他们两人人生理想的分歧。朱熹希望陈亮收敛身上的豪气，做一个纯粹的儒生，在生活中实践道德修养的精进，为人们树立一个道德楷模。陈亮则认为一个完美的人，应该是一个“成人”。这个完美完备的人，应该集仁、智、勇等于一身，既有道德又能担当世上之大事。至于那些不发明新知、守规矩绳墨不敢有所改作、述而不作只让后世遵循前面传统的人，仅仅是一个儒生，而不是孔子心目中的“成人”。“成人”是高于儒生的。一个人的目标，应该是“成人”，而不是所谓的儒。儒仅仅是一类人，而且不应该是人生的最高目标，朱熹让他以醇儒自律，乃是太看低了他，在树立人生目标时也只进入了第二层次，而没有到达最高的境界。

继续与朱熹论争

陈亮与朱熹的论战，到淳熙十二年（1185）进入高潮。该年春天，陈亮连着给朱熹写去两封信，秋天又是一封。朱熹每封皆回，而第一封最长。这里不妨先以一个较独特的角度切入两人的论争，或许能对大家深入了解这场论争有些帮助。

文字往还，乃中国古代文人重要生活内容之一。陈亮不会作诗，但词作在词史上为一名家；朱熹诗文俱佳，墨迹也堪为宝。大约在淳熙十一年（1184），朱熹写了张浚的座右铭“谨言语，节饮食，致命遂志，反身修德”十四个字给陈亮。陈亮见其中有针砭意，不喜，将字送给了他人。此事竟被朱熹知道，在淳熙十二年（1185）的春天给陈亮的回信中，朱熹说：我的那幅字，我也知道你看不上。但是我是专门给你写的，不能轻易转给他人。千万请你取回还我，好让我自己将它毁掉。①

不能怪朱熹这一段文字充满火气，只因为陈亮在给朱熹的信中，再次向朱熹求诗求字。在该年春天陈亮写给朱熹的第一封信中，陈亮描绘了自己的近事：大盖房子。也就是从这封信中得知，朱熹曾到过永康陈亮龙窟家中。陈亮治庄园之事，在此书中甚详。他聚了二三十个秀才施教，同时大修庄园，新盖“燕坐”一间，“抱膝”三间，“小憩”亭一座，桥屋“舫斋”三间，“赤水堂”三间，“独松堂”一间，柏屋一间，“临野”亭一座，“隐见”亭一座，还有供学生读书用的小书院十二间。旁边有田两百亩，为陈氏先人之业，在陈亮二十四五岁援救父亲时大抵已经卖光，如今又回到陈亮之手。可见陈亮虽一生坎坷，但不失治生头脑与手段，这也是浙东人之长处，未容轻议。“楼台侧畔杨花过，帘幕中间燕子飞”，这两句本为北宋晏殊的诗句，被陈亮挪用来指自己的小园，亦可知陈亮此时之自得了。

问题是，陈亮在此书中，再次向朱熹求诗求字。他还请人专门带六张纸去武夷山送信，希望朱熹给他的房间和亭子题名，写“抱膝”“燕坐”“小憩”六个大字，又希望朱熹能为他写两首《抱膝吟》。他说叶适已经为他写了两首，陈傅良也写了一首，言语甚工，但未能畅叙抱膝之意。朱熹才情高妙，希望能专门写上两首《抱膝吟》，一为和平中正之声，一为悲歌慷慨之音。陈亮为送信的人多准备了五天的粮食，让他可多等候六七天，一定要拿到那两首诗再回来。同时，陈亮又为岳父何茂宏的墓额求字。他说自己已经不敢越界求字，但妻子

---

① 参见〔宋〕朱熹：《寄陈同甫书》，《陈亮集》卷之二十八，第288页。

一定希望老公转托，于是借此机会一并为请。[①]

朱熹的那段关于“座右铭”的话，正写于对此信的回复中。他先探问陈亮岳丈的死况，并将墓额之字写好，那亭子、房间的六个大字也写好了，自评墓额字胜于另六个字。但《抱膝吟》两首，朱熹一字未写，便打发使者回去了。[②]

陈亮收到朱熹写于二月十四日的回信，马上又写了一封信，继续与朱熹讨论学术，同时向朱熹求岳丈的挽诗，还有两篇《抱膝吟》。朱熹回信说：

你自己写的墓志铭，笔势奇逸，已经很好。我自己心力衰弱，所求挽诗，我一直多推辞不作，作了也不好，不能满足求者所欲。如果写了，与墓额有重复，算了吧。至于《抱膝吟》，后来没空去构思，而且我们两人论争未定，我写了恐又成虚设。[③]

次年秋天，当朱熹五十六虚岁寿辰，陈亮专门遣人去武夷山祝寿，继续求作《抱膝吟》。他让朱熹信手直写，不要过分思虑，并要送信之人再留几日，拿到这两首诗再归来。[④]

朱熹回信说：《抱膝吟》久做不成，你不该在上一年将叶适等的《抱膝吟》寄来给我看。我一看，意思都被他俩说尽，今年自己身体又多病，怎么能写出好诗来？[⑤]

这两首诗又未写成。

陈亮于绍熙四年（1193）中状元后，给朱熹去信，信中仍请求写《抱膝吟》之事，朱熹回信说：

《抱膝吟》诗作，不是我食言，而是我俩的争执未有定论，不能草草下结语。总要等到我俩再次相逢，说透了学术上的争执，再无话说时，才可以写这首诗，但恐怕那时又无时间说这般闲言语也。使者遣还，姑且先这样。[⑥]估计这次陈亮已吩咐送信的人一定要拿到这两首诗再回来。

---

① 参见《陈亮集》卷之二十八《又乙巳春书之一》，第271—273页。

② 参见〔宋〕朱熹：《寄陈同甫书》，《陈亮集》卷之二十八，第288页。

③ 参见〔宋〕朱熹：《寄陈同甫书》，《陈亮集》卷之二十八，第293页。

④ 参见《陈亮集》卷之二十八《丙午复朱元晦秘书书》，第282页。

⑤ 参见〔宋〕朱熹：《寄陈同甫书》，《陈亮集》卷之二十八，第294页。

⑥ 参见〔宋〕朱熹：《寄陈同甫书》，《陈亮集》卷之二十八，第298页。

不过这一次以后两人再无机会相见。陈亮后来病死。朱熹的两首《抱膝吟》终于未作。

朱熹不作《抱膝吟》说明了什么问题？它说明朱熹对理论争论十分认真和执着，丝毫不能苟且和假借。它也说明两人的论战至死没有结束，各人坚守各人的立场，谁也说服不了谁。两人哪怕是花费更多的精力、往还更多的书信，争执的情形似乎也不会有多少改变。

在淳熙十二年至十三年间（1185—1186），陈亮写给朱熹的信，在《陈亮集》中就有四封，其中第一年三封，第二年一封，且都是长信。从今天可以看到的朱熹的回札看，陈亮还应有多封失传的信。朱熹的回信，自淳熙十二年起有八封，见《陈亮集》卷之二十八。但其中所编第七、第八两书，实为一体。第七书所叙皆为琐事，第八书则为与陈亮论争之理论阐述。后人编朱子文集，一般是将精华部分录出，而于日常琐碎记述则略去不提，如此便有第七、第八书单行这么一个版本。我意第八书应在第七书中间，内证甚明，无须举例。

朱陈论争的中心内容

那么，淳熙十二年那三封长信，以及朱熹的两封回信，究竟围绕着什么问题展开，以至每一部中国思想史著作均无法绕过？按照我的归纳，大致为以下几个方面：

一、对汉唐心迹的理解

古人出于习惯，对远古三代完美理想化，陈亮与朱熹也不能出此窠臼。但是，对汉、唐事迹究竟作何理解，两人就有极大的分歧。陈亮是肯定汉唐的。他说："高祖、太宗本君子之射也，惟御者之不纯乎正，故其射一出一入，而终归于禁暴戢乱、爱人利物而不可掩者，其本领宏大开廓故也。""其本领开廓，故其发处便可以震动一世。""汉唐之贤君果无一毫气力，则所谓卓然不泯灭者果何物邪？"[①]陈亮认为，汉唐贤君立下偌大功业，是由于他们本领宏大，处事

---

① 《陈亮集》卷之二十八《又乙巳春书之一》，第274页。

有手段，所以能在社会上见到偌大成效。既有成效，一味攻击他们只有功利之心，没有圣贤气象，便没有意思。更关键的是，儒生们总攻击他们自私，将天下视为他们的私人产业。陈亮为他们辩解说："以天下为己物，其情犹可察者。不总之于一家，则人心何所底止？自三代圣人固已不讳其为家天下矣。"[①]这段话真是石破天惊。比如，朱熹指责汉唐君王自私，陈亮则认为这种自私是可以理解且是合理的。如果天下不由一家来掌管，那大家的人心就活了、乱了，就没有一个规矩。用今天的话来说，也就是产权须明晰。一个天下，不可能由天下人共同占有。既然不可能共同占有，那就只有让一家来占有。产权明晰了，权、责、利的边界确定了，下面的事情就清楚了。陈亮不可能梦想到现代民主制度，所以他的话十分有理。三代圣人，以天下为己有而并不讳言，汉唐君王以天下为己物又有什么过错！这种反问，真是异常有力，也十分切合历史的真相。

朱熹则认为："汉唐之治所以虽极其盛，而人不心服，终不能无愧于三代之盛时。"[②]"且如约法三章固善矣，而卒不能除三族之令，一时功臣无不夷灭；除乱之志固善矣，而不免窃取宫人私待其父，其他乱伦逆理之事往往皆身犯之。盖举其始终而言，其合于义理者常少，而其不合者常多；合于义理者常小，而其不合者常大。"[③]朱熹认为，汉唐君主虽做了一些好事，但由于他们修养未到家，心地不光明，道德不高尚，所以如果说他们做了一些好事，也不过是偶然符合天道；他们做的坏事更多，却是出于必然，出于本心。所以，汉唐虽盛，而人们不能心悦诚服。因此，评价一个人，也是应该根据他的本心，而不应该看他做过什么。

二、对历史人物之评价标准

对汉唐心迹的阐明，不可避免地涉及下一个问题，即对历史人物评价究竟选用什么标准？这是他们在下一个回合中交锋的重要原因之一。

陈亮以为，对历史人物的评价，应该察其实际作为，同时观其本心果如朱熹所说的，然后"大其眼以观之，平其心以参酌之，不使当道有弃物而道旁有

---

① 《陈亮集》卷之二十八《又乙巳春书之一》，第274页。

② 参见〔宋〕朱熹：《寄陈同甫书》，《陈亮集》卷之二十八，第290页。

③ 参见〔宋〕朱熹：《寄陈同甫书》，《陈亮集》卷之二十八，第291页。

不厌于心者”[1]。比如，汉唐君王做过许多大事，但如果纯论其本心，以为他们只陷溺于利欲之中，那么，汉唐贤君不就跟曹操完全一样了吗？又如只论本心，不论功业，那么，汉唐贤君不就不如那些完全不做事情、只会空谈正心诚意的书生了吗？如果这样评价历史人物，人们会心悦诚服吗？我陈亮第一个就不心服。

朱熹长篇大论，又一次阐明自己的标准。他说：

但古之圣贤，从本根上便有唯精唯一功夫，所以能执其中，彻头彻尾无不尽善。后来所谓英雄，则未尝有此功夫，但在利欲场中头出头没，其资美者乃能有所暗合，而随其分数之多少以有所立，然其或中或否，不能尽善，则一而已。来喻所谓“三代做得尽，汉唐做得不尽者”，正谓此也。然但论其尽与不尽，而不论其所以尽与不尽，却将圣人事业去就利欲场中比并较量，见有仿佛相似，便谓圣人样子不过如此，则所谓毫厘之差千里之谬者，其在此矣。且如管仲之功，伊吕以下谁能及之？但其心乃利欲之心，迹乃利欲之迹，是以圣人虽称其功，而孟子、董子皆秉法义以裁之，不少假借。盖圣人之目固大，心固平，然于本根亲切之地，天理人欲之分，则有毫厘必计、丝发不差者，此在后之贤所以密传谨守以待后来，唯恐其一旦舍吾道义之正，以徇彼利欲之私也。今不讲此，而遽欲大其目，平其心，以断千古之是非，宜其指铁为金，认贼为子，而不自知其非也。若夫点铁成金之譬，施之有教无类、迁善改过之事则可，至于古人已往之迹，则其为金为铁，固有定形，而非后人口舌议论所能改易久矣。今乃欲追点功利之铁，以成道义之金，不惟费却闲心力，无补于既往，正恐碍却正知见，有害于方来也。若谓汉唐以下便是真金，则固无待于点化，而其实又有大不然者。盖圣人者，金中之金也；学圣人而不至者，金中犹有铁也。汉祖、唐宗用心行事之合理者，铁中之金也；曹操、刘裕之徒，则铁而已矣。夫金中之金，乃天命之固然，非由外铄，淘择不净，犹有可憾。今乃

① 《陈亮集》卷之二十八《又乙巳春书之二》，第277页。

无故必欲弃舍自家光明宝藏，而奔走道路，向铁炉边查矿中拨取零金，不亦误乎？[①]

朱熹这一段话意思集中，层层递进，在这里予以分疏：

朱熹认为，首先，古之圣贤，就是有完美人格的，整体上比凡人高出不知凡几，所谓“彻头彻尾无不尽善”。后来的英雄，便不行了，只在名利场中出没，如果做得好，不过是与圣贤部分暗合。其次，他认为今天我们评判人物，如果只看表面的功绩，不看其本心，见到一般的英雄有些功绩，便说圣人也不过如此，那就会“毫厘之差，千里之谬”。所以圣人虽然目大心平，考虑事情眼界阔大，但在原则性的问题，即所谓“天理人欲之分”上，则必须“毫厘必计、丝发不差”。再次，他将圣人与一般的人截然分开，以为圣人是“金中之金”，而“学圣人而不至者，金中犹有铁也”。汉高祖、唐太宗是铁中犹有金；曹操、刘裕之徒，则铁而已矣。如果现在舍弃真金，而在铁炉边寻觅零碎金子，不是大误了吗？

三、理想人生观

这里暴露出陈亮和朱熹在理想人生观点上的截然不同。在朱熹的思想中，人生为或可能为一纯而又纯的物体，是遍体无瑕的宝玉。人生的理想境界是无一丝错误的圣贤。人是可能做圣贤的，只要他坚守“人心唯危，道心唯微，唯精唯一，允执厥中”这十六字心法，便就是大英雄。大英雄“却是从战战兢兢、临深履薄处做将出来，若是血气粗豪，却一点使不着也”。[②]而陈亮看人，则从现实出发，将人视为矛盾的统一体，将现实视为复杂的运动，而推崇的君子之道则为“波流奔迸，利欲万端，宛转于其中而能察其真心之所在者”。他用讽刺的口吻描绘自以为纯净的儒生说：“万虑不作，全体洁白，而曰真心在焉者，此始学之事耳”；[③]“三三两两，附耳而语，有同告密；画界而立，一似结坛，尽绝一世之人于门外，而谓二千年之君子皆盲眼不可点洗，二千年之天地日月若

① 〔宋〕朱熹：《寄陈同甫书》，《陈亮集》卷之二十八，第292页。

② 〔宋〕朱熹：《寄陈同甫书》，《陈亮集》卷之二十八，第294页。

③ 〔宋〕朱熹：《寄陈同甫书》，《陈亮集》卷之二十八《又乙巳春书之二》，第277页。

有若无，世界皆是利欲，斯道之不绝者仅如缕耳。此英雄豪杰所以自绝于门外，以为立功建业别是法门，这些好说话且与留着妆景足矣”[①]。陈亮大胆地提出了做人的新目标——“成人”。学习，就是学做人，而学做人，不一定非得做儒生。“学者，所以学为人也，而岂必其儒哉！”[②]这种人生成才理念，对朱熹简直是一个根本性的挑战。在陈亮看来，一个人只要能建功立业，对社会有所贡献就很好，比空谈性命理气、仁义道德的空头演说家要好上不知多少。相比起来，陈亮的人生观比较阔大，不固守于单一的模式，较符合人生的实际。

四、世界观

这里世界观的意思，不是唯物与唯心的对立，而是指一个世界是否受一人或一派意志的操纵，或者说，这个世界是不是应该一定要受某种观点的指导才能运行。我们先看一段陈亮的话：

> 道之在天下，至公而已矣。屈回琐碎皆私意也。天下之情伪，岂一人之智虑所能尽防哉？就能防之，亦非圣人所愿为也。《礼》曰：“人藏其心，不可测度也。美恶皆在其心，不见其色也。欲一以穷之，舍礼何以哉！”惟其止于理，则彼此皆可知尔；若各用其智，则迭相上下而岂有穷乎？圣人之于天下，时行而已矣，逆计、预防皆私意也。天运之无穷，岂一人之私智所能曲周哉？就能周之，亦非圣人之所愿为也。易有太极而生两仪，两仪生四象，四象生八卦，八卦定吉凶，吉凶生大业，故圣人先天而天弗违，后天而奉天时。先天者，所以开此理也，岂逆计预防之云乎！”[③]

这一段话实在是石破天惊！陈亮在这里提出了天下至公的概念。

哪怕在一些今人的观念中，世界应该为一种理念所指导好像也是正常的。但是陈亮在这里提出，天下是大家的，天下的弊病也绝不是靠一个人的思虑所能防范的。下面一句话更为关键——陈亮说，即使可以靠一个人的力量防范天

① 《陈亮集》卷之二十八《又乙巳秋书》，第279页。

② 《陈亮集》卷之二十八《又乙巳春书之一》，第275页。

③ 《陈亮集》卷之二十八《丙午复朱元晦秘书书》，第281页。

下的弊病，圣人也绝不愿意那样做。天的运行，是无穷无尽的，绝不是凭一个人的聪明才智能够安排妥当的。即使能安排妥当，圣人也绝不愿意那样做。

古往今来，有多少伟大的思想家、政治家，为了百姓的幸福奋斗终身。他们的诚意与斗志，有时无可非议，但他们经常犯一个陈亮指责的错误，即以一己的意志代替众人的意志，以一己的观点取代众人的观点，以为只要离开了他的路线，一切就会不可收拾、一败涂地，大众就会在黑暗中摸索。陈亮则相反，他以为，天下是大家的，大家都有思想和行动的权利。哪怕某个人全对，也不能据此而限制大家的思想与行为。在这里，陈亮显露出了众生平等的思想光辉。而且这种众生平等，与其说来自佛教的宗教理念，还不如说来自陈亮生活的日常环境。本书的开篇即已说过，永康艰苦的自然环境，使得每一个生活在这块土地上的人，只能按照自己的思路，依靠自己的力量，去求生存、谋发展，任何一个清官、长者，都无力规划和负责众人的生涯。正是这种真实的生命状况，才催生了陈亮这种平等、多元的思想。如此，在思想界，陈亮这样提出了他的多元论，而且这种多元论非常彻底：不能因为一种思想对了就不允许提出别的思想，特别是世界不应屈从于某一个人的思想，因为世界是大家的。陈亮的原意确确实实是如此，笔者在这里绝没有任意发挥。只有那些墨守成规、庸俗狭隘的人，才会对陈亮的伟岸心存不解，因而拒斥。

陈亮的天下至公论还有另一个侧面，那就是认为历史是公开演化的过程，历史不可能欺骗人、蒙混人。所以他反复与朱熹辩难，认为历史的运行已经展示了它内部的合理性：

> 夫心之用有不尽而无常泯，法之文有不备而无常废。人之所以与天地并立而为三者，非天地常独运而人为有息也，人不立则天地不能以独运，舍天地则无以为道矣。夫“不为尧存，不为桀亡”者，非谓其舍人而为道也，若谓道之存亡非人所能与，则舍人可以为道，而释氏之言不诬矣。使人人可以为尧，万世皆尧，则道岂不光明盛大于天下？使人人无异于桀，则人纪不可修，天地不可立，而道之废亦已久矣。天地而可架漏过时，则块然一物也；人心而可牵补度日，则半死半活之虫也。道于何处而常不息

哉？唯圣为能尽伦，自余于伦有不尽，而非尽欺人以为伦也；唯王为能尽制，自余于制有不尽，而非尽罔世以为制也。欺人者人常欺之，罔世者人常罔之，乌有欺罔而可以得人长世者乎！①

心有时而泯可也，而谓千五百年常泯可乎？法有时而废可也，而谓千五百年常废可乎？②

天地之间，任何非道？赫日当空，处处光明。闭眼之人，开眼即是。岂举世皆盲，便不可与共此光明乎？眼盲者摸索得着，故谓之暗合，不应两千年之间有眼皆盲也。③

长久以来，中外思想界都存在过一种“阴谋论”。这种东西在严格意义上或许不能作思想，但可以称为思想的雏形，它在世界上泛滥甚广。它认为，历史有时是一种阴谋的产物，世界有可能被阴谋全体屏蔽。一个人、一个集团、一个国家，可以处心积虑，长期进行一项阴谋，让天下之人坠其彀中而不知，而且时间可以延续很长，范围可以极广。在持这种观点的人看来，世界的秘密在于阴谋，而阴谋则完全是主观的产物，顺理成章的意思是某个人、某个集团、某个国家的秘密意图可以主宰世界。

不能说朱熹也有“阴谋论”，但朱熹有“世无仲尼，万古长如夜”的倾向是肯定的，尤其他对孟子以来正道不传的错误更是痛心疾首，所以宋儒们才建立了一个“道统”，即从尧、舜、禹，到孔、孟。而后自孟子以后，千余年来，世界一片黑暗，“孟子既没，而世不复知有此学”。以为世间正理，唯儒者得之，即儒宗才知天地之道，余皆不与也。这种认为某人某派独占正派、正确的观念，确实与平等的理念不相容。

---

① 《陈亮集》卷之二十八《又乙巳春书之一》，第273—274页。

② 《陈亮集》卷之二十八《又乙巳春书之二》，第277页。

③ 《陈亮集》卷之二十八《又乙巳秋书》，第279页。

时评论争

对这场影响千年的理论学术论争，当时的学术界不能不有所反应。在陈亮自己，亦曾自道“欲为免死之计，见世之有力者亦使一读之”。①这里的“世之有力者”，很可能指的是陈傅良。陈傅良（1137—1203），字君举，学者称止斋先生，温州瑞安人。陈亮“在太学，尝与陈止斋等同为芮祭酒（烨）门人”②。两人相交至深。因同姓，陈亮尝以“族兄”③称之。

在笔者看来，陈傅良对朱、陈论争的概括，实在是十分贴切地总结出了论争的要点。在肯定这番议论如此“甚盛甚盛”后，他说：

> 以不肖者妄论：功到成处，便是有德；事到济处，便是有理，此老兄之说也。如此，则三代圣贤枉作功夫。
>
> 功有适成，何必有法；事有偶济，何必有理，此朱丈之说也。如此，则汉祖唐宗贤于盗贼不远。

陈傅良并指出了两人观点的缺陷：

> 以三代圣贤枉作工夫，则是人力可以独运；以汉祖唐宗贤于盗贼不远，则是天命可以苟得。谓人力可以独运，其弊，上无兢畏之君；谓天命可以苟得，其弊，下有觊觎之臣。二君子立论，不免于为骄君乱臣之地，窃所未安也。

但是陈傅良判定陈亮在修辞上输朱熹一头：

---

① 《陈亮集》卷之二十八《丙午复朱元晦秘书书》，第280页。

② 〔清〕黄宗羲：《宋元学案·龙川学案》，见《黄宗羲全集》第五册，第214页。

③ 参见《陈亮集》卷之二十九《与范东叔龙图》，第305页。

> 朱丈占得地段平正，有以逸待劳之气。老兄跳踉号呼，拥戈直上，而无修辞之功，较是输他一着也。[①]

陈傅良个性谨厚，议论质实，与陈亮的脾气并不类似，再加儒家“温良恭俭让”的传统，所以他这样评判，也很可以理解。简单地说，他以为朱、陈两人观点，各有漏洞，但气概上，陈亮毕竟略逊。谁知此平心静气之语，使得陈亮大为着急。接到陈傅良的书信后，陈亮应是在乙巳年（1185）秋天，在给朱熹去信（即《又乙巳秋书》）后，急急忙忙给陈傅良去了一封信。与陈傅良书无系年，为什么说这两封信写于同一时期呢？除开信中所论事情、所用词句大略相近外，陈亮那一次给朱熹送去寿礼若干：“小词一阕，香两片，川笔十支，川墨一铤”“楞蒲一缣”“雪梨石榴四十颗”[②]；给陈傅良送去“雪梨、甜榴各一篰”[③]。给两人送的水果竟然一模一样，而八百多年前的乡村绝非拥有超市可以随意挑拣。估计那一年乡间雪梨、石榴丰收，品质上佳，陈亮遂取来充礼物之用。陈亮说：

> 亮与朱元晦所论，本非为三代、汉、唐设，且欲明此道在天地间如明星皎月，闭眼之人开眼即是，安得有所谓暗合者乎！天理人欲岂是同出而异用？只是情之流乃为人欲耳，人欲如何主持得世界！亮之论乃与天地日月雪冤，而尊兄乃名［之］以跳踉叫呼，拥戈直上；元晦之论只是与二程主张门户，而尊兄乃名之以正大，且占得地步平正，有以逸待劳之气。嗟乎冤哉！吾兄为一世儒者巨擘，其论已如此，在亮便应闭口藏舌，不复更下注脚；终念有怀不尽，非二十年相聚之本旨，聊复云云。更录元晦答书与亮前日再与渠书，更为详复一看，莫更伸理前说？若其论终不契，自此可以一笔勾断矣。[④]

---

① 《陈亮集》卷之二十九，第311页。

② 《陈亮集》卷之二十八《又乙巳秋书》，第278页。

③④ 《陈亮集》卷之二十九《与陈君举》，第309页。

陈傅良后来再复一书，书谓：

> 且汉唐事业，若说并无分毫扶助正道，教谁肯伏！孔孟劳忉与管仲、百里奚分疏，亦太浅矣。暗合两字，如何断人？识得三两分，便有三两分功用；识得六七分，便有六七分功用。却有全然识了，为作不行，放低一着之理；决无全然不识，横作竖作，偶然撞着之理。此亦分晓，不须多论。但老兄任直，不能廉纤自占便宜，其间时有漏气言语。元晦执以见攻，盖是忠爱，然亦缘要攻老兄漏气去处，遂把话头脱体蹉过。此劣弟愚陋之见，若两家元不是如此，则是智不足以知两家耳，初非有轻重抑扬之论也。[①]

那个曾经讽刺挖苦过陈亮，后来又可说共患难的吕皓，此时也将朱、陈两人的争论作了一番分类、整理，突出了争论的重点，写了几万字的一篇文章，送给叶适看，希望叶适作一评论，有所指点。叶适给吕皓写了一封简短的回信说：两人讨论如此精细，我难道真不能说上关键性的一两句评论？只是他们自己持论未定，我如果去下注脚，只是自取烦恼。作为陈亮的挚友之一，叶适终于没有发表任何意见。

> 某犹及接东莱、晦庵二老之流风焉。公时盛年……某尝暇日取龙川陈公与晦庵朱公往复辩说王霸之淳驳与夫汉唐之要略，推折而錙铢之，疏其目为书几万言，而求正于公焉。而公复书谓："讨论精确如此，某岂不能赞一语之决？要是而前人各持论未定，不欲更注脚，徒自取烦聒耳。"[②]

在与朱熹论争的过程中，陈亮比起朱熹来，承受了更多的压力。朱熹名满天下，学生众多。这些学生以继往圣之绝学之自信，常有对不同意其观点的学人有意气用事者。陈一之告诉陈亮，任太常博士的张体仁，每次读到陈亮写给

---

① 《陈亮集》卷之二十九，第312页。

② 《云溪稿》，《水心叶先生哀辞》。

朱熹的信，都怒发冲冠，以为是异端邪说。他如见陈亮来，便马上走开，不与共坐。[①]而陆九渊的学生，也曾因朱熹不同意陆九渊的观点对朱熹极不礼貌，可见中国的学界自古开始也多有不依学理、意气用事者。但是陈亮自信满满，毫不气馁，坚持自己所见，于淳熙十三年（1186）再次给朱熹写长信。但这时朱熹觉得该说的话都已说完，再行论战，也没意思了。他只告诉陈亮，应该穷理修身，学取圣贤事业，以后穷则独善其身，达则兼济天下，才不枉作一个人。[②]像这种套话式的劝诫，都是有深意且打击陈亮痛处的，因为陈亮坐过牢，穷则未能独善其身。

陈亮作为单独的个人，在与朱熹的论战中固然未占得上风，但在当时的学术界，毕竟代表了浙东的思想潮流。这种功利思想潮流之泛滥程度，在从福建来的朱熹看来，尤为触目惊心。淳熙八年（1181）朱熹第一次来浙东，就明显地觉察到浙东的风气迥异于福建，关键是有弊病：一是浙东靠近都城，受官府的压榨极深，民不聊生；二是时弊，指的是浙东的人心不好，讲功利不讲道法，而浙东学者还到处宣扬功利主义观点，害世匪浅。[③]在这里，浙东的功利主义理论，一开始还不是指的陈亮，而是指吕祖谦及吕祖谦的弟弟、学生一流。他还说，学者通常有两类：一类死读书，只相信书本；一类不读书，但陈亮是逸出两类之外的，只求立异。[④]而浙中学者，死读书的甚少，言下之意是他们轻视儒家的伦理道德之说。我们于此中已可窥当时浙东之学的一个基本特点了，那就是：讲实际，重史鉴，论功利，贱礼法。应该说，这种功利主义以陈亮为一代表人物，却非陈亮所创。它应该与浙东的生产环境、风土人情、百姓习俗等密切相关，与中国文化中注重现实、讲究效用那一支思想传统密切相关，而由浙江诸多学者集体认同、个别杰出思想家概括升华的一种思想学说，有着深厚的现实基础和广泛的群众基础。要从思想上完全驳倒这一种学说，应该说是很难的，甚至是不可能的。

---

① 《陈亮集》卷之二十八《丙午复朱元晦秘书书》，第281页。

② 参见〔宋〕朱熹：《寄陈同甫书》，《陈亮集》卷之二十八，第293页。

③ 参见《朱子大传》，第554页。

④ 参见《朱子语类》卷一二二，第2958页。

今评论争

事隔近千年，在天翻地覆之后，我们对朱、陈争论不休的论战也许有更平实、全面的看法。此容笔者略申己见如下：

首先，我要对两人的论战方式设一疑问。两人都为当世大儒，为何为一问题论战累年，竟觅不到一句相通的话语，难决高下，有时甚至出以负气话语？就是今天的我们，即使对宋儒理学没有高深的学识素养，但只要平心静气，细细思量，即可看出两人的争论，实出于立场与方法的根本不同。他俩表面上说的是一事，其实实际说的不是一事。如此，两人经久不息的争论，又怎么能够达到某个共通点？20世纪西方哲学有言，历史上相持已久的争论，大多属于假问题，原因仅仅是语言不明晰，概念不统一。朱、陈两人的争论是不是属于这种情况呢？我们中国古代的思想争论，自墨子以后就很少讲概念，讲逻辑，大多只凭各自的灵光一闪，申说自己一方的观点，而不是细心地去体察对方的观点及其依据，更不能理解对方的立场等更根本性的分野，所以，经常会出现答非所问、攻非所论的情形。古代文化论争之陋，于此可见一斑。如果我们想到儒家的祖宗之一孟子，事情当会更加明白。《孟子》一书，充满辩难，但是不守论争基本规矩之处比比皆是，如时时胡搅蛮缠，不过瘾了干脆予以大骂，或将对方贬到畜生的水平，"无父无君，是禽兽也"。[①]儒家的祖宗之一开创了论争的恶劣范式，给后世的书生提供了极坏的榜样。时至今日，流毒匪浅。只有经过西学的洗礼，经过论争模式的彻底更新，中国文化才能更上一层楼。

其次，从立场上看，陈亮为一现实主义者，朱熹为一理想主义者。这个基本的立场差异决定了论战必然无结果。

陈亮为一现实主义者显而易见。他喜欢读史，立论偏向于从历史事实中找依据，评判一个人主张看他的行动而非主要凭据他的内心想法。朱熹则恰恰相反，他最反对浙江学者读史，认为经是永恒不变的至道，而历史经常偏离正道

① 《孟子·滕文公章句下》。

而行，所以不应当作为立论的依据，评判一个人应该看他的内心，而不应该根据外在的功利，即“正其谊不计其利，明其道不计其功”。对人和社会的基本看法，两人也是南辕北辙：朱熹继承孟子人性善的观点，以为只要正心诚意，一步步在自身修养上下功夫，人必能达到圣人的境界；而社会自上古三代纯洁无瑕，后世尚力争霸，污秽肮脏，统治者能在道德上下功夫，表率天下，任用纯臣，复原上古三代的盛貌，亦不是不可能。而陈亮则以为：“才有人心，便有许多不净洁”，帝王以天下为己有，自私之心显豁，亦是可以理解之事，而未来社会能否全线光明，亦非陈亮所能考虑之事，他的目的是解决目前所面临之最大问题。两人立场明显的不同，我想任何一个略涉这场争论的人都可以一眼看出。

现实主义和理想主义的不同立场是否可以相通？换言之，作为一个个体的学者，就他的学术立场而言是否真能做到现实与理想、历史与逻辑的统一？这也是时至今天仍然面临的问题。

诚然，作为一个学者，理想主义与现实主义的立场一定要兼有。现实主义者如果没有一个理想的信念，也无从去评判现实、改革现状；一个理想主义者如不从现实出发，也就无从提出社会的发展方向，必将无的放矢，空忙一场。但是，作为个体的学者在研究世界时，必有他独特的立场和视角。也只有从独特立场和视角出发观察世界真有所得，他才能算是真正的学者。一个依循旁人立场、视角，四处浏览、浅尝辄止的学者，是不可能做出真正的学术贡献的。从这个意义上说，一个学者一生有一真正的发现，已经十分了不起。他的价值也正在于此。一个学者对世界作出全面系统的观察，得出全盘正确的结论，那是不可能发生的，人类的认识活动天生有着多种局限，立场和视角的专一便是一种。没有专一的立场和视角，便不太会有独到的发现；不满于专一的立场和视角，什么视角都想尝试，反而博而不精，无法深入下去，也就无法有精深的发现。所以，从这个角度说，理想主义者与现实主义者尽管立场不一，视角不一，但如果他们能真正在观察、分析世界上做出成绩，那都是具有独特价值的，在认识世界上起互补作用。在这一点上，不存在谁高谁低的问题。他们的贡献也与他们的缺陷紧紧绑在一起，取消了某个主要缺陷，也会取消了他的所长。

陈亮与朱熹，如能明了自己的立场、视角和方法，我想不会再产生那么剧烈的争论。他们应该会安于现状，承认对方的长处，研究自己的短处，然后更专注于自己的发现，而不会妄想对方转而同意自己的观点，支持自己的看法。他们会在自己的理论领域作出更深刻的思考，得出更有创见的发现。那是一幅和谐完美的理论世界图画，可惜我们的古人无法绘出。

韦政通评论陈、朱论争时说："这个争论，基本上是英雄主义和道德主义的一次对决。历史上的所谓英雄，往往是因为他具有较为特殊的生命气质，能推测，能开拓，这种人物有强烈的权力欲，道德意识通常都相当薄弱。由道德标准看英雄，根本是风马牛不相及。由英雄主义者看道德，其不相及的情形也相差不多。所以这种辩论，注定是各说各话，尽管尔来我往，却越说越远。"①

再进一步，两人在各自的论证上，都还存在许多粗疏之处：朱熹描绘的是一个理想的应然世界，所以他的论证途径显然不可能取材于史，他说："尝谓天理、人欲两字，不必求之于古今王霸之迹，但反之于吾心义利邪正之间，察之愈密则其见之愈明，持之愈严则其发之愈勇。"②但是史迹易明，心迹难知，尤其难与他人分说，所以朱熹的论证，唯有取例于遥远的上古三代及理想化了的圣贤，说来说去是缺乏现实世界的可证性。他论人的修养，则以圣人为指引，要求人做到毫无瑕疵，"凡其所行，无一事之不得其中，而于天下国家无所处而不当"③。而同时他也承认，这样的人才自孟子以后已不复见。陈亮处理的是一个现实世界。朱熹所说的三代理想、圣人完美，陈亮虽然也同意，因为那是传统中国长久以来的习惯看法，但他心里有时不能不怀疑那种完美是否真的曾经存在："秘书以为三代以前都无利欲，都无要富贵底人，今《诗》《书》载得如此净洁，只此是正大本子。亮以为，才有人心便有许多不净洁，革道止于革面，亦有不尽概圣人之心者。圣贤建立于前，后嗣承庇于后，又经孔子一洗，故得如此净洁。"④在这里，他直言不讳地指出，上古三代的净洁是由孔子美化而成。这种石破天惊的看法到20世纪才得到历史学界的支持。今人的研究表明，周代

① 韦政通：《中国思想史》（下），上海书店出版社2003年版，第845页。

② 〔宋〕朱熹：《寄陈同甫书》，《陈亮集》卷之二十八，第286页。

③ 〔宋〕朱熹：《寄陈同甫书》，《陈亮集》卷之二十八，第289页。

④ 《陈亮集》卷之二十八《又乙巳秋书》，第279页。

的统治至少异常残酷，古代文献中记载的多经矫饰。但是陈亮在论争中也部分承认朱熹的道德观念。问题是，当判定汉高祖、唐太宗的功过是非时，你能知道他们的所作所为有几分出于本心，有几分出于不得已？含含糊糊地以外在功业判定他们的伟大，同时又承认他们不如三代，当然得不到朱熹的赞同。他俩都想用自己的理论解释一切，用自己的理论包容对方的理论，殊不知这两种理论，分则两利，合则两伤。从各种影响看都是如此。

最后一点，是从地方文化的角度来看，两人论争也有其不可调和性。朱熹生活在江西、福建、安徽等地，那几处地方的文化特质，笔者缺少从感性到理性的体会和认识，不敢妄言。但当朱熹与浙江的学者们接触时，当朱熹来到浙江为官时，他明显地感觉到浙江思想的显著特点，由此也引起了他对浙学学术的猛烈批判。朱熹后来说：

陈同甫学已行到江西。浙人信向已多。家家谈王伯，不说萧何、张良，只说王猛；不说孔孟，只说文中子。可畏，可畏！①

朱熹还说：

江西之学只是禅，浙学却全是功利。禅学，后来学者摸索一上，无可摸索，自会转去。若功利，则学者习之，便可见效，此意甚可忧！②

郑子上问："昨日所说，浙中士君子多要回互，以避矫激之名，莫学颜子之浑厚否？"曰："浑厚自是浑厚。今浙中人只学一般回互底心意，不是浑厚。浑厚是可做便做，不计利害之谓。今浙中人却是计利害太甚，做成回互耳，其弊至于可以得利者无不为。"③

---

①《朱子语类》卷一二三，第2966页。

②《朱子语类》卷一二三，第2967页。

③《朱子语类》卷一二二，第2958页。

浙学的面目，本来也要由来自外乡的学术大家来揭示。朱熹的批判从某个方面更为准确地抓住了浙学的特点。但我们要说，浙学的特点，应该不是浙江学人在书斋中闭门造车，它是某一地区的人民在某一特定的自然、社会生活条件中的生活实践的反映和概括。不错，浙东学术讲功利，讲实用，其弊病在于无法做纯粹的学术思辨，不够博大精深，没有筑就宏伟的学术殿堂。但其利在于重视现实，能牢牢地立身于现实生活基础之中，对人们的自信、自决、自立，有着极强的鼓励作用。在时隔八百年的今天，这种区别甚至表现得更为清晰。

陈亮的其他特异思想

作为一个思想家，陈亮还对社会、经济、教育、军事、法制等各方面做过深邃的思考。这里说说最为主要的几点：

第一是陈亮一向被当作鼓吹农商平等的思想家，他简直为农业社会向工业社会转型提供了理论准备。与其说陈亮批判了重农抑商的传统儒家观念，还不如说他是和谐社会的较早提倡者更为妥当。让我们读读他的《四弊》一文中的片段：

> 古者官民一家也，农商一事也。上下相恤，有无相通，民病则求之官，国病则资诸民。商藉农而立，农赖商而行，求以相补，而非求以相病，则良法美意何尝一日不行于天下哉！……后世官与民不复相知，农与商不复相资以为用，求以自利，而不恤其相病，故官常以民为难治，民常以官为厉己。农商眄眄相视，以虞其龙断而已。利之所在，何往而不可为哉！故朝廷立法日以密，而士大夫论其利害日以详，然终无补于其事者，上下不复相恤也。[①]

① 《陈亮集》卷之十一《四弊》，第111页。

“农商一事”，“商藉农而立，农赖商而行”，是后人评价陈亮重视商业的主要依据。当然，这段话透出了一些新的信息，对传统的重农抑商确实是某种超越。但细读此段文字，明显可以看出，陈亮的重点绝不在强调商业的新的重要性，而是抨击当时社会的逐利风气。为了逐利，各个阶层不惜牺牲别的阶层的利益，专管自己攫取，这种自私的做法无疑损害了全社会的利益。在传统中国，官与民对立，始终是那个社会的主要矛盾。陈亮在这里还提出“官民一家”。他希望官员更多地考虑百姓的实际利益，为社会的和谐提供必要的基础。尤其是在接下去的文字中，陈亮提出的解决方案，是“郡县略就从容，而后示以官民相恤之义，不待夫事为之法，而犹可济也”。他希望地方政府对百姓早做让步，中心是要解决地方政府财政短缺，为国家施行大事做好准备。过分拔高陈亮的重商思想，窃以为大可不必。肯定陈亮平等相待社会各阶层，具有一定程度上的平等观念，似更符合陈亮的原意。

第二是陈亮在思想上对待学术“异端”的态度。自孔子倡“异端”之说，西汉罢黜百家独尊儒术，宋儒排释攻老，中国思想界已成一马长啸、万马齐喑之恶劣风气。在这样的情形下，陈亮之《子房贾生孔明魏征（徵）何以学异端》一文饶有新意：

> 异端之学，何所从起乎？起于上古之阔略，而成于春秋战国之君子。伤周制之过详，忧世变之难救，各以己见而求圣人之道，得其一说，附之古而崛起于今者也。①

陈亮以为异端之学，如老、庄、中、韩、许行、墨翟等学说，其始作之人也自以为非异端。但毕竟背于圣人之道，不可以学。然则一个明显的事实是，汉唐贤臣如张良、贾谊、诸葛亮、魏徵等人都曾学过异端，这又该如何解释？在这里，陈亮作出了一个英雄主义的说明：

① 《陈亮集》卷之十一《子房贾生孔明魏征（徵）何以学异端》，第100页。

> 夫豪杰之士虽无文王犹兴。天资既高，目力自异，得一书而读之，其颖脱独见之地不能逃，而背戾之所亦不能以惑我也。得其颖脱而不惑乎背戾，一旦出而见于设施，如兔之脱，如鹘之击，成天下之骏功而莫能御之者，此岂有得于异端之学哉？其说有以触吾之机耳。使圣人之道未散，而六经之学尚明，极其天资、目力之所至，伏而读其书，以与一世共之，当掩后世之名臣而夺之气，而与三代之贤比隆矣。[①]

陈亮把豪杰之士学习异端的原因归咎于天下已变的情势。春秋战国以来，圣人之道已散，六经之道不明，豪杰只有并观异端，借以砥砺自己。关键在于这些杰出之士，天资既高，目力自异，读异端之书，尽可收为己用而不为异端所迷，所谓“未可以一书而律之也”。他认为这些豪杰，如游于孔子之门，会远远超过孔子的学生。正是用这样的表达方式，陈亮驱除了人们对于异端的疑虑。

陈亮自视豪杰，在他自己而言，对待异端并不算一件什么大事。只是问题接踵而来，是陈亮认为唯有英雄才可以读异端之书同时不会被异端所害呢，还是他认为学术研究应当允许更多的声音出现？现在看来，两者应兼而有之。在另一处，陈亮说：

> 今天下之习，日趋于轻浮变诈矣。老聃之思虑，孔氏之遗法，周末忧世之君子，各致其说以救时弊者，可以区别而用之与？[②]

在《问皇帝王霸之道》一文中，陈亮将古今之治道，概括为皇道、帝道、王道、霸道四类。伏羲、神农之道，谓之皇道；黄帝、尧、舜之道，谓之帝道；禹、汤、文、武之道，谓之王道；王霸之道，谓之霸道。至孔子叙《书》，已不言皇道；到子思，已略帝道；到汉代已以霸王之道杂之。“儒者专言王道，而趋事功者必曰王霸之杂。”“本朝专用儒治天下，而王道之说始一矣，然而德泽有

---

① 《陈亮集》卷之十一《子房贾生孔明魏征（徵）何以学异端》，第100页。

② 《陈亮集》卷之十五《问古今文质之弊》，第134页。

余而事功不足，老成持重之士犹知病之，而富国强兵之说，于是出为时用，以济儒道之所不及。”他的结论是：“王霸之杂，事功之会，有可以裨王道之阙而出乎富强外者，愿与诸君通古今而论之，以待上之采择。”[①]

以上论述，均证明陈亮对儒学以外甚至霸道以外的学说都广有兴趣。他认为，只要有用，什么学说都可以研究，都可以为我所用，并不存在什么先天性的禁区和界限。这种广阔的视野和包容的胸襟很少为当世所法。时至今日，陈亮此方面的思想仍很值得研究和学习。

然而，问题仍有，问题不在于陈亮的视野，而在于陈亮选择学术思想的标准，在他的一贯思路，“以适用为主”是无时无地不坚持的标准。换言之，彻底的实用主义，是指导他学术研究的最高标准。当然我们知道，陈亮一辈子都在为富国强兵而思索、而奋斗。这个目标，无可非议。然而，这种彻底的实用主义，必然也会极大地束缚思想和研究的自由。这是致力于实用的陈亮所未意识到的，也是陈亮未能彻底拓宽学术视界、提倡思想多元的关键所在。今日研究陈亮，当在此点上牢记教训。

第三，也是笔者着力要说的，是陈亮在研究政治、经济诸领域的用力所在。

陈亮在政治、经济、教育、军事、官制、法制等领域，都作过独到的研究，毫不留情地指出其中的弊病，并提出种种改革措施。关于这些方面，前人及时人有很多的阐述。[②]但是，有一点一直来似乎未有人展开专门研究，而那恰恰是陈亮在研究所有社会问题时的一贯思路，就是陈亮在论述所有王朝时都涉及的永恒问题。陈亮研究任何领域，都是从这个思路出发。而从这个思路出发，也总能抓住某一领域的关键问题。

还是先举一个实在的例子：

艺祖立法之初，糊名、誊录未尽用，与其他所以防禁之严未尽举，而进士高第多为时名臣；磨勘、年劳未尽立，与其所以升转之格未尽定，而

① 《陈亮集》卷之十五《问皇帝王霸之道》，第136页。
② 参阅董平《陈亮评传》及《陈亮研究：永康学派与浙江精神》有关部分。

当官任职皆有以自见。……其后防人之多私而法日密，无其人而欲法之自行，盖取士任官不胜于条目之多，而人愈苟且。[①]

糊名、誊录，是科举考试中防止舞弊而隐去姓名和笔迹，以使取人公正的方法；磨勘、年劳，是官员选拔中保证公正公平的考核方法。宋朝开创时期不用这些方法，取中的士人多为一代名臣，提拔的官员也多卓然有绩。后来搞了许多规定，取中的人才却越来越少，官员也越来越惰怠。为什么一个朝代初始，大胆行事，无往不利，而越到后来，人心日益细密，做的事却越来越糟，选拔的人才越来越坏？据陈亮的研究，举凡各个领域，竟无不如是！

陈亮还发现，从一个朝代看是如此，而从某一项制度看，自创立以来的演变过程也是如此。比如说官员的选拔，“有察举而后有铨选，有铨选而后有资格。天下之变日趋于下，而天下之法日趋于详也”。可是越详流弊越多，怎样才能恢复祖宗时的切实效果？这是困扰陈亮的所有社会问题观察研究的关键。——我们读后世的历史，觉得黄炎培问毛泽东的一段话差可比拟：

六十八岁的黄炎培在延安时，直言相问毛泽东：“我生六十余年，耳闻的不说，所亲眼见到的，真所谓‘其兴也浡焉，其亡也忽焉’，一人，一家，一团体，一地方，乃至一国，不少单位都没能跳出这周期率的支配力。大凡初时聚精会神，没有一事不用心，没有一人不卖力，也许那时艰难困苦，只有从万死中觅取一生。既而环境渐渐好转了，精神也就渐渐放下了。有的因为历时长久，自然地惰性发作，由少数演为多数，到风气养成，虽有大力，无法扭转，并且无法补救。也有为了区域一步步扩大了，它的扩大，有的出于自然发展，有的为功业欲所驱使，强于发展，到干部人才渐见竭蹶、艰于应付的时候，环境倒越加复杂起来了，控力不免趋于薄弱了。一部历史，政怠宦成的也有，人亡政息的也有，求荣取辱的也有，总之没有能跳出这周期率。”

五十三岁的毛泽东肃然相答：“我们已经找到了新路，我们能跳出这周期率。这条新路，就是民主。只有让人民起来监督政府，政府才不敢松懈。只有

① 《陈亮集》卷之十一《人法》，第99页。

人人起来负责，才不会人亡政息。”[①]

回首八百年前的陈亮，一生也被这一问题深深困扰：为何一朝初起势如破竹，运行到中期却困难重重？陈亮身当南宋中期，虽有力挽狂澜之决心与气魄，但也不能抑制胸中那一股来自冥冥之中的悲凉意绪：天命真可抗吗？

就在笔者写下该页文字的时候，心中也久久荡漾着这个巨大的疑问。陈亮当然不可能完美地解答这个疑问，他只是一而再再而三地反复提出。中国历史进程中的某一思想者，如能应陈亮的设疑批亢捣虚，持见辟疑，无疑可视为摘取皇冠上之明珠的伟人。

① 黄炎培：《延安归来》，转引自黄方毅：《破解历史宿命——纪念毛泽东与黄炎培延安对话60周年》，见《中国青年报》2005年7月20日第10版。

第七章　奋斗不息　终成状元

无功而返

陈亮才气无双，但因为文士能走的科举考试路子他暂时没走通，所以那时还得不到社会的认同，诚如叶适所说："使同甫晚不登进士第，则世终以为狼疾人矣。"[①]陈亮必须证明自己的不凡而非仅是大言炎炎者流，唯一的途径就是参加考试。

淳熙十四年（1187），陈亮去都城临安参考。但考试前，他不幸染上了病，很可能是一种传染病。拖着病体，陈亮坚持入考，但考完后实在是顶不住了，托人给家中带了信，让他的两个弟弟在钱塘江的渡口等着他。待到陈亮仓皇渡江，正好倒在弟弟们的怀中。兄弟相携，越四百里归家，他就倒在家中床上，一个月以后才开始吃饭。而让他更为痛心的是，他的庶弟陈明，竟从他身上染病，而且病死了。[②]他这个弟弟，字昭甫，为陈亮父与一个庶母所生。由于家贫，生下来才百余日，就抱给了张锐抚养。到他十七岁时，回到陈家。那一年陈亮二进太学，家境开始好转。陈明对这个哥哥，应该是尽了弟弟的本分：陈亮被人诬告入狱时，他前后奔忙，让陈亮觉得在最困难的时候有家人的支持和

① 〔宋〕叶适：《龙川文集序》，见《陈亮集》，第416页。

② 参见《陈亮集》卷之二十九《与周丞相》，第301页；《与章德茂侍郎》，第250页。

帮助；后来陈亮路遇群盗侥幸活命，好像也只有陈明为其奔走。陈明这一次竟从陈亮身上染病，不治身亡，时在该年二月廿三。陈亮真是痛不欲生，无以自辩。陈明十七岁时归家，应该是出于陈亮的意思；而这一次，在该年冬天的十二月十七日，陈亮只能将庶弟葬在父亲的陵墓边上了。他将几个儿子带上，一道跪在陈明的墓前，请陈明的亡魂聆听陈亮的心声：衣衾棺椁，都是我陈亮办的；以后岁时祭亲，你都会作为陈氏家人享受。而我陈亮也当告诫后人，一定将你当作陈氏家人，认祖归宗。[①]在那个时候，这是陈亮所能做到的最高礼遇了。

他的这一次参试又是无功而返。那一年，他给周必大丞相和章德茂侍郎都写过信，除了谈谈当年自己的不幸遭际，同时也不忘吐露有心报国的壮志。特别是周必大二月升为右丞相，由于周必大与理学士大夫关系较好，其政治主张也较倾向于积极有为，与执政多年、力求无事的王淮区别较大，陈亮的胸中又燃起了用世的激情。他决定于十月八日再去临安，拜见周必大与章德茂，吐露胸中大计，披肝沥胆，以冀一用。[②]

高宗驾崩

淳熙十四年（1187）十月初八，正好是陈亮进京会友的同一天，太上皇宋高宗崩。

余英时先生近作《朱熹的历史世界》，对宋孝宗的心路历程研究尤详。他指出，当初宋高宗未有子传位，在宋太祖的世系中定下孝宗继承皇位。而孝宗一方面决然以恢复为志，有担当天下兴亡、统一宇内八荒的雄心，但另一方面，他对高宗的传位毕竟心怀感激，因此不能不在“孝”这一字上尽心竭力。在孝宗即位至高宗驾崩这二十五年中，高宗一直在幕后干预政局。其间孝宗也曾发动过对金人的战争，但败绩后，孝宗转向内敛，而高宗的议和路线重占上风，

---

① 参见《陈亮集》卷之三十六《庶弟昭甫墓志铭》，第377页。

② 参见《陈亮集》卷之二十七，第250页；卷之二十九，第301—302页。

孝宗尽管心中不愿，但面对金人的实力和太上皇的压力，始终不能腾出手来从事恢复大计。从这个角度来看，陈亮的几次上书皆无功而返，当能更加明了。

其实，陈亮对孝宗的心事仍是有些了解的。他在《戊申再上孝宗皇帝书》中说：以前高宗皇帝年事已高，陛下不愿兴兵，恐惊动太上皇，所以压抑心志，专事奉养，此孝亘古未有。但现在太上皇既已仙去，天下之英雄豪杰皆仰首以观陛下之举动。陛下难道忍心让积聚了二十年的英雄豪气，尽归萧然无用吗？[①]

宋高宗驾崩之次日，宋廷即派使节向金告哀。金国首都，原在会宁府（今吉林阿城之南白城），后迁至燕京（今北京）。自临安至燕京，冬季行路，需两月余。淳熙十五年（1188）二月二十一日，金遣宣徽使蒲察克忠为宋吊祭使。宋廷前后为此事往金廷派了三批使节，金廷只派了一批。陈亮还听说，金使致祭之辞，寂寥简慢。陈亮按捺不住胸中的怒气，他认为，雪耻报仇的机会终于到了。

陈亮看到，在太上皇崩七天后，宋孝宗做出了一个令人意外的举动：为太上皇守孝三年。古人父母丧，须守丧三年，实际是以九个月为一年，共守丧三九二十七个月。皇帝守丧，则以日代月，守二十七天。太上皇赵构，在为宋徽宗守丧时，用的就是这套礼制。皇帝君临天下，政务繁忙，采取这条变通之计，很少受到质疑与批判。但为什么宋孝宗要自我作古、毅然决定守三年之丧？而且他多年受太上皇遥控掣肘，此时太上皇仙逝，他为什么不趁此机会，尽情展示自己的才华，落实恢复故土方略，而要大花时间精力于这传统而无效验的烦琐丧制上呢？

余英时先生在《朱熹的历史世界》中有一较新颖且能自圆其说的解释，姑综述如下：

宋孝宗对太上皇宋高宗怀着极致的感恩之情，但同时，潜意识中也隐藏着一种强烈的负面情感冲动。后一种因素，孝宗自己可能意识到，可能意识不到。但正是这种相反因素的剧烈冲突，促使宋孝宗在独自掌握政权后作出了一系列顺理成章的举动：守三年之丧，让太子参加政务，并禅位给太子光宗。

---

① 参见《陈亮集》卷之一《戊申再上孝宗皇帝书》，第12页。

宋孝宗对宋高宗的感激之情，见于各种文献，也很容易理解，其中关键原因当然是宋高宗在没有儿子嗣位的情况下，将他挑选出来，在经过长时间的考验和与他人的比较后，将皇帝的大位传给他，让他成为天下第一人。

但是抗拒的心理因素也正来源于此。宋孝宗于绍兴二年（1132）被选入宫中作为皇储，到绍兴三十二年（1162）登基，三十年中一直经历着如同在悬崖边上行走的严峻考验，稍有不慎，马上便会从高峰坠落到万丈深渊。他先后与另两人一同被选中为皇帝候选人，在漫长而充满细节的考验中胜出；然而在这期间，只要有一天高宗生子，他的所有努力立刻成为泡影。三十年的考验固然使他对高宗心存感激，但心中滋长一些潜意识中的反抗也是顺理成章。

问题更在于，在登基之后长达二十五年的时间中，孝宗一直生活在太上皇的阴影中。在人事等问题上，高宗其实一直进行着背后的掌控。而高宗对孝宗的恢复之计根本反对，主张以和取静的苟安局面。在此局面下，孝宗唯有压抑自己的真实冲动，以"天下未尝有难成之事，人主不可无坚忍之心"勉励自己。传说孝宗在宫中行走，常手持一漆杖。一天游后花园后，偶忘携带，令小太监去取，结果两个小太监拿得精疲力竭，因为这漆杖是精铁铸成，沉重异常。孝宗志在恢复，竟然卧薪尝胆如此。

等到太上皇死去，权力归于一人，此时孝宗的举动便充分暴露出内心的冲突：一方面，传统的伦理道德以及发自内心的感激，促使他表现出"孝"的种种举措；另一方面，对宋高宗潜意识中的不满偶尔会在夜深人静等时冒出。这种冒天下之大不韪，也严重违背孝宗表层意识的念头，使孝宗有强烈的犯罪感，在此情形下，他唯有用更严谨的守孝、更极端的"三年之丧"，向天下表露自己的心迹，并以此平息心头深处冒出的罪恶感。

同时，孝宗面临太子急待接位的重重压力。他的儿子光宗，乾道七年（1171）受皇太子册，已经十有六年，他年纪也已四十。孝宗接位时三十五岁，依此推断，光宗多年承受的心理压力绝不会比他父亲小。再加上光宗的夫人，出身于群盗之家，未经儒家伦理熏陶，她也急着想让丈夫继承皇位，估计在两人独处时她给其夫非常大的压力。在此情况下，孝宗不能不作出让步，采取让太子参与政务的措施。

但是这条措施大有问题。孝宗是在十一月初二宣布此决定的，五天后，著名诗人、政治家杨万里便以新除秘书少监兼太子侍读身份上书孝宗，恳请他收回成命。杨万里说，最高统治权，只能出于一不可出于二。出于一，则治，则安，则存；出于二，则乱，则危，则亡。决不能由于要守三年之丧而创让太子参决政务之先例。

杨万里是太子身边的人，他为什么要上这封表面看来于太子不利的书？其实他这样做，归根结底也是为太子着想。自古以来，中国这个国家的最高政治权力，决不能两人分享，哪怕是父子两人都不行，否则，定会闹出人寰惨剧。随手举一例，比如，西汉的武帝，应该是有大智慧的人。他立了太子刘据后，对太子的意志也极少干涉。他自己用法严酷，太子则待人宽厚，常常平反父亲的案子，弄得下边的经办人员极其恼火。皇后劝太子多顺从父亲。武帝知道后，反而责怪皇后，表扬儿子。但到了晚年，江充因得罪了太子，怕日后太子掌权难为自己，遂在武帝面前拨弄是非，告状说皇后、太子诅咒你希望你快死。太子无奈，将江充收监处死，起兵。武帝此时尚派人召太子来见，使者怕死，向武帝汇报说："太子已反，欲斩臣，臣逃归。"武帝大怒，让丞相率兵诛太子。一场死者达数万人的混战由此酿成。①最高政治权力不能分享，由此可以得知。后来清朝时像康熙等皇帝都不预设太子，也便是想避开争权的陷阱，免得上演惨剧。在君主专制时代，如果最高统治权发生分裂，必然会引起血腥和灾难。

以上介绍，看起来和陈亮没有太大关系。作为一个蛰居乡间的士大夫，陈亮不可能与朝中政事有太大的干系。但后来陈亮高中状元，其实与朝中的政治斗争关系最切。孝宗多年以来不敢谈恢复大业，在陈亮看来，必定是受了太上皇的某种掣肘。如今太上皇已逝，太子参决庶务，朝中有了重大变动。在这风起云涌之际，陈亮琢磨，自己必将有一番举动，借此启动恢复大业。于是，他发出倡议，冬天在江西紫溪，会同当世的两位伟人朱熹和辛弃疾，共商大计。他认为，走上历史前台的日子又到来了。

---

① 参见《汉书》卷六三《武五子传》、卷四五《蒯伍江息夫传》等。

辛陈相会

该年冬天，陈亮约朱熹、辛弃疾到江西紫溪相会。朱熹后来未能与会，这场本该是南宋三巨头的盛会变成了两人的畅饮快谈。不过，仅此也足以流传千古了。

陈亮与辛弃疾的交往，在两人的生涯中均熠熠生光，并成为时人与后辈关注的热点。最有趣的是，他们的相交相会本是一首蕴不尽之恨的慷慨悲歌，却被误传成了一篇情节曲折、耸人听闻的小说。不过，我们倒也可以从此看出诗与小说的根本区别。

先来看看当时的人是怎样描述陈亮与辛弃疾的交往的。赵溍的《养疴漫笔》记载说：

> 陈亮听说辛弃疾的大名后，骑马往访。临近，过桥时，三次催马前行，马不肯听。陈亮大怒，拔剑斩马首，徒步而进。恰好辛弃疾倚楼，看见这一幕，大惊，派人出来打听，陈亮已到楼下。两人遂订交。后来辛弃疾在淮带兵，陈亮过访，畅谈天下事。酒酣耳热之际，辛对陈描绘北方的金朝如何如何可以吞并南方的宋国，南方的宋国怎样怎样也可以制服北方的金朝。辛还说钱塘不可做帝王居，因为断牛头山，天下援兵到不了钱塘；决西湖水灌城，满城皆鱼鳖。饮罢，陈留宿辛处。陈亮夜思，辛沉默寡言，酒后必然醒悟已失言，会杀自己灭口，于是爬起，窃骏马而逃。过了个把月，陈亮写信给辛，稍微提了一点那天辛说的话，并向其索要十万缗，以解己之穷困。辛见信后，如数付给。

董平先生在《陈亮评传》中，早已力辩赵溍之非。他考出辛弃疾并无在淮率兵之事。[①]而在笔者看来，最直接的证据，当数辛弃疾以为忌讳不好宣扬的观点，本为陈亮所有。只此一点疑问，就可使整条记载轰然崩塌。历史上的辛弃

① 参见《陈亮评传》，第81—83页。

疾，并不认为钱塘不可做帝王居，而陈亮则屡次宣称不行。这个观点，陈亮在上书等各种场合都曾提出，不存在任何忌讳。辛弃疾即使真的说了这个观点也没事，何况没见于任何文献。那么，这条记载说明了什么？只能说明，陈亮在世人眼中，乃一怪人，一豪杰，一行事粗犷、肆无忌惮、不计道德之人。陈亮一生两次入狱，不能说与陈亮在世人眼中的误解没有关系。

但辛弃疾毕竟是陈亮的知己。他跟陈亮的交往，像一杯醉人的浓酒，更是一篇动人的歌行，足使后世千百年人们反复吟咏。那一年的冬天，辛弃疾迎接到了从东阳过来的陈亮，两人同游了鹅湖。后候朱熹不至，陈亮飘然东归。次日，辛弃疾意犹未尽，上路追赶陈亮，欲再作几日盘桓。至鹭鸶林，雪深泥滑，再不能前，遂觅得方村（今属上饶县西茶亭乡泸溪河南岸近丘陵地带，含上方、下方、苦竹塘三个自然村[①]）一酒家独饮，悔恨挽留陈亮不力。夜半，辛弃疾投宿吴氏泉湖四望楼，闻邻家笛声，甚悲，为赋《乳燕飞》（即《贺新郎》别名）一阕。五日后，陈亮来信索词，可见两人千里同心也。

辛弃疾的这首词，实为千古名作。词云：

> 把酒长亭说。看渊明，风流酷似，卧龙诸葛。何处飞来林间鹊，蹙踏松梢微雪。要破帽，多添华发。剩水残山无态度，被疏梅，料理成风月。两三雁，也萧瑟。
>
> 佳人重约还轻别。怅清江，天寒不渡，水深冰合。路断车轮生四角，此地行人销骨。问谁使，君来愁绝？铸就而今相思错，料当年，费尽人间铁。长夜笛，莫吹裂。[②]

辛弃疾平生作词，擅用《贺新郎》。这次写陈亮来访，用的就是这个词牌名，可见辛氏此次用心。在这首词中，辛将陈亮先比成陶渊明，又觉他风流儒雅，同时不忘治国平天下，又好似卧龙诸葛。下篇写陈亮走后辛氏深厚的相思

① 参见程继红：《陈亮、辛弃疾信州之会的交通居住与地理问题考察》，《陈亮研究：永康学派与浙江精神》，第206页。

② 邓广铭笺注：《稼轩词编年笺注》，上海古籍出版社1978年版，第199页。

之情，沉重深切。

陈亮步此调，和了一首：

老去凭谁说。看几番，神气臭腐，夏裘冬葛。父老长安今余几，后死无仇可雪，犹未燥，当时生发。二十五弦多少恨，算世间，那有平分月。胡妇弄，汉宫瑟。

树犹如此堪重别。只使君，从来与我，话头多合。行矣置之无足问，谁换妍皮痴骨，但莫使，伯牙弦绝。九转丹砂牢拾取，管精金，只是寻常铁。龙共虎，应声裂。①

陈亮是以文为词的大家。他的词，说理直率，豪气横生，自成一家。像这一首，还是宣传他在上孝宗皇帝书中说过的道理，呼吁应该抓紧时机恢复故土，否则，北方的人民就认为南北分治是天经地义了。南北决不能平分，应该统一，胡妇弄汉瑟的日子，不能再持续下去了。下片表达了他与辛弃疾的契合。在茫茫人海中，在众人皆安于现状的情形中，他们两人算同是心忧天下者吧。

辛弃疾再和陈亮，仍是好词：

老大那堪说。似而今，元龙臭味，孟公瓜葛。我病君来高歌饮，惊散楼头飞雪。笑富贵千钧如发。硬语盘空谁来听？记当时，只有西窗月。重进酒，换鸣瑟。

事无两样人心别。问渠侬，神州毕竟，几番离合？汗血盐车无人顾，空收千里骏骨。正目断关河路绝。我最怜君中宵舞，道男儿到死心如铁。看试手，补天裂。②

词写陈亮饮酒放论，硬语盘空，惊散楼头飞雪，然天下之大，无人来听，

---

① 《陈亮集》卷之三十九《贺新郎》，第404页。

② 《稼轩词编年笺注》，第201页。

唯有西窗月默默照看。英雄寂寞，令人怆然，宛如骏马在拉笨重盐车，无人怜惜。但陈亮毕竟为豪杰，不发这些无谓的感慨，只道男儿到死心仍似铁。英雄以补天为己任，哪天看我一展身手吧。

词既写陈亮，也是辛弃疾的夫子自道。在那个寒冷的冬晚，在荒村野店，两位爱国志士，迸发过怎样的激情啊！

陈亮同辛弃疾唱和《贺新郎》，接着还有两首，这里不一一征引。他们两人的这段交往，作为中国诗史上最荡人心魄的片段之一，已经如一座诗碑，永远矗立在人们的心上。

京口之行，再上皇帝书

淳熙十五年（1188）二月，陈亮作金陵（今南京）、京口（今镇江）之行。

这次出行，是为再次给孝宗上书做准备。陈亮准备趁孝宗可以放手施行的时候，重提恢复方略，抓紧实施收复故土的决策。而且他还有一个目的，就是去长江边上观察地势。到了金陵，他见地辟天开，精神朗慧，毕竟是一番京城模样。陈亮一贯不同意设临安为宋皇都，主张建都金陵，作向北方用兵的态势，非还故土不足为人。到了京口，他更加感慨。著名词作《念奴娇·登多景楼》记下了陈亮对京口形势的描绘和争雄的决心：

> 危楼还望，叹此意，今古几人曾会。鬼设神施，浑认作，天限南疆北界。一水横陈，连岗三面，做出争雄势。六朝何事，只成门户私计！
>
> 因笑王谢诸人，登高怀远，也学英雄涕。凭却江山，管不到，河洛腥膻无际。正好长驱，不须反顾，寻取中流誓。小儿破贼，势成宁问强对。①

在他的眼中，京口连冈三面，一水横陈，可使谋夫勇士得以伸展躯体，以与北方争雄。而建业（即金陵）其地居高临下，东环平冈以为固，拥秦淮、清

① 《陈亮集》卷之三十九《念奴娇·登多景楼》，第403—404页。

溪以为阻，王气可乘，运动如意，应该凭此北进中原。陈亮自己，干脆在京口买了一处房子，[1]一方面是想离开永康，到此人多眼生之地隐居；另一方面，当是处身抗金前沿，在更可于恢复故土的大业中一展身手。

观察金陵、京口形势毕，他再至临安，给孝宗皇帝上书。这就是留在文集中的《戊申再上孝宗皇帝书》。[2]

其中，他论述了以下几个观点：

一、江南不必忧

人们以为江南不易保。陈亮批判了这个观点。他说，临安南有浙江（即钱塘江），西有崇山峻岭，东北则有无数低湿湖泊，虽有戎马百万，仍施展不开。五代钱镠之所以坐定天下，本朝六十年无忧患，都是因为这一点。当然，从海上，北方可以直达临安。但这条路，南方习惯走水路的人尚且害怕，北虏怎么可能冒这个险呢？所以，江南是完全可以守住的。

陈亮这段论述，应该是打消了孝宗的一个疑虑，即对北方用兵不顺，到头来也不会全军覆没。言下之意就是，即使打败了，我们仍有退路。陈亮可算用心良苦。

二、和议不必守

与金人订和，当初是迫不得已的情急之计。其实，从南北朝时期来看，当时分裂百余年，自南向北攻的多，从北往南攻的少，从没有南北议和的时候。今天老是慌兮兮地以北方为可畏，以南方为可忧，稍有失和，南方群臣便有朝不保夕的感觉，古代从未有过。为什么现在搞成这个样子？还是人们不懂形势，忘记了国耻的缘故。

三、北虏不足畏

现在每年将银两和绢献给北方。财富有限，献虏无穷，再过十数年，国家财富不是用尽了吗？为什么不振作精神，颠倒天地，重创一个新局面？我未闻有千里之地却惧怕人家的。南北朝时期，割据北方的英豪很多，但事业都不能

① 《陈亮集》卷之二十七《复吕子约》，第261页。

② 《陈亮集》卷之一《戊申再上孝宗皇帝书》，第12—16页。

持续到自己的晚年。现在金人之兴已八十年，占有中原已六十年，内部开始出现种种问题。我们还要跟先前一样害怕他们，不是很荒谬吗？

四、书生之论不足凭

陈亮所说的书生之论，并不包括他自己这样的书生，他可能从未将自己看成书生。他指的是按规矩、守绳墨的那帮人发的议论。陈亮说，陛下刚即位时，奋发蹈厉，雷动风行。可能那时候做事情太急，造成了一些不良的后果，书生们得以用规矩议论于后。当时对北方用兵失败，陛下见雷动风行不见成效，循规蹈矩反而不出差错，于是行事风格大变：决定大的事情一定要集体讨论，授人官职一定要按照资格；有才能的人由于无拘无束而被废弃，没才能的却由于平稳而被大用；正道的言论由于迂阔而被排斥，软语却因其甜美而被听取；奇气横逸的伟论被指为放荡之言，庸常的观点却被看成正确的规范。陛下自己隐藏雄才大略，委屈自己，不敢稍露喜怒之情。得到一才士，由于重臣不喜欢，转眼就不用；心知为庸人，由于大家说好，也就当才士用。本朝以儒道治天下，以格律守天下，所以有二百年太平。但现在处于艰难变故之际，书生们只知议论之当正却不知事功为何物，只知节义之当守却不知形势为何用，辗转于规矩之中，没有一个人跳得出来。这样的书生又如何能够依仗？

陈亮回顾了他自己刚完成的金陵、京口之行，描绘了两地的形势，提出要先经营好建业，作为恢复北方的重要据点。同时，他还提出了另一个重要建议：太子抚军。

陈亮说，应该任命太子为抚军大将军，每年去一次建业，兼统诸司，尽护其将，真切地将事情负责起来。陛下遥控于其上，太子负责于其下，这样造成一个向北用兵、让天下豪杰觉得有事可为的局面。他说，太子聪明睿智，而且已是四十岁的人，没必要再考验他的才能，不要再不放心他了。

陈亮这个建议当时不可能实施，甚至不可能得到孝宗的首肯。这说明陈亮对最高政治权力还缺乏明晰的认识。但从另一个角度看，这封上书对太子的推崇和称许，在他日后中状元的事上，也添了一个有力的砝码。

二次入狱

绍熙元年（1190），陈亮四十八岁。他又一次遭受莫须有的冤狱，被捕入监。

他是在这一年的十二月被捕的。事情的起因，是陈家的家童吕兴、何廿四打死了吕天济。吕天济临死前留言说："是陈亮派人杀我。"这桩案子的发生地点应该在永康境外，而被杀者早年曾经侮辱过陈亮的父亲。吕天济家遂向官府报告，指控陈亮指使杀人。县令王恬将吕兴、何廿四抓到，动以大刑，让他们供出幕后指使人。虽经大刑，他们没屈打成招。台官还专门挑了以酷严出名的吏员审问，仍没找到陈亮指使杀人的任何证据。

对于这次狱事，董平先生的考证可谓细致，这里主要采用他的说法。[①]他认为，陈亮这次入狱，案情并不复杂，但为什么系狱时间特别长？应该有下面两个原因：

一是当路者对陈亮的怨恨以及由此引起的打击报复。这个人，很可能就是何澹。何澹，字自然，处州龙泉（今浙江龙泉）人。他为官心切，功名心重，做人很不地道。《宋史》记载，他最早被周必大看中，提为学官，但后来两年没有升迁，是留正提拔了他。他就对周必大产生怨恨，后来做了谏官，马上弹劾周必大，周因此落马。而且他还连带攻击周必大提拔的其他能人才士。他的好朋友刘光祖劝他说，周丞相当然有可议之处，但他门下有很多能人佳士，没有必要牵连上他们。何澹不听。据叶绍翁记载，陈亮参加考试时，是何澹负责看他的文章，并将陈亮黜落。陈亮心怀不平，向满朝的老朋友说："我老了，今天反被小子所辱。"何澹听说，对陈亮怀恨在心。董平考定此事发生于绍熙元年（1190），因该年陈亮再试礼部，而何澹也正好于此年"同知贡举"。同年四月，何澹为御史中丞，正合"台官"身份，很有可能是何澹在衔恨报复。

二是上次已经害过他一次的社会舆论。说来说去，人们对他何以能够从一

① 参见《陈亮评传》，第119—125页。

贫如洗到置田盖房，甚至放高利贷心存疑虑。原先人们是怀疑他与官员如朱熹等交通，借此敲诈官吏百姓。这一次，人们倒是怀疑他为土豪，且背地里还可能做打家劫舍的勾当。[①]众口铄金，积毁销骨。这种社会舆论对陈亮此案的认定在某方面肯定加重了众多疑点。而且，最有意思的是，陈亮知道人家对他的议论，还多次说到人家的猜疑，但他很少解释自己是如何富起来的，至少我们在现有留存的文献中没有看到。只有一点可以确认，陈亮是一个将国事系于胸中的士大夫，是一个不蝇营狗苟、不整人害人的正派之人。在研究陈亮许久后，笔者可以负责任地这样断言。

陈亮于绍熙三年（1192）二月出狱。在狱中时，他的许多亲朋故友出力相助者甚少，而张定叟、辛弃疾虽大力营救，但效果也不明显。直到何澹逢继母之丧被斥去职，大理寺少卿宋之瑞被侍御史林大中弹劾转出知外郡，郑汝谐由江西转运使入为大理寺少卿，在郑的主持公道下，陈亮得以释放。

老友陈傅良在陈亮出狱后，写信来贺其脱险，并着实规劝了一番。他说，这次既得以脱祸，应该还一学者模样，将秦汉间士大夫的所为封起，低头合眼，杜门宴坐，享受和平之福。浙西买的房子如果弄好，便可考虑迁往居住。[②]

陈傅良这段话中，“秦汉间士大夫”几字尤有深意。他是指陈亮有秦汉士大夫的思想呢，还是指陈亮有秦汉士大夫的作为？我们读《史记》《汉书》，知道秦汉风气与宋代判然有别。秦汉讲任侠，讲气节，士人行动性较强。宋代则讲规矩，讲道德修养，等等。陈亮生活在宋代，但他的脾气、喜好等更近于古人，也更易与时代发生冲突。陈傅良作为陈亮的挚友，应该是很了解陈亮的，他的劝告因而也更会有的放矢，不会胡说八道。

陈亮也许真的一辈子没有学会处世之道。他心系天下，却两次被入冤狱。他谋国有余，谋己却不足。当然我们也不能光指责陈亮，应该研究生他养他的这块故土究竟出了什么问题，竟两次将一个正派且不干预实际事务的思想家送

---

① 参见《陈亮集》卷之二十六《谢葛知院启》，第238页。

② 参见〔宋〕陈傅良：《陈傅良先生文集》，《答陈同父第三书》，周梦江点校，浙江大学出版社1999年版，第462页。

入大牢。叶绍翁云，永康风俗好讼，数十年必有大狱。[1]陈亮之狱大不大不好说，然而这种风气自宋代就有是可以确定的。直到20世纪末，一个主管过浙江省律师工作的朋友对笔者说，永康好讼至少在全省是突出的。近年经济发展，风气已变了许多。当然，一个现代化的法制社会，再要重复孔夫子的“无讼”理想，等于痴人说梦。我们希冀的，是一个充满生机、经济发展、社会公正、人们生活幸福的法治社会。

高中状元

宋孝宗于淳熙十六年（1189），也就是陈亮再次给皇帝上书的次年退位，光宗即位，尊孝宗为寿皇圣帝，约定一月四次朝见太上皇。孝宗在位期间就坚持定时朝见高宗，一方面是表示下辈守孝道，另一方面，也是迫于退位了的统治者不愿彻底放弃权力、借此机会遥控朝政的需要。孝宗自己多年吃尽这个苦头，但轮到他自己退位，还忍不住以父辈之道还治儿子之身，定下这个类似的制度。

孝宗万万没有想到，他能够做到的，儿子却不能做到。当然，人不能重复走进同一条河流，西方哲学中老早把这个道理讲完了。第一，宋孝宗有着非常强烈的使命感。当时北宋遭靖康之耻，有一种舆论把责任归到北宋皇权一直掌握在太宗一系手上。原来宋代由宋太祖开创，但他后来暴卒，其弟宋太宗掌握了权力，日后传子传孙，皇位再也没回到太祖一系手中。北宋亡，便有太祖借此报仇之说。适逢高宗无子，于是选出孝宗这个太祖之后继承皇位。孝宗既这样被选中，他心目中不能不有天将降大任于是人之感，不能没有远大的雄心和抱负。有了这雄心和抱负，他可以苦其心志，劳其筋骨，饿其体肤，动心忍性，增益其所不能，以坚忍的意志去克服太上皇带给他的种种不快。而光宗接父亲的班，在意志上就与父亲有天壤之别。第二，也是由于以上的原因，孝宗对高宗更加感恩戴德，而光宗反而觉得天经地义，对父亲没有那么强烈的感情。第三，前面已说到，光宗的妻子李后，出身群盗之家，未受传统伦理熏陶，残忍

① 〔宋〕叶绍翁：《四朝闻见录》甲集《天子狱》，第24页。

弄权，肆意妄为，对光宗压力尤大。比如，一次光宗看一宫人手白，喜欢，日后李后派人送给光宗一食盒，打开一看，竟是那宫人的两只手。绍熙二年（1191）十一月，李后趁光宗外出祭祀，杀死了光宗宠爱的黄贵妃，以暴病报。那天晚上，光宗正在祭祀天地，遭突如其来的暴风雨，蜡烛尽灭。这在传统中国是一种极为不好的预兆。光宗屡遭刺激，遂发“心疾”，就是今天说的精神病，不能视朝处理政事。

孝宗与光宗间还有一层冲突，那就是父子关系处理不好。孟子早就说过：古代君子不教育自己的儿子。为什么？因为父亲教子，一定要用正道。正道教育不听，父亲必然发怒。一发怒，父子就搞僵，儿子会反唇相讥：你教我这一套，你自己有没有做到呢？这样，父子间必伤感情。伤了感情，事情就大不妙了。所以古人必须交换着教育儿子。父子之间不能以好的标准相互要求。如果以很高的要求相互求全责备，父子就会发生隔阂。

这段话真是说中了孝宗和光宗之间的毛病。如果说孝宗朝见高宗，忍受种种不快，由于不是父子反而能够容忍的话，孝宗对于光宗一月四次的教导，对光宗来说就是最为沉重的负担。光宗得精神病，虽可能与该家族的某种遗传因素有关，但父亲的压力毕竟是非常重要的因素。光宗对父亲的抗拒心理日渐加强，不再定期去朝见孝宗。许多臣子对此奋死谏争，终不能挽回光宗的心意。

明白这个背景，对陈亮为何能摘取状元的桂冠，自会有更透彻、全面的认识。

绍熙四年（1193）春，陈亮考中进士。五月殿试，光宗的心疾可能是间断性的，此时应该好转。策问问的是如何让士大夫不再偷惰，刑狱如何能除冤滥之弊。[①]这两个题目也许是有感而发，反正问得有些内容。而要引出这个题目必然需要一些套话，这次的套话是光宗继承皇位已经五年，平时尽孝遵命，但天下并未因此治理得更好，这是为何，等等。

这两个题目应该搔到了陈亮的痒处。陈亮一生不以书生自命，他对书生的不满言论随处可见。同时，他又无端蹲过两次大牢，对刑狱的冤滥应该有常人

---

① 参见《陈亮集》卷之十一《廷对》，第91页。

所不能及的认识。但在廷对中，他似乎没有表现出特别深刻的见解。或者说，即使有些见解，也从未引起皇帝以及后人的注意。相反是一句近乎敷衍的套话，让他赢得了皇帝的青睐。他从原定的第三名，由光宗亲手拔擢为第一，为该次大试的状元。

陈亮是怎样说的呢？他说：

我看陛下对于太上皇，二十八年来尽忠尽孝，察言观色，细心揣摩，照做施行，何止一端，有什么必要坚持一月四次朝见的表面礼节，作为一种给外人看的东西呢？——“臣窃叹陛下之于寿皇，莅政二十有八年之间，宁有一政一事之不在圣怀，而问安视寝之余，所以察词而观色，因此而得彼者，其端甚众，亦既得其机要而见诸施行矣，岂徒一月四朝而以为京邑之美观也哉！”[①]

为什么笔者说陈亮讲的是套话？廷对的下文就可证明。在快结尾时，陈亮说：

陛下之孝，即使是古代著名的孝子像曾参等都有所不及。但没有坚持定期朝见太上皇，一般人就会有看法了。其实这很简单，只要陛下马上如故朝见，怀疑就会涣然冰释。——“陛下之圣孝，虽曾闵不过，而定省之小夺于事，则人得以疑之矣；陛下之即日如故，而疑者不愧其望陛下之以厚自处为无已也。”[②]

这是中国古代文人惯用的欲擒故纵之术。可见陈亮的最终目的，还是劝光宗应该朝见孝宗。

但是皇帝、时人乃至后人，都只看重陈亮的前半句话。《宋史》陈亮本传载，光宗见后大喜，以为陈亮“善处父子之间”，即认为陈亮能摆正他与太上皇的关系，为他不按时朝见作了强有力的辩护，遂御笔将陈亮擢为第一。有意思的是，光宗的太子闻之亦喜。皇室之中，唯有孝宗看重陈亮的后半句话，所以也很高兴。与陈亮同时的人，看来有不少有这样的看法。如陈傅良当时为中书舍人，是坚决主张光宗应该朝见孝宗的一派，他对陈亮不能不有所保留。陈亮死后，作为陈亮的好友，他没有写悼念文章。他自己解释是过度悲伤所致，但

① 《陈亮集》卷之十一《廷对》，第92页。

② 《陈亮集》卷之十一《廷对》，第96页。

有人指出是他不愿写，这个观点现在很得认同。[①]后人如危稹，[②]还有清代的浙东史学大家全祖望，也抓牢陈亮的前半句话，认为陈亮功名心重，只想做状元，于是不顾气节，阿谀奉承，附和光宗之不孝举动，晚年有失节之嫌。[③]笔者在研究后认为，抓牢陈亮的半句话小题大做，没什么太大必要。中国之君子，明于知礼义而陋于知人心，对光宗的心理问题无法了解更无能为力，却抱住僵死的教条严格要求，实际上解决不了任何问题。而陈亮在廷对中耍的那么一点小花招，本来骗不过任何人，只由于自己身在其中的缘故，片面强调其中的一点，遂造成对陈亮的种种误解，其责任并不在陈亮身上。

按照惯例，陈亮被派往参赞帅幕，以备大用。具体职务是签书建康军节度判官厅公事。楼钥《攻媿集》卷三六中有《敕赐进士及第陈亮承事郎签书建康军节度判官厅公事》一文，文曰：

> 敕具官某，三岁大比，人徒知为布衣进身之途。艺祖皇帝有言曰：国家设科取士，本欲求贤以共治天下。大哉王言，朕所当取法也。廷策者再，乃始得汝。尔蚤以艺文首贤能之书；旋以论奏动慈宸之听。亲阅大对，嘉其渊源，擢置举首，殆天留以遗朕也。尚循故事，往佐帅幕，益懋远业，以须登用。

当时授了此官，似乎不需要马上到位，陈亮在京城参与了一系列的社交活动。观其文集，便有给留正丞相、葛邲丞相、陈骙参政、赵汝愚同知、罗点尚书以及曾察院、张侍御、黄正言、章司谏、杨解元、陈知丞启。[④]接着，陈亮回到故乡，他的弟弟陈充到县境上迎接，两人相对而泣。陈亮说，以后可以见先人于地下了。旁人听了也不禁潸然泪下。

---

① 参见《陈亮评传》，第89页。

② 危稹云："龙川书气振，对策气索，盖是要做状元也。"见〔宋〕叶绍翁：《四朝闻见录》乙集《光皇策士》，第62页。

③ 参见《宋元学案》卷《龙川学案》，见《黄宗羲全集》第五册，第228—229页。

④ 参见《陈亮集》卷之二十六《谢留丞相启》等，第230—235页。

那年秋天的七月十三日，陈亮同妻子何氏，子沆、瀹、沃、涣、涵，女缪、缯，致祭高祖陈贺、高祖母李氏及曾祖陈知元、曾祖母吕氏之灵。[①]第二天，再祭祖父母、父母之墓。[②]在后一篇文章中，他回顾了祖父的状元梦，此梦今天竟得以实现，也是如同梦寐，尤其是走过那么多的坎坷后，先人再不能看到自己今天的状况了，想来无限地悲伤。

当然，陈亮未忘复仇之壮志。他平日很少作诗，在廷对时不得不做，遵守规定写过一首应制诗。中了状元后，他又做一首谢恩并和御赐诗韵的诗。诗云：

云汉昭回倬锦章，烂然衣被九天光。
已将德雨平分布，更把仁风与奉扬。
治道修明当正宁，皇威震叠到遐方。
复仇自是平生志，勿谓儒臣鬓发苍。[③]

最后两句，铿然有声，道出陈亮一生壮志。

关于陈亮生命的最后时刻，唯见叶适云：“未至官，病，一夕卒。哀哉！葬家侧龙窟马铺山。”[④]垂死时，陈亮托叶适为墓志铭，道：“你的铭文如果写得不实，我当在虚空中与你辩论。”叶适在祭文中作了承诺，于是有今天看到的《陈同甫王道甫墓志铭》[⑤]。王道甫，即王自中，平阳人，也是陈亮的朋友。至于元代方回所记载，说陈亮得状元后，欲娶一桶匠之女，令桶匠作方桶。桶匠无法完成，陈亮百般凌辱。桶匠怒，以桶刀杀之。[⑥]我意不值一辩，当作方回造谣可也。陈亮一生被人造过多次谣，死时再被造一次谣，不为怪也。

关于陈亮逝世的时间，一般认为是绍熙五年（1194），束景南先生根据韩淲

---

① 参见《陈亮集》卷之三十《告高曾祖文》，第320—321页。
② 参见《陈亮集》卷之三十《告祖考文》，第321页。
③ 《陈亮集》卷之三十九《及第谢恩和御赐诗韵》，第400页。
④ 《陈亮集》附录，第419页。
⑤ 《陈亮集》附录，第418—420页。
⑥ 参见《陈亮评传》，第134页。

陈亮墓

《涧泉日记》的记载，考定陈亮应逝世于庆元元年（1195）的正月。[①]我个人认同这个说法。唯一的疑惑就是陈亮既高中授官，为什么却一直待在永康家乡而不去赴任。当然，解答疑问的蛛丝马迹还是有的，可以确定《陈亮集》中写作时间最晚的文章为《吕夫人夏氏墓志铭》，中有“绍熙”“五年二月二十七日”字样，而吕氏之子求他写墓志铭，他说：

> 余方叨被误恩，褒嘉之语，非所宜蒙，训诫之辞，不遑宁处，思所以休息暮年而报称天地之造者，惧未之逮，而敢言文乎！[②]

“休息暮年”一词，意味深长。这段文字也意气萧索，非奋发迹象。看来，也许陈亮根本就未去赴任，估计又受了什么挫折。他的晚年依然寂寞。就是在这寂寞中，他走到了生命的尽头。

陈亮文学成就略说

陈亮既是伟大的思想家，又是杰出的文学家，在这里单辟一节，说说他的文学成就，自属必要。

陈亮以词著名，是南宋一位名家，留名于词史。但是在这里，笔者想先说说他历来被人忽略的文。

陈亮有两段专门论述作文法则的议论。一是：

---

① 束景南：《陈亮生平若干重要问题新考》，《陈亮研究：永康学派与浙江精神》，第157页；同撰《朱熹年谱长编》（卷下），华东师范大学出版社2001年版，第1206页。

② 《陈亮集》卷之三十八《吕夫人夏氏墓志铭》，第398页。

大凡论不必作好语言，意与理胜则文字自然超众。故大手之文，不为诡异之体而自然宏富，不为险怪之辞而自典丽，奇寓于纯粹之中，巧藏于和易之内。不善学文者，不求高于理与意，而务求［奇巧］于文彩辞句之间，则亦陋矣。故杜牧之云：“意全胜者，辞愈朴而文愈高；意不胜者，辞愈华而文愈鄙。”昔黄山谷云：“好作奇语，自是文章一病；但当以理为主。”理得而辞顺，文章自然出群拔萃。①

另一见元代盛如梓《庶斋老学丛谈》：

陈同甫作文之法曰：经句不全两，史句不全三，不用古人句，只用古人意。若用古人语，不用古人句，能造古人所不到处。至于使事而不为事使，或似使事而不使事，或似不使事而使事，皆是使他事来影带出题意，非直使本事也。若夫布置开阖，首尾该贯，曲折关键，自有成模，不可随他规矩尺寸走也。②

第一段是说写好文章的根本，在于“意”与“理”，而不在文辞的工丽，正如今日所说文章要有好的意而不一定要有好的语言一般。当然，我们注意到，陈亮强调意与理的重要性时，针对的是“论”，即文章中的一种特殊的论理文体。由于陈亮以写论为主，所以说这番话表达了他的主要文学观点，不为过分。

当然，作文重在意与理，这个观点也不能说完全是陈亮的创新。宋代理学家有不少人比陈亮还极端，如程颐说：“圣贤之言，不得已也。盖有是言，则是理明；无是言，则天下之理有阙焉。如彼耒耜陶冶之器，一不制，则生人之道有不足矣。圣人之言，虽欲已，得乎！然其包涵尽天下之理，亦甚约也。后之人，始执卷，则以文章为先，平生所为，动多于圣人。然有之无所补，无之靡所阙，乃无用之赘言也。不止赘而已，既不得其要，则离真失正，反害于道必

① 《陈亮集》卷之二十五《书作论法后》，第228页。

② 〔元〕盛如梓：《庶斋老学丛谈》卷中上，四库全书本。

矣。”[①]陈亮不算理学家，对文学的独立价值，他应该还是认可的，看他写文章的姿态就可知。但他作文重意与理过于重技巧，这种态度也是自然的。

根据陈亮自己的文章，老实说，与他的文论中“大手之文”说到的“宏富”“典丽”“纯粹”“和易”都不甚相涉。陈亮之文，以气驭文，以势驭语，浩浩荡荡，有时险怪拗折，甚至不免泥沙俱下。那么，他为什么还要以上述四个标准来作为“大手之文”的标准呢？是不是当时的文风普遍以这些为高，所以他在无意识中也如此这般地顺手写下？

第二段文论是关于写作技巧的。分拆开来说有两点：

第一点是作文不能完全沿袭古人成语。经文不要引完整的两句，史书不要引完整的三句。不用古人句，只用古人意。这样，才能“造古人所不到处”。这句话是陈亮论文的中心意思。他写文章，一定要创新。除了全文的“意”与“理”要创新外，叙述论辩的出语也要讲究，不能沿袭古人成语，如此方能说出古人没说到的东西。外国的名作家说过，第一个说女人像花的作家是天才，第二个说女人像花的就是傻子。语言是会磨损的。一种说法，初创时可能极为生动传神，但是作为成语广泛应用后，就会损害它自身的鲜活。久而久之，用的人、听的人习焉不察，就会沦为陈词滥调。陈亮因此强调只用古人意，不用古人句，就是为了避免这种状况，而让自己的笔触到达古人所未到之处。这是他写文章时的修辞技巧。从他的文章来看，他是真正实践了自己的这一点主张的。我们看不到他整段整段地引述古人的文章。

第二点是文章作法不能有一定的规矩，更不能随古人成法，一定要自成一格，必求创新。这是就文章的结构而言。文章有起承转合，八股更是将这一套规矩成型化，成为不可逾越的规矩。陈亮最不喜欢的也就是这一点。他在自己的文章创作中，真正践履了自己的准则。

陈亮的文章，一直少有人称许。所以这里特别引两篇来说一下。

---

① 〔宋〕程颐：《答朱长文书》，见《二程集》，王孝鱼点校，中华书局1981年版，第600—601页。

送韩子师侍郎序

秘阁修撰韩公知婺之明年，以“恣行酷政，民冤无告”劾去，去之日，百姓遮府门愿留者，顷刻合数千人，手持牒以告摄郡事。摄郡事振手止之，辄直前不顾，则受其牒，不敢以闻。明日出府，相与拥车下，道中至不可顿足，则冒禁行城上，累累不绝，拜且泣下，至有锁其喉自誓于公之前者。里巷小儿数十百辈罗马前，且泣下。君为之抆泪，告以君命决不应留，辄柴其关如不闻。日且暮，度不可止，则夺刺史车置道傍，以民间小舆舁至梵严精舍，燃火风雪中围守之。其挟舟走行阙，告丞相、御史者，盖千数百人而未止。又明日，回泊通波亭，乘间欲以舟去，百姓又相与拥之不置，溪流亦复堰断不可通。乡士大夫惧蝼蚁之微不足以回天听，委曲谕之，且却且前。久乃曰：“愿公徐行，天子且有诏矣。”公首肯之。道稍开，公疾驰径去。后来者咎其徒之不合舍去，责诮怒骂，不啻仇敌。呜呼！大官，所尊也；民，所信也，所尊之劾如彼，而所信之情如此，吾亦不知公之政何如也，将从智者而问之。[1]

这是一篇论政叙事的杰作。它说的是韩子师为婺州太守，被言官以为政严酷弹劾丢官。韩氏离婺之日，先是数千百姓聚集府门，请韩太守留下，主持郡政者只敢收下百姓恳请挽留的牒，不敢上报。次日，韩子师出府大门，百姓阻拦车骑，相拥道中，人多道不能容，有犯禁爬到城上者，拜且泣下，至于锁喉自誓。又有小孩百余，排列马前，不让离去。韩子师见状，拭泪告诉大家，君命不能违，不可久留，百姓就是不听。到了晚上，天寒风雪，百姓弃车，将韩子师用民间小轿抬以佛寺，点起篝火，围守不让走。也有乘车上京告状希望韩太守留下的，数千百人不止。天明，韩子师至码头，欲乘舟去，百姓相拥不肯，至溪流断。还是乡中的士大夫，知道百姓之愿不足以动天听，慢慢地辟开一条小道让韩公徐行。后来道路稍开，韩公急驰去，继续前来的百姓转而痛骂前面的人为什么没有留住韩公，怒若仇敌。呜呼！大官是我们所尊崇的，百姓是我

① 《陈亮集》卷之二十四《送韩子师侍郎序》，第214页。

们所信任的。大官那样说韩子师不好，百姓又那样地以为韩子师好，我也不知道韩子师的为政如何，能不能找到一个智者请教正确的答案呢？

韩子师，即韩彦古，韩世忠第三子，史迹不详，《康熙金华府志》卷十一说他乾道八年（1172）以秘阁修撰知婺州，那么该文应作于1173年。《陈亮集》卷之二十七有《与韩子师侍郎》书。细读该书，可知此作于韩子师知婺州之前。看来韩子师为政本来极严，故陈亮去书为谏，巧妙地说，人们以为你在临安为政过严，我则跟他们解释说做京守与治外郡是不一样的。我的家乡那么点事，绝逃不过你的目光。只需对为非作歹极端者稍为处理一二，其余一切以平易近民之政行之，因势利导，易如反掌。从这封信推导，韩子师治婺过严，或属真实。但陈亮同时写出了百姓挽留韩子师的真切焦急，画面栩栩如生，情节曲折紧张，而将政治的复杂全面展露！到底是高层的统治者判断准确呢，还是百姓的看法准确？陈亮不做一个简单的结论，当然他也不能做简单的结论，但是提出的问题很不简单。我们今天来读这篇文章，可以说陈亮是表达了百姓心声，抨击高官昏庸的。但是，一篇优秀的文章，可以容纳多重解读，我们为什么不能说韩子师的所为，有时百姓反倒难以全面了解，所以无从评判他的所作所为？有些官员表面看上去很正派，暗中胡作非为，百姓这时又怎么能够知晓？

可以肯定的是，结论有时不必有，但陈亮的这篇文章写得确实好。短短几百字，步步推进，紧凑得不容人喘气，而最后戛然止住，如挽住狂奔之野马。仅仅是技巧本身，也足以让人叹服了。

再看一篇《众祭潘用和文》：

> 呜呼！邻里亲戚，朋友故旧，此人情之至隆而人道之所繇立也。岁时无事，杯酒相命，剧谈满引，诙谐笑谑，醉倒而不相责礼；其尤亲者则有笔砚文字之好，上穷千古，下极目前碎事，以致其切磋琢磨之意：此人情之至欢而人道之所繇成也。俄而于朋辈之中夺其一人而去，使其徒回皇四望，而目瞪舌僵，不知所以为策，徒能涕泪四垂，各道其平时悃款欢爱之浅深，以为幽明契阔之候，此人情之至悲而人道之所繇极也。平时朋类相从，颓然无所是非于其间，使争心消伏而不见，唯吾用和是赖，而何以首

当此祸耶！岂吉凶皆非善恶之谓，而所遭特顾其临时耶！千卷之书，独不如生前一杯酒，此吾徒所以为用和千古之叹，而寂寞身后之名要亦何足深计耶！八人之中，唯颐年相若，唯恂齿最少，同堂合哭以哀亡者之相去一世，不知悲乐忧欢变故何时而遂已耶！

生无所取，死无所愧。哀哀用和，致此一酹。①

这篇祭文，更是写得极好，已无法用白话转述。我们从结构上来看一看，开头“邻里”一句，开得光明正大，但亦事实，很多人能够这样写。承之朋友之况，“岁时无事”一层，“尤亲者”再一层，寥寥几字，文势转急，已有大弦嘈嘈、小弦切切之意。下面突然来一转折，“俄而于朋辈之中”这里转得突兀，写出人人心中所有笔下所无之状。下文再写潘用和之善良，在朋友中有相当的地位，而潘氏竟先死，人生哀乐，友朋情愫，蓦上心头，竟何以堪！最后十六字，后面八字，当然人人都会写，但这寥寥八字，全盘写出死者高尚情操。潘用和能真正对得起这八个字，亦是人中圣贤。整篇文章节拍急促，气势紧迫，转折突然，抒情凝练，的确是一篇范文。

至于陈亮的名篇，如《上孝宗皇帝书》等，因前已有阐述，此不赘。

陈亮还有一篇文章，虽然这篇文章不算特别的好，但有两个理由使我们不得等闲视之。首先，这是陈亮关于胡则的文章，而永康有史以来，这两个人的名声最大。从某方面看，在当地，胡则的名声还远过陈亮。盖陈亮的声名存于正史，而胡则则活在永康乃至浙东的百姓的日常生活中也。他现在高踞浙东名胜方岩之巅，每年接受几十万人前来顶礼膜拜。胡则（963—1039），永康人，端拱进士，以兵部侍郎致仕。做官时，他的声望并不显赫，后来他以奏免衢州、婺州的身丁钱著名，但据研究，朝廷早已免去此项收费，只是下面照收如故。胡则在出现大旱灾时出奏要求免去丁钱，可谓水到渠成。由于种种原因，胡则死后被尊为神灵，后进爵号为公，封号的字数不断增加，最后索性称为“胡公大帝”。现在民间还认为到方岩胡公大帝处求签最灵。方岩日日香火不绝，烟雾

① 《陈亮集》卷之三十二《众祭潘用和文》，第339—340页。

缭绕，求签之人络绎不绝，解签之座遍布庙门。如此，由永康状元所写的关于永康神灵的文章，对当地自然极有意义。其次，另一个同样重要的原因是，此文已佚失多年，是栾贵明先生自《永乐大典》内辑得，1981年发表于《文学评论》，到2022年的《永康文献丛书》才始收录。

先征引陈亮该作原文如下：

讯神文

癸卯九月癸丑，里人陈亮以文讯故兵部侍郎佑顺侯胡公之神曰：

亮生之晚，不及侯时。顾亦托侯里，得瞻余光而景前躅也。亮之心，侯其知之矣。苟有疑焉而不以告，是犹爱其情于侯，使侯于亮若不相入。是诚何心哉！侯尝位于朝而从法驾矣，有正直称，没为神明，以自福斯里。民不虔而怒，祷而应，如父兄子弟，情连爱接，通有无休戚于一体，非若大宾之来使人仆仆然费货糜力于一饮一食而谓之勤也。里人之望侯过厚而尊侯，而实外之。遇岁或歉若丰，争与出力拔贫，为是村妆社服，殊名异类，千百为群，前呵后拥，头强目瞪，手振足掉，顾影自喜。悝容鄙态，间见层出。使旁观稍知理道者羞涩汗下，叱叱失声。问其名，甚至僭天子之威仪，悚然有惕于心也。顾乃谓侯乐于得此而锡之福，不尔，雨旸辄不应。心各生念，口转相语，巧证曲验，奔走从事，牢不可解，使侯不得自明。今若备容仪拥一人迎之道中，周旋回转，无顷时宁歇，必且以其人为病狂，是不唯外侯，病侯莫甚焉。民不自顾计其窘，一方骚动谓宜，则以侯故而及病侯，侯之心必不宁此。侯之受职于帝，犹吏之受职于君。吏以所部奉己与否为爱憎，金钱通为威福，君有不闻，闻其谓何？使于三尺自择焉，惧弗克免。雨旸之柄，帝实受之，而侯岂以其私哉？民之不为侯地，殆侯无以自信于民也。民以诚祷于侯，侯请诸帝而不获，则再三而又不得命，帝宁不为民之爱？侯之请终获，民事侯永永无穷已。侯食斯里，以常不以怪。民之妄心不作，悔尤不生，草木之托其神于侯，增东少西者，摈斥弃绝而不自容矣。民于迎侯之事已心醉，梦人所凭，侯其自通之，无使亮之疑既告不答，而转疑侯之神不灵也。自夏徂秋不雨，民皇皇不自宁，而宁于迎神，亮则不宁焉。方动讯神之念，而雨不克，躬持是文，白于祠下。使即香火，所寓以告。俟其鉴之。[①]

癸卯，为公元1183年，此时陈亮与朱熹正处于论争前的蜜月中，我们知道上一年他给朱熹去信，絮絮叨叨地诉说永康的旱灾情形。这一年自夏天以来，又未下雨，出现新的旱灾。九月癸丑，陈亮因为旱情写了这篇文章质问在方岩的神祇胡公。陈亮说：我出生晚，赶不上见到胡公，但出生于胡公的家乡，得以看见余留的光芒而引我前行也。我的赤诚之心，你胡公应该知道，所以我心中有疑问，也一定要告诉你，否则我们两人就生分了。你以前在朝时以正直闻名，死后以神明保佑故里。百姓不虔诚，你会发怒；但他们来祈求，你就有求必应。乡人希望人满足他们的要求，于是过分地尊崇你，其实是将你看成外人了。他们来祭祀你时，村妆社服，前呼后拥，一副村野鄙态，甚至盗用天子威仪，竟至有僭越之嫌，让人惕然心惊。而天时不好时，则口耳相传，说你不保佑他们，让你无法为自己辩解。你现为神，在天帝处供职，宛如官吏任职于国君。天时好不好，其权力应该掌于天帝之手，你又怎么可能以一己之好恶私相授受？你也不过是尽到官吏之职责，再三向天帝请命罢了。你之享祭故里，应由于平常而不应由于神怪之事。现在百姓又来求你了，最好你自己告诉他们你的职责，免得他们怀疑你不灵验。目前百姓惶惶然不自宁，而沉醉于迎神，此时我也不宁了，于是动了问神之念，持此文白于神祠下，点起香火，告知神灵你啊。

这篇文章其实写得很不错，立意佳，关键是有一种理性精神。陈亮拿现实世界比附神灵，对作为神灵的胡则作现实的理解，界定了他的职责和功能，表扬了他的本心，而自认为己与胡则相通，因此不得不负知心之责，前去讯问胡公之神。在这篇文章中，陈亮充分表现出他的自信，他敢于与胡则平等对话，毫不畏惧。果然，日后陈亮与胡则同为永康建县以来最为显赫的两大名人。陈亮之自信，亦在理也。

陈亮之文，有人总结其特点：以未来规略当下，以锐气驱遣辞章，以新变

---

① 《永乐大典》卷二九五一“神”字韵。见《陈亮集》，第447—448页。

超越庸常，以法度自立文坛。[①]至于陈亮文为何没有成为后世为文的典范，大概也只能说他身在南宋，而古文创新之道已由北宋的“六大家”全面开启。时不利于陈亮，也是无可奈何。

古人之文学创作，一般以诗、词、文为主。陈亮文已如上述，诗则今《陈亮集》中仅收四首，所以一般都以为陈亮不会作诗。方如金先生为此专门著文辩说陈亮实长于诗，[②]我个人以为此辩实属无谓。陈亮说过对诗的基本态度。他一点也看不上时人所作的诗：“亮于今世之诗，殊所不解。不解故不好。至于古诗、《离骚》，盖纸弊而不敢释手。”[③]他说自己一点都看不懂今人之诗，看不懂，所以也不喜欢。但对古诗和《离骚》则是翻破了书卷仍还在读的啊！这句话透露了他的偏好：不喜欢今人的诗，而喜爱有新意的东西。在他看来，写诗这件事，经过唐代和本朝的发展，或许已无多少空间可以探索。所以陈亮舞文弄墨的重点，在于文，在于词，而偏偏不在于诗。他当然也会写诗，但是他认为此事没有什么意思，自己有限的精力必须投入到更有意义、更具有创新空间的文体创作中去。

陈亮的词更为著名。但自古以来，“言宋词者罕及陈亮，选家亦仅录其婉约绮丽之作”[④]，如《花庵词选》《草堂诗余》《花草粹编》等。他的词原为四卷，有人估计应为三百多首，但无确证，[⑤]唯确实在编文集时有刊落。到20世纪60年代，夏承焘《龙川词校笺》居前，姜书阁《陈亮龙川词笺注》居后，对陈亮词进行了全面的整理和研究。他俩一致认为陈亮的词很有价值，在文学史上应有突出的地位。夏先生认为：

> 南北宋之交，张元幹、张孝祥诸人曾经拿词这种文学作为向投降派斗争的政治武器，可是他们没有把政治议论写进词里去。辛弃疾早年作《美芹十论》及《九议》，和陈亮的《中兴论》《上孝宗皇帝书》是同类的救亡

---

① 参见庄国瑞：《论陈亮散文之成就》，《江西社会科学》2020年第10期。

② 参见方如金：《诗词文章如江河之流——驳“（陈）亮平生不能诗”》，《河北大学学报》（哲学社会科学版）2018年第2期。

③ 《陈亮集》卷之二十七《复李唐钦》，第262页。

④ 姜书阁：《陈亮龙川词笺注》序，人民文学出版社1980年版，第1页。

⑤ 龚鹏程：《词史上的陈亮》，见《陈亮研究：永康学派与浙江精神》，第285页。

抗敌的大议论，但在他的《稼轩词》里却看不出《十论》《九议》的议论。以我所知，在宋代词家里，能够自觉地这样做，而且做得这样出色——内容是政治，写出的却不是政治语汇的堆砌，这就只有陈亮一人，只有他的《龙川词》里有这一部分作品。①

姜先生认为陈亮：

与辛弃疾皆力主抗金北伐者，其持论同，其气概同，二人又为知交，其词风属于豪放一派又同（刘熙载《艺概》卷四云："同甫与稼轩为友，其人才相若，词亦相似"，甚允）。然稼轩词名冠绝南宋，垂誉至今，同甫似有逊色。而细辨之，龙川词实独具风格，其一种斩截痛快、雄放恣肆之气，又有非稼轩词所能并比者。龙川之词，干戈森立，如奔风逸足，直欲吞虎食牛，而语出肺腑，无少矫饰，实可见其胸襟怀抱。即专以词艺论之，亦自有其精至独到处，未可以其"用作论之法作词"（近有人作此评），遂漫谓"合者寥寥"（陈廷焯《白雨斋词话》卷一论陈亮词语）而轻之也。试读："正好长驱，不须反顾，寻取中流誓"《念奴娇·登多景楼》）；"尧之都，舜之壤，禹之封，于中应有，一个半个耻臣戎"（《水调歌头·送章德茂大卿使虏》）之句，尚有不为之慷慨愤发击节赞叹者乎？若龙川此等词作，真"非曲子所能缚得住者"（此借用晁无咎论东坡词语）矣！②

陈亮作词时自言："平生经济之怀，略已陈矣！"③他以政论为词，是继苏轼以诗为词、辛弃疾以文为词后的一大发明，而且成为这一词类的代表人物。至于得失，大家知道，文学终究不是宣传，好的政论词读起来激荡人心，但是毕竟偏离了文学的正轨，所以陈亮的这一贡献历来遭到冷遇，直到新中国成立后极端强调文学作品思想性才引起重视。在语言的运用上，他的词也有过分散文

① 夏承焘：《论陈亮的〈龙川词〉》，见《龙川词校笺》，上海古籍出版社1982年版，第2页。

② 姜书阁：《陈亮龙川词笺注》序，第3页。

③〔宋〕叶适：《书龙川集后》，见《陈亮集》附录，第417页。

化的倾向。[①]当然，陈亮终究是词中一大家，一个在政论词领域中独领风骚的杰出人物。

下引陈亮最有名的两首政论词，以此一窥陈亮词的成就。

《水调歌头·送章德茂大卿使虏》，是陈亮词中的压卷之作：

不见南师久，漫说北群空。当场只手，毕竟还我万夫雄。自笑堂堂汉使，得似洋洋河水，依旧只流东。且复穹庐拜，会向藁街逢。

尧之都，舜之壤，禹之封，于中应有，一个半个耻臣戎。万里腥膻如许，千古英灵安在，磅礴几时通！胡运何须问，赫日自当中。[②]

《念奴娇·登多景楼》：

危楼还望，叹此意，今古几人曾会？鬼设神施，浑认作，天限南疆北界。一水横陈，连岗三面，做出争雄势。六朝何事，只成门户私计！

因笑王谢诸人，登高怀远，也学英雄涕。凭却长江，管不到，河洛腥膻无际。正好长驱，不须反顾，寻取中流誓。小儿破贼，势成宁问强对！

“尧之都”一句，实为典型代表。古往今来很少有词人如此写词，立懦警顽，确能让人意气风发。而“一水横陈，连岗三面”则近乎军事地理学论文了。

关于陈亮政论词，王叔珩的《陈亮政论词选注》收录陈亮三十七首政论词，注说详尽，颇发人所未发，可以一读。

陈亮另一种风格的词作，如《水龙吟·春恨》，曾被古人选进《花庵词选》和《词综》。词云：

闹花深处层楼，画帘半卷东风软。春归翠陌，平莎茸嫩，垂杨金浅。

---

① 参见吴蓓：《陈亮词论》，见《陈亮研究：永康学派与浙江精神》，第291—298页。

② 《陈亮集》卷之三十九《水调歌头·送章德茂大卿使虏》，第403页。

迟日催花，淡云阁雨，轻寒轻暖。恨芳菲世界，游人未赏，都付与、莺和燕。

寂寞凭高念远。向南楼、一声归雁。金钗斗草，青丝勒马，风流云散。罗绶分香，翠绡封泪，几多幽怨。正销魂，又是疏烟淡月，子规声断。[①]

陈亮词的又一个特点为当今研究者共同忽略。我也是这一次在修订时重读龚鹏程《词史上的陈亮》[②]才明白过来。在此我重新认识了陈亮词的创作动机，同时更深入地体味了陈亮为人、思想以及他所处的时代环境。

今天的研究者对宋词的发展有个比较一致的观点，“也就是‘词本艳科’。自花间香奁以降，词原先就只是提供歌儿舞女侑酒清讴的东西，故绮罗香泽、婉约柔靡乃其本色。从西蜀南唐到晏殊秦观柳永等，大抵都是在这个传统中发展。就算有些人雅些，有些人俗些，或采用诗语，或运用赋体，也只是在这一大脉络中略见小差异小变化而已。东坡以后，才出现一种不符此种‘本色’的词；词坛由排斥到接受，于是乃有所谓的豪放一派，而把从前那些词称为婉约派。词坛从此乃由此二派中分天下，评论词的人，基本上也以这两大风格去衡量词人词作”。

龚文认为，这个概括其实是不符合宋词的发展实际的。“事实上，词本来就不只是艳科，其道广大，非歌儿舞女之讴所能限。”到李清照，才提出“词别是一家”的观点，以协律、雅、整体感为正宗。而陈亮，正好身当此种观点渐成主流之际。他在词上面，究竟做了什么事呢？

一言以蔽之，就是陈亮完全不理睬主流观点，在许多方面与主流可能还刻意相违。他也不是不知道时代潮流，但我觉得他在思考后并不接纳主流观点，而宁愿凭一己之力尽情施展自己的套路。他并不觉得自己是在跟主流相争，而是根本就看不上主流，不屑于与主流论争。

他的词与主流观点相违，主要表现在以下两个方面：

① 《陈亮集》卷之三十九《水龙吟·春恨》，第407页。

② 参见《陈亮研究：永康学派与浙江精神》，第285—290页。下引该文，不再出注。

一是多写词，并以政论入词。这应该说是出乎以前词史的范围。为什么陈亮会这般百无禁忌、肆无忌惮？关键就是，他认为诗是一种发展已无空间的文体，所谓“花间妙语欲无诗。一年歌一词”。王叔珩解释这两句是：“以《花间词》为典范的词这一美妙无比的艺术形式，简直要把流行的五七言诗完全压倒下去，所以，我决心摒弃诗的形式，每年都为您的寿诞创作一首新词。”[①]在陈亮看来，词的兴起不算长久，有广阔的发展空间。所以他要多写词，龚鹏程说：“陈亮有四卷词，在整个宋代，排名已高居第七位，与稼轩并列，算是多产词人了。”

二是在词的创作中运用新的手法，最具代表性的就是陈亮以政论入词。这点前有所述。再就是坚持写多种题材，决不局限于儿女绮情那种小圈子。今天说解陈亮词，会说陈亮词兼豪放、婉约两派，两种题材的词都有。殊不知这种说法是中了李清照等人的毒。词兼百科，自开始就是如此。李清照欲为词划小范围，但陈亮仍然坚持早先的词之格局。所以他的词中，不仅有政论词，更有种种写别的题材的词，如春恨、春愁、春感、玩月、道上所见等，咏物词也有不少。他不受束缚，且看不上那些束缚词作的新潮理论，这就是陈亮关于词的态度。

这个问题更可以摆到个人与时代的关系中看。我们知道，自宋代开始，朝野流行中心化、正统化的一种思维方式。这种方式重点强调事物的唯一正确性，而将各式各样不同的思维看成异端，需要拒斥。北宋的道学家周、张、二程揭起了理学的旗帜，认为千年圣绪久已荒坠今日才得复明，今后只要沿着这条光明大道走下去就行。史学家欧阳修则贬斥在乱世苟活的冯道，高扬以道德统率生活的旗帜。此风至南宋更加发展，朱熹、陆九渊等为此鼓扇不已，并开始逐渐成为朝野主流。而陈亮，就是这么一位面对主流并经过深入了解后仍然决定我行我素的独立思想家。他在词的创作上是如此，在他的整个人生中也是如此！只是他对抗的主流，日后更巩固其正统地位，所以他的独立思考，很难得为时人甚至后人所赞同，更为后代不少人所反对。龚文说：“陈同甫《自赞》曾自诩

① 王叔珩：《陈亮政论词选注》，山东教育出版社1996年版，第19页。

是‘人中之龙，文中之虎’。但实际上他在南宋只是个畸人。持论既畸于时，为人具英雄气，也与当时南宋人不甚相同。”

但是陈亮毕竟不可能被埋没。近代以来他的风采渐露，时至今天更成为浙东人民的精神底色，激励着人们在纷繁的世界中独力走出创新之路。这才是陈亮的独特意义所在。

永康学派

在出于自己生命冲动的各种学术和政治活动中，陈亮不知不觉地培育出了一个有独特面目的学术派别，后人称为“永康学派”。黄宗羲、全祖望的《宋元学案》，在收录了吕祖谦（《东莱学案》）、薛季宣（《艮斋学案》）、陈傅良（《止斋学案》）、叶适（《水心学案》）后，继之以陈亮（《龙川学案》）。《龙川学案》，以吕祖谦、薛季宣、叶适为“龙川讲友”以倪朴为龙川学侣，以王自中为龙川同调，另收录一传弟子喻民献等三十六人。三位“龙川讲友”，均为大儒，本书已多有涉及，在此不做专门介绍了。至于另外的人物，倒是可以一谈。

倪朴，字文卿，同府浦江人，学者称石陵先生。“其学大略近陈同甫，谈兵说剑，耻为无用之学。”[①]绍兴末年，传说金人要南侵，倪朴听了大喜，道是“依日月，乘风云，以佐天诛，此其时矣！”他的意思是，一举消灭金人的日子到来了。于是他草书万言，“谓金可以必灭者有五，不可以不灭者亦有五，而灭之之策有三，其事势相关不可缓者有七”。这里引三策如下：

> 兵法先发制人，今金虽有意犯我，而事未举，则谋未定，屯戍未备，宜令诸将出其不意，水陆并进，袭其屯戍，夺其要害，使中原之民知所向慕。然后车驾进驻江表，以壮声援，以慰中原归附之心，则黄河以南，可传檄而定，所谓疾雷不及掩耳者也。若大军已举，警备已严，当令江、淮之师，堂堂之众，出寿春、盱眙、涟水以迎其前；然后一军出荆、襄，一

① 《宋元学案》卷五六《龙川学案》，见《黄宗羲全集》第五册，第230页。

军出陈、蔡，以溃河、洛；一军出陇、蜀，入散关以据陕。关、洛震动，贼势分而我专，何有不济？若其锋未可当，宜敛江、淮之兵，列江而守，虚两淮之地以待之。金所恃者骑耳，舟楫非其所长，深入吾境，临江不敢辄渡，吾据江不与之战，旷日持久，粮运不继，则士心危，不自乱且自溃，不战而屈人之策也。

郑先生伯熊见之叹曰："男子，男子！"

当是时，道德性命之学盛行，先生独与同甫讲明其学，凡所著述，但以示同甫，其知先生者，亦惟同甫。然皆不能谐于乡，同甫既累陷罪戾，先生亦废徙筠阳，久乃得赦归。同甫晚得一第，终不得有发舒，而先生亦以寒窭老死，其所著有《舆地会元》四十卷，备列天下山川险夷，户口虚实，以证其兵战之所出，又绘之为图，张之屋壁，时时豫筹其策，手指而心计，冀万一得当以用之。晚虽坐废，犹著《览辙录》五卷，以痛国家御侮用策之失，闻者悲之。先生卒后，其所著《舆地会元》不传。谢皋羽尝论定其文之可存者，而吴渊颖及见其图，以为"先生足踪所未至，盖亦未免有参差矛盾，未为尽善者。但其博而有用，以视黄茅白苇之徒，直如曹蜍辈矣。向使先生之学，本之以伊、洛之义理，所就且将不止于此。然要非今之学者所可及，固未易以王霸并行而遽少之也"。可谓平允之论。然予又尝考东莱之卒，先生贻书同甫，谓宜力学以绍其后，而同甫咈然不说。是则同甫之护前，莫能洗其膏肓之痼，而先生晚年所见平实，有不谬于伊、洛者矣，是不可不表而出之也。卒之同甫附会光宗之不孝，以取一第，尽丧其生平，而先生固穷，不失其所守，即此一书，可以见之。[①]

据此可以看出，倪朴的用兵方略与陈亮有许多相似之处。中间写到吕祖谦卒后，倪朴致陈亮一书，全文为：

同甫足下：往岁承复书，过为见畏之语，似非情实，非所望于朋友也。

① 《黄宗羲全集》第五册，第230—231页。

近者郑、吕二公相继云亡，前辈风流，几扫地矣！今之世以文章名天下、为时辈所推许者，足下一人而已。宜便自励，使道德日进，为小子后生之矜式，以绍郑、吕二公，是所愿望！朋友尚忠不宜佞，唯足下察之！①

王自中（1140—1199），字道甫，浙江平阳人，学者称厚轩先生。所学大体似陈亮，“傲岸自喜，目无世人”。在丞相座上，敢于吟诗讥刺，座客多恐，而他饮食自若。乾道四年（1168），有议要将北方归正朝廷的人遣还，自中伏阙三上书，痛谏此举。遭时相嫉恶，建议远方流放，上曰不可，后斥之徽州，上且让临安尹遣明白事理的人护理他的行程。淳熙五年（1178），成进士。十年召赴都堂，未至，上数问近臣，及见，上曰：“望卿甚久。”因陈言，且上两疏，言战守之事。孝宗欲用，屡遭言官诬劾，后出知邵州等。②我们发现，王自中的为人以及遭遇，尤其是皇帝对他的态度，真与陈亮有诸多相似之处。自中所著有《王政纪原》《列代年纪》《孙子新略注》《厚轩集》等。不过，他晚年与陈亮略有龃龉，陈亮《祭王道甫母太宜人文》云：“某向与令子为琨、逖之相期，晚节末路，盖管、华之异向；迹虽小戾，心实如初，追念昔游，几成一梦。”③陈傅良云：“道甫岁晏抑才为学，去智为恬。假之持久，何造不深。”④可能王自中晚年受理学影响，讲究心性之学，与陈亮车辙始分。叶适作有《陈同甫王道甫墓志铭》，将两人写在一起。

至于陈亮的学生，《宋元学案》载其一传三十六人，再传及多传有方凤、黄溍、吴莱、谢翱、宋濂、柳贯等。一传基本上是陈亮的学生，与陈亮的学术观点也较相近。再传及多传之人，对陈亮的学术有多少认同，就应该个别研究了，所以本节内不打算涉及。这里先说陈亮的两位女婿。

陈亮有两女，一妻丽水吴深，有奇才，娶妻后居永康，但事迹不传；⑤一妻

① 《倪石陵书》，四库全书本。

② 《宋元学案》之《龙川学案》，见《黄宗羲全集》第五册，第232—236页。

③ 《陈亮集》卷之三十三《祭王道甫母太宜人文》，第349页。

④ 〔宋〕陈傅良：《王道甫圹志》，见《陈傅良先生文集》，第629页。

⑤ 参见《黄宗羲全集》第五册，第238页。

东阳厉仲方，却列于叶适的门墙，系在《水心学案》之下。仲方，字约甫，曾师事水心，以武学诸生举第一，任领卫官。但他不喜欢警卫职位，后出知安丰军。“金人内犯，朝议忧在江北，以先生防守建康。先生有将才，其在安丰，种桑数十万株，垦田数千顷。置历阳军实甚众，后人卒用其所造九牛弩，射杀金骁将于城下；又用其所制战车，败之清水。水心帅建康，访士于先生，曰‘田琳可’，乃以之戍合肥，而金不敢犯，然先生未尝识琳也。金人屯定山十余万，先生募石斌贤、夏侯成再破走之。金人留六合，水心令先生往解围，则曰‘虏且退矣’，不数日而果然。已而复还，领卫。台臣劾其附会开边，罢官奉祠，寻徙邵州。先生慷慨自喜，少为陈同甫婿，又从水心，素留意于事功之学，故所至有称。自侂胄死，凡豫于开边之役者，不原其人之本末，皆击去之，虽水心有所不免，而先生竟以此死于邵州，君子惜之。”[①]看来他得陈亮、叶适两家之长，不屑于心性之学，而醉心实事，有才干，在军事上能料敌机先，独当一面，还会制造新型的军事武器，又能识别人才，心胸开阔。多有人议论陈亮大言炎炎，言过其实，然其婿可证明陈亮思想确能结行动之硕果，非可以狂生妄言一笔抹杀之也。

在陈亮的学生中，努力向学的有义乌喻民献、喻偘、喻南强，浦江钱廓、凌坚，金华刘范，永康徐硕、孙贤、胡括。在陈亮遭遇奇祸时，挺身相救、奔走四方的有喻偘、喻南强、凌坚、何大猷等。

与陈亮气质相近但师承多人的陈亮学生，还有丁希亮、陈刚。丁希亮，字少詹，浙江黄岩人。“负奇气，拊躬誓志，自以为不至于所至不止。三十一岁从叶水心学于乐清，同门之士以其议论夸大，相与背笑之，而水心亦以其读书有数，年已长，微砭厉之。然先生虽俯视一切，而颇自悔少学不力，竭昼夜读书为文，不啻如严父师在旁程督之。又明年，变名字从陈同甫于永康，同甫惊曰：‘是人目荦荦，神谔谔，非妥帖为学徒者。且吾乡里不素识，得非岩穴挺出之士邪？’又未几，从东莱于明招，则一时硕师良友，名言奥义，贯穿殆尽。尝服补褐而食蔬薄，手钞成屋，于是纵笔所就，词雅意确，论事深眇，皆有方幅。水

① 《黄宗羲全集》第五册，第198—199页。

心亦叹曰：'不图少詹学倏博，文倏工，淹识练智，粗细并入，非人力所及也。'率以岁日二三留治其家，余辄孱山航海，一夕竟去。僧坊民舍，随所栖止，虽在千里外，家事伸缩，不失尺寸。不幸四十七岁遽卒，有《丁少詹集》。"①

陈刚，字正己，盱江人，一作建昌人，以进士官教授。"初见象山而归，傅子渊问之，先生曰：'先生谆谆只言辨志。'象山言涵养是主人翁，省察是奴婢，先生不以为然。象山曰：'足下才气迈往，而学失其道，凡所经营驰骛者，皆适以病其心耳。'晦庵谓学者曰：'象山之喜正己者何事？'叶贺孙曰：'喜其有才。'"

祖望谨案：正己早与刘淳叟同师陆子，甚称许之。已而先生游浙中，师同甫，又师东莱。陆子贻止斋书，叹其半途异志，慕用才术者也。朱子亦深不喜之，言其轻薄资质，本自劳攘，又为同甫、伯恭教以权数，其叛陆子，于诸人为最。②

考陈亮学生的籍贯，分别为：永康，16人；义乌，4人；浦江，3人；东阳，3人；金华，2人；缙云，2人；丽水，1人；黄岩，1人；省外，1人；另籍贯不明者，3人。

由此看来，陈亮在本乡影响最大。当然，本地人投入陈亮门下，自然最为方便。在交通十分不便的古代，这是完全可以理解的。义乌为陈亮妻家，所以问学陈亮的也较多。另外的学生，大多数来自婺州各县。缙云虽在处州，与婺州别，但接壤永康，所以说永康学之组成，以地方性人士为主，这也从一方面说明了永康学派之影响范围。

最后在此谈一谈陈亮的师承问题。本来这不算什么问题。《宋元学案》卷五十六《龙川学案》卷首全祖望案语云：

① 《宋元学案》之《水心学案》，见《黄宗羲全集》第五册，第187—188页。

② 《宋元学案》卷七七《槐堂诸儒学案》，见《黄宗羲全集》第六册，第45—46页。

永嘉从经制言事功，皆推原以为得统于程氏。永康则专言事功而无所承，其学更粗莽抡魁，晚年尤有惭德。述《龙川学案》。

全祖望为史学大家，尤长宋史。[①]他论陈亮学无所承一语，率非轻易。我们今天读《陈亮集》，印象也大致如此。近年方如金先生作《陈亮研究十一大误区考论》，其中不少考订精审，对陈亮研究有扎实地推进，但其中“关于陈亮没有师承的研究误区”一节，[②]专论陈亮有师，以郑伯熊、何子刚、吕祖谦、章服等为陈亮师，实见未读懂全祖望，并未明陈亮之胸襟也。有必要专门在此厘清一下。

黄宗羲创“学案”一体，撰著《明儒学案》，是中国历史上独创的学术思想史新文体。他表述自己的著书宗旨说：

大凡学有宗旨，是其人之得力处，亦是学者之入门处。天下之义理无穷，苟非定以一二字，如何约之使其在我！故讲学而无宗旨，即有嘉言，是无头绪之乱丝也。学者而不能得其人之宗旨，即读其书，亦犹张骞初至大夏，不能得月氏要领也。

学问之道，以各人自用得著者为真。凡倚门傍户，依样葫芦者，非流俗之士，则经生之业也。……以水济水，岂是学问！[③]

羲为《明儒学案》，上下诸先生，深浅各得，醇疵互见，要皆功力所至，竭其心之万殊者而后成家，未尝以懵懂精神冒人糟粕。于是为之分源别派，使其宗旨历然。[④]

黄宗羲、全祖望著作中的“师”，是专指在学术思想上有发明、传授之功者，并考虑学生是否对其履行过相关拜师仪式、书院学习等条件，决不泛泛而

① 参见钱穆：《中国史学名著》，生活·读书·新知三联书店2000年版，第242页。

② 方如金：《陈亮事迹著作编年》，河北大学出版社2021年版，第447—452页。

③〔清〕黄宗羲：《明儒学案发凡》，见《黄宗羲全集》第七册，第5—6页。

④〔清〕黄宗羲：《明儒学案自序》，见《黄宗羲全集》第七册，第4页。

指一个人开蒙和成长交往等人生过程中接触、服膺过的长辈和友人。宋代书院兴盛，私学盛行，朱熹办过多个书院，陈亮亦有自己的书院。所以“学案”中论师承脉络清晰，可以复按。陈亮为吕祖谦之“学侣”[①]、陈傅良“学侣”[②]，在《宋元学案》中写得明明白白，完全没必要重新立说。今天我们读陈亮的著述，确也没有发现他因袭了哪位名家的学术宗旨。陈亮一辈子独立思考，敢于提出新见。如把何子刚、吕祖谦等人视为陈亮之师，陈亮自己就第一个不能同意！《宋元学案》中又有哪一处将启蒙之师视为学术之“师”的？不可能有！将“师”泛化，很可能是受今天我们不管碰到何人都可以“某老师”称之的时代影响。但古人称师，何等庄重！学术上称师，更是严格非常。理解了全祖望的称师之重之严，方能理解他说陈亮无所师承的意思。而且，如果说何子刚等人是陈亮之师，最早礼遇陈亮的周葵岂非更是其师？方文却又没有说到。

说陈亮无所师承，到底是褒是贬，全氏之意，也难遽定。按传统的意思，以贬居多，暗示此学来源不正。但两《学案》所录，均以开宗立派之人置学派之首，因循模拟者，概不与列。《明儒学案》卷一《崇仁学案》，记吴与弼“上无所传，而闻道最早，身体力验，只在走趋语默之间”。[③]所以一人能无所师承而开宗立派，应被推崇。关键是全祖望对陈亮的描述符合实际状况。陈亮一生，最厌千人一律，崇尚独创布新。说他无所师承，既符合历史真相，也契合当代的创新原则吧。

---

① 《宋元学案》卷五十一《东莱学案》，见《黄宗羲全集》第五册，第37—38页。

② 《宋元学案》卷五十一《东莱学案》，见《黄宗羲全集》第五册，第58页。

③ 《明儒学案》卷一《崇仁学案》，见《黄宗羲全集》第七册，第5页。

第八章 毁誉千古

像陈亮这么一个人物，在世时和去世后均有多方面的评价与议论。除本传中已经说到的，以下分时期予以叙说。

南宋

在南宋，许多名家与陈亮有来往，他们对陈亮的认识都是来自第一手的。归纳起来，这一时期对陈亮的评骘，大致有如下几点：

一是认为陈亮慷慨有奇节，有力量。最有代表的是吕祖谦、辛弃疾的评论。叶适《龙川文集序》记吕祖谦事云：

吕公伯恭退居金华，同甫间往视之，极论至夜分，吕公叹曰："未可以世，为不能用。虎帅以听，谁敢犯子！"同甫亦颇慰意焉。[①]

辛弃疾《祭陈同父文》云：

呜呼！同父之才，落笔千言。俊丽雄伟，珠明玉坚。人方窘步，我则沛然。庄周、李白，庸敢先鞭。同父之志，平盖万夫。横渠少日，慷慨是

① 《陈亮集》附录，第417页。

须。拟将十万，登封狼胥。彼臧、马辈，殆其庸奴。天于同父，既丰厥禀：智略横生，议论风凛。使之早遇，岂愧衡伊。行年五十，犹一布衣。间以才豪，跌宕四出。要其所厌：千人一律。不然少贬，动顾规检，夫人能之，同父非短。至今海内，能诵三书，世无杨意，孰主相如？中更险困，如履冰崖，人皆欲杀，我独怜才。脱廷尉系，先多士鸣。耿耿未阻，厥声浸宏。盖至是而世未知同父者，益信其为天下之伟人矣。

鸣呼！人才之难，自古而然。匪难其人，抑难其天。使乖崖公而不遇，安得征吴入蜀之休绩？太原决胜，即异时落魄之齐贤。方同父之约处，孰不望夫上之人，谓握瑜而不宣？今同父发策大廷，天子亲置之第一，是不忧其不用；以同父之才与志，天下之事孰不可为？所不能自为者，天靳之年！

闽浙相望，信问未绝，子胡一病，遽与我决！鸣呼同父，而止是耶？而今而后，欲与同父憩鹅湖之清阴，酌瓢泉而共饮，长歌相答，极论世事，可复得耶！千里寓辞，知悲之无益，而涕不能已。鸣呼同父，尚或临监之否？①

这是悼念陈亮最好的文章，辛弃疾十分贴切地描绘了陈亮的个性，突出了陈亮的伟岸，指出了陈亮的贡献，非深知者不能为也。

周必大于绍熙四年（1193）夏在写给陈亮的信中说：

天生名世之才，决不徒然，特成就有迟速耳。廷对必在鼎甲。②

许及之有诗《中川席上送陈同甫》云：

眼底男儿隘六区，似君豪气有谁如？

---

① 辛更儒辑自《宋名臣言行录》外集卷一六《龙川先生节判陈文毅公亮传》下，见《辛稼轩诗文笺注》，上海古籍出版社1995年版，第122—123页。

② 《文忠集》卷四三。

中原赤子头今白，天下苍生力未纾。
北阙有书流涕上，西山无地带经锄。
共谈世事何时了，劝子加餐返故庐。[①]

张镃《送陈同父》云：

事因前定漫驱驰，语尽人间合似痴，
万卷经纶大儒业，一生忠愤上天知。
长安又见垂杨老，淮甸将兴故国悲。
鸡彘竹篱归梦否，会间方称是男儿。[②]

孙应时在陈亮中状元时云：

陈同父蹭蹬濒老之余，乃魁天下，造物真是难料。然近世亦久不见此好状元矣。[③]

以上几条，皆为友人所说，虽属朋辈间往返之语，或为过情，然亦不全是客套话。

二是认为陈亮有独到之见解，并对他的部分见解表示赞同。

朱熹对陈亮多有不满，但在谈到《尚书》时说：

汉人文字也不唤做好，却是粗枝大叶。书序细弱，只是魏晋人文字。陈同父亦如此说。[④]

……书序不可信。伏生时无之。其文甚弱，亦不是前汉人文字，只似

① 《涉斋集》，四库全书本。

② 《南湖集》卷五《送陈同父》，四库全书本。

③ 《烛湖集》卷八《上杨侍郎王休书》，四库全书本。

④ 《朱子语类》卷七八，第1984页。

后汉末人。又书亦多可疑者。如康诰、酒诰二篇，必定武王时书。人只被作洛事在前惑之，如武王称寡兄朕其弟却甚正。梓材一篇，又不知何处录得来。此与他人言，皆不领。尝与陈同甫言。陈曰，每常读，亦不觉。今思之，诚然。①

朱熹还说：

又有陈同父一辈，说又必求异者。某近到浙中，学者却别，滞文义者亦少。只沈晦叔一等，皆问着不言不语，说着文义又却作怪。②

赵与旹曰：

臧哀伯云：武王克商，迁九鼎于雒邑，义士犹或非之。义士即多士，所谓迁殷顽民者也。由周而言，则为顽民。由商而论，则为义士矣。此说近世陈同甫亮始发之，杜预谓为伯夷之属，非也。③

三是赞成陈亮的功利思想，反对无用之道学的：

沈子固先生曰：道学之名，起于元祐，盛于淳熙，其徒甚盛，其间假此以欺世者，真可嘘枯吹生。凡治才赋者，则目为聚敛；开阃捍边者，则目为粗材；读书作文者，则指为玩物丧志；留心吏事者，则斥为刀笔舞文。盖其所读者，止《四书》《近思录》《通书》《太极图》《西铭》及诸家语录之类，自诡其学能正心齐家至于治国平天下，故为之说曰：为天地立心，为生民立极，为前圣继绝学，为万世开太平。凡为州为县为监司，必须建立书院及道统诸贤之祠，或刊注四书、衍绎、近思录等文，则可钓声誉，

① 《朱子语类》卷七八，第1986页。
② 《朱子语类》卷一二二，第2958页。
③ 〔宋〕赵与时：《宾退录》卷十，四库全书本。

致通显。下而士子，时文必须引以竖义，则亦擢巍科而称名士，否则立身如温国，文章气节如东坡，皆非本色也。于是天下之士竞趋之，稍有违异，其党必挤之为小人，虽时君亦不得而辨之，其气焰可畏如此。然所言所行，了不相顾，往往皆不近人情之事，驯至淳祐咸平，则此弊极矣。是时为朝士者，必议论愦愦，头脑冬烘，弊衣菲食，出则乘破竹轿，舁之以村夫高巾破履，人望而知其为道学君子，显达清要，旦夕可致也。然其家囊金匮帛，至为市人所不为。贾师宪独持相权，惟恐有攘之者，则专用此辈，列之要路，名为尊崇道学，其实幸其阘茸不才，不致掣其肘，以是驯致万事不理，丧身亡国。呜呼！孰谓道学之祸不甚于典午之清谈乎！陈同甫亦曰：今世之儒士，自谓得正心诚意之学者，皆风痹不知痛痒之人也。举一世安于君父之大仇，而方且扬眉拱手以谈性命，不知何者谓之性命乎！周公瑾有言，世有一种浅陋之士，自视无堪以为进取之地，辄亦自附于道学之名，褒衣博带，危坐阔步，或钞节语录，以资高谈，或低眉合眼，号为默识，而试叩其所学，则古今无所闻知；考验其所行，则义利无所分别。此圣门之大罪人也。同甫所嫉者正为此辈尔。[①]

以上是较正面的意见。

对陈亮的反面意见，主要是认为他功利思想太浓，此点在本书中已有专门阐述，这里再引一两句：

同父在利欲胶漆盆中。[②]

方回承其绪，云：

陈同父高谈汉唐，取其一二近似偶合者，以为帝王事业，杂霸之念，

---

① 潘永因编：《宋稗类钞》卷二四，书目文献出版社1985年版，第522—523页。

② 《朱子语类》卷一二三，第2966页。

横乎胸中，其于道，知其偏不知其全者欤？①

还有人对陈亮的学问提出疑义，如韩淲《涧泉日记》云：

陈同甫、陈君举、叶正则多是就外面看入来，所以少精微；虽无补凑之弊，却有机敏之失。②

另有一点，也是朱熹首先指责的：

同父才高气粗，故文字不明莹，要之自是心地不清和也。③

后来这句话的重点就落在"气粗"两字上。宋陈著在恭维陈之某姓状元到任的札中说：

选置诸生，了无同甫粗疏之气。④

南宋一朝，不及见陈亮的有文及翁、马廷鸾等，他们对陈亮的评价却非常一致：

文及翁十分推崇老友姚勉。他在给姚勉《雪坡集》写的序中，选用了"慷慨有大志""倜傥有奇节"之类的词，序的后半部干脆借陈亮来比拟姚勉：

其志与气节固自有不恃生而存、不随死而止者。昔龙川陈同父亦癸丑伦魁也，尝伏阙三上书，孝庙览之惊异，俾执政召问当从何处下手。晚得一第，未及大用而殁。又尝自作长短句四卷，酒酣浩歌一章，辄自叹曰：

① 〔宋〕方回：《桐江续集》，《汪虞卿鸣求小集序》，四库全书本。

② 〔宋〕韩淲：《涧泉日记》卷下，四库全书本。

③ 《朱子语类》卷一二三，第2965页。

④ 〔宋〕陈著：《本堂集》卷六九《回绍兴签判陈状元到任通札》，四库全书本。

平生经济之怀，略已陈矣！抑亦可悲也！夫时东莱吕成公迁居金华，同父数造焉。成公深期之曰：未可以为，世不能用，虎帅以听，谁敢犯子。予于成公何能为役，而所以深期成一，与成公同抚遗编而欷歔，悼吾党之零落，敢以期成一者期其子若侄。①

马廷鸾在为高太清《冰玉观杂稿》写的跋中，几乎用了与文及翁上文一样的修辞手法：

高太清示余以《冰玉观杂稿》一通。读其书，掩卷而叹曰：太清之于斯文，不犹侠欤？想其年壮气盛时，酒酣气张，披荒断古，倚天而号，提剑而舞，有吾家子才之风，过江以来则陈同父其人也。世方采成法以一天下之士，公卿大夫咸出于奉试谨对之文，太清挟是以震其有司，其不悦固宜。呜呼！②

乔行简与陈亮颇有渊源。他是东阳人，与陈亮家乡永康邻县，又出于吕祖谦之门，并与陈亮同年登进士第，后任右丞相等。他有《奏请谥陈龙川札子》，全面地论述了陈亮的成就，并为之请谥。此文在陈亮评价史上非常重要，兹录原文如下：

臣闻褒崇既往，所以激劝方来。乾道淳熙之间，名儒辈出，其所植立，虽有不同，要皆有以垂于后。如朱熹、张栻、吕祖谦、陆九渊，既蒙国家锡以美谥，或录其子孙。而并时奋兴，其才学逈出前古，而乃有未经褒卹者焉。

臣伏见承事郎签书建康军节度判官厅公事陈亮，以特出之才，卓绝之识，而究皇帝王霸之略，期于开物成务，酌古理今，其说盖近世儒者之所

---

①〔宋〕姚勉：《雪坡集》文及翁序，四库全书本。

②〔宋〕马廷鸾：《碧梧玩芳集》卷一四《书余干高太清〈冰玉观杂稿〉后》，四库全书本。

未讲。平生所交，如熹、栻、祖谦、九渊皆称之，曰："是实有经济之学。"所为文号《龙川集》，行于世。当淳熙之戊戌，三上书，极论社稷大计。孝宗皇帝览之感涕，召赴都堂审察，将以种放故事不次擢用。左右用事亟来谒亮，欲掠美市恩，而亮不出见之，故为所谗沮而止。晚际光宗皇帝，亲擢进士第一，曾未及小用而不录。其遗文为世所珍重。其渊微英特之论，雄迈超脱之气，由晋、宋、隋、唐以后自成一家，惜不究其所蕴，而仅见诸空言也。

臣窃谓亮之学，有遗文具存，学者尚知所宗。至若当渡江积安之后，首劝孝宗以修艺祖法度，为恢复中原之本，将以伸大义而雪仇耻，其忠与汉诸葛亮、本朝张浚相望于后先，尤不可磨灭。当今国家多事，所少者忠义之士，苟褒其人，亦足以激昂人心。其人生长于婺，臣少壮接闻，取为模范。今独后死，遭时窃位，倘不引义一陈于上，使表见于明时，非惟有愧于前贤，抑亦无以垂示于后学。况如亮者，非所谓一乡一国之士，乃天下之士，臣故敢冒昧以言。[①]

臣窃照《谥法》："声闻显著者，虽无官爵，特听令谥。"又淳熙《敕》："勋德节义、声实彰著者，不以官品，特与命谥。"若亮：识足以明义，气足以折奸，可谓节义彰著矣；学足以名家，文足以传后，可谓声闻显著矣。迹其所立，实应得谥。臣愚欲望圣慈悯其不遇，特颁睿旨，下有司定谥。庶几天下之士，知朝廷风动之意，翕然有所兴起。臣无任拳拳之至。

此文的重点为：一是陈亮学说，在晋、宋、隋、唐以后自成一家；二是陈亮忠义，与汉诸葛亮、本朝张浚相望于先后；三是陈亮非一乡之国之士，乃天下之士。用今天的话，即非一府一省之名人，乃国家级名人。

《宋史全文》卷三三载：嘉熙二年（1238）五月"乙酉，赐故太府寺丞吕祖俭、故承事郎陈亮谥。寻以太常寺议，谥祖俭曰忠亮，亮曰文达"[②]。

---

① 〔宋〕苏洵：《谥法》，四库全书本。

② 《宋史全文》，第2228页。

乔行简此札作于何时，今无确载。细玩《宋史全文》，此应是宋理宗接纳乔行简札子意见表示同意的日子，因谥还在其后某日也，所以乔行简此札应作于此日前不久，后谥陈亮为“文达”。两相比较，似以《宋史全文》的记载较近真。

而关于陈亮的谥号，《宋史》本传云：“端平初，谥文毅”。竟亦两歧，而且皆无别的佐证。

考苏洵《谥法》，卷二云：

> 毅二：致果杀敌曰毅；强而能断曰毅。

卷三云：

> 达二：质直而好义曰达；疏通中理曰达。

细细辨析，“毅”之字，似重于行动，其二义与陈亮都不切。但“达”之第一义“质直而好义”，与陈亮一生为人处世十分切合。看来，陈亮谥“文达”应更近实。

这是一个官方的评价，虽然不能统一舆论，但估计可能会减少不少争执。

元　代

到了元代，正面肯定陈亮的代表是刘埙。在他的《隐居通义》中，有四条议论和陈亮有关：《龙川功名之士》《龙川学术》《龙川议论》《龙川与朱晦翁书》。他说：

> 宋乾淳间，浙学兴，推东莱吕氏为宗。然前是已有周恭叔、郑景望、薛士龙出矣，继是又有陈止斋出，有徐子宜、叶水心诸公出，而龙川陈同父亮则出于其间者也。当是时，性命之说盛，鼓动一世，皆为微言高论，

而以事功为不足道。独龙川俊豪开扩，务建实绩。其告孝宗有曰："今世儒士自以为得正心诚意之学者，皆风痹而不知痛痒之人也。举一世安于君父之仇，而方低头拱手以谈性命，不知何者谓之性命。"孝宗极喜其说。然亦以是不得自附于道学之流，而人唯称其为功名之士。至其雄才壮志，横骛绝出，健论纵横，气盖一世，与朱文公往复辩论，每书辄倾竭浩荡，河奔海聚，而文公亦娓娓焉与之商论，盖一代人物也。惜中年后始中科举为状元，不及仕，而死矣。予阅其文集，宏伟博辨，足以立懦，而又惜其于道不纯，故后之品藻人物者，不以厕之郑、薛、吕、叶之列云。

乾淳以来，诸贤互相阐究，理学大明，本领端正，檠度修饰，浑然端厚，作世模楷。惟陈同甫豪纵开扩，气盖一世，尝有书与晦翁，其间数语，曲尽事理。[①]

袁桷则在讲述婺州文化时，将吕祖谦、陈亮、唐仲友三家并提：

龙川陈同父急于当时之利害，召人心，感上意，激顽警偷，深以为世道标准，志不成而年逝，识者悲其不遇焉。[②]

当然，指责、否定陈亮的议论仍然存在。陈栎在答问时，说陈亮以诸葛亮自拟，但他曾：

两下大狱，其一是人以大辟罪囚诬之。其一是自以酒狂为僭妄事，为人所告。古无这般豪杰，亦不足言也。[③]

柳贯说：

---

①〔宋〕刘埙：《隐居通议》卷二，四库全书本。

②〔元〕袁桷：《清容居士集》卷四九《书朱氏精舍图诗卷》，四库全书本。

③〔元〕陈栎：《定宇集》卷七，四库全书本。

龙川陈同甫三书五论，非不朗烈俊快，然要其成效，则亦书生无用之空谈而已。[①]

这段时期，关于陈亮诗文的评论多了起来，意见也是正反两面的。苏天爵在为柳贯《柳待制文集》写的序中，谈到南宋婺州之文时说：

尝考南渡之初，一二大贤，既以其学作新其徒，吕成公在婺，学者亦盛。同时有声者，有若薛郑之深淳，陈蔡之富赡，叶正则之好奇，陈同父之尚气，亦各能自名家，皆有文以表见于世。[②]

郑玉在谈及南宋诗文时说：

南渡后，典雅如叶水心，豪迈如陈同甫，丰赡如洪平斋，翘杰如江古心，浩瀚如刘漫塘，跌宕如谢叠山，尖丽如方秋崖，此文士之尤也。[③]

但也有人指出陈亮文章之缺点，如陈栎云：

水心辞胜，同甫气胜，于理皆欠，不足深法。[④]

明　代

在明代，对陈亮肯定的意见远远超过指责，有代表性的是方孝孺。

---

① 〔元〕柳贯：《柳贯诗文集》卷一八《鲁国王文定公家传后题》，柳遵杰点校，浙江古籍出版社2004年版，第373页。

② 《〈柳待制文集〉序》，见《柳贯诗文集》，第480—481页。

③ 〔元〕郑玉：《师山遗文》卷一《胡孟成文集序》，四库全书本。

④ 《定宇集》卷六《答问》。

方孝孺《读陈同甫上孝宗四书》云：

予始读陈同甫论史诸文，见其驰骋为惊人可喜之谈，以为同甫特尚气狂生耳，未必足用也。及观其上孝宗四书，不觉慨然而叹，毛发森然上竖。呜呼！同甫岂狂者哉！盖俊杰丈夫也。

宋之不兴，天实弃之。使孝宗之志不伸者，史浩沮之于前，汤思退败之于后。及同甫上书之时，孝宗之初志已衰矣。当隆兴间，孝宗苟闻此言，将不踰时而召用之？宁使同甫至四上而不报，死于布衣而不用哉！设用同甫，听其言，从其设施，则未必无成功，而卒不用者，天也；宋之不复兴者，亦孝宗也。兴亡天命，非予所知，予所憾者，以同甫之才，而不得一展以死，又岂非天哉！展勿展不足以论同甫，予所深悲者，世愈下而俗愈变，士大夫厌厌无气，有言责者不敢吐一词，况若同甫一布衣乎！人不以为狂，则以为妄，得全身进退以死于牖下若同甫者，幸矣，尚何不用之怪乎！

世之相远两百余年，而俗之相下如此，使同甫而见之，当何如耶！[①]

方孝孺还指出，“陈同甫以纵横之学为文”[②]，此点前人多未指出。几年前，我跟董平兄在闲谈时论及，已出版《陈亮评传》的他略表诧异，思索片刻后表示认同。我一直来以为那是我个人的独到发现，这次见方孝孺此语，嗒然若丧。

诗人谢铎有《过永康有感》二首：

生刍一束万年情，欲拜龙川竟未能。
读罢三书毛发竦，不胜豪气尚凭陵。

英豪一去未千年，独立西风思惘然。

① 《陈亮集》附录，第453页。

② 〔明〕方孝孺：《逊志斋集》卷一二《张彦辉文集序》，徐光大点校，浙江古籍出版社2013年版，第462页。

正是攘夷图治日，九原谁共起龙川。[①]

程敏政等则说陈亮有才：

昔宋陈亮，负才卓荦，俯视一世，虽遇考亭，亦不为窘，其后卒魁天下。而论者以亮经济之策迄未得施为深惜，士固不可知也。[②]

何乔新在《椒丘文集》卷六中，强调了陈亮的道德风范：

陈亮才气英迈，议论高奇，其学未就于道也，然其志节凝洁，求诸叔世，盖千百之十一耳。自道学不明，士风日陋，功利之心胜，道义之念薄，扫门求通，唯恐其不我顾也；守阍请见，惟恐其不我纳也。隶仆呵叱不之耻，士君子笑骂不之恤，志于苟得而已矣。亮江南布衣，年垂五十，栖之逆旅中，曾觌以潜龙之旧势焰，赫然枉驾而顾之，使鄙夫得此，必将倒屣而迎、望尘而拜、避席而后对、鞠躬而后言，其敢少愆于礼耶？而亮视之如厕中之鼠、粪中之蜣螂，亟踰垣而避之，惟恐其污我，是何志节之卓哉！今去亮三百余年，考其事而想见其为人，犹松柏苍寒，不可狎玩，尚足以廉贪而立懦也！呜呼！世之士大夫，志在一资半级，匍匐于阉竖之门，低回于嬖幸之第者，闻亮之风，亦可以少省哉！[③]

孙承恩辑古圣贤像，将李纲与陈亮并提。云：

又读《李忠定集》《陈龙川集》，而得伯纪、同甫之像。一钦其忠谠，一赏其才气，亦附焉。[④]

---

①〔明〕谢铎：《谢铎集》第四十二卷，林家骊点校，中华书局2002年版，第381页。

②〔明〕程敏政：《篁墩文集》卷二五《北观序》，四库全书本。

③〔明〕何乔新：《椒丘文集》卷六，四库全书本。

④〔明〕孙承恩：《文简集》卷三《集古像序》，四库全书本。

支持陈亮、反对道学的有杨慎。他说：

陈同甫与朱子书略云：因吾眼之偶开，便以为得不传之绝学，三三两两，附耳而语，有同告密，画界而立，一似结坛，尽绝一世之人于门外，而谓二千年之君子皆盲眼不可点洗，二千年之天地日月若有若无，世界皆是利欲，亦过矣。予喜其言有切于士病，故书之以自警。刘安世尝云：愿士夫有此名节，不愿士夫立此门户。此元祐之士病。黄履翁云：愿士夫务道学之实，不愿士夫立道学之名。则淳熙以后士病也。党籍伪学之禁，虽小人无忌惮，亦君子有以招之欤！①

嘉靖前后在世的周思兼说得更为激切：

世之庸医挟其术而不售于天下也，曰天下无知己。有痹疾者，庸医谓之曰，而必无饮酒，而必无食肉。听其言则疾者速死，死而犹咎其不尽从。呜呼！庸医之误人危矣哉！知其为庸医而不试其术，而庸医之名幸以闻于后世，而世之君子犹以不试为庸医悲，是亦大惑而已矣！宋之小人，才不足以自达于上，故必为高天下之行，以矫天下之名，名不足以震于人，故必取天下之所共骇且愕、非昔日之所闻见者，旦夜而习之以自表。是故汉以节义称，唐以文章称，居宋之时，非学不足以显于世，于是侻然易其冠裳而不以为耻，俄然倡为异论而无恤于天下之议，且怪其师与弟皆若狂，然奔走而远从之，以为真足以窥仲尼之门墙，而不察其果与否，于师知其非仲尼也而谩欺其弟子，弟子亦知其师之非仲尼也而亦谩从而听之，相与延誉于世，以盗天下之名，是故道学之名兴，人君闻其名之可喜而不察其实之不足以副也，故累辟而屡召之，以庶几于贤者之一至，而道学亦忘其材之不足以用于世也，故偃蹇高卧而后出，以睥睨天下之高位，而人君亦

① 〔明〕杨慎：《升庵集》卷七五《陈同甫与朱子书》，四库全书本。

从而授之，及其叩之而易穷，用之而易竭，与之谋而卒无奇伟之略以拔于众人，则人君亦遂厌之而不亲。于是激一豪、论一事，愤然决去，以自附于天下之清议，以掩其所短，而曰吾以不用去国，于吾不失天下之名，而所以孤吾君之心。亦多矣，世之浅！夫疾其盗天下之名而愤其孤君之心，则建为伪学之论，以逐天下之道学，而天下之溺于道学者遂以小人目之，而其人亦遂不齿于清议。少正卯言奸行僻，孔子执而戮之，吾未知少正卯之党其所以目夫子者果何如也。而今之君子有能嗤道学者，举世訾之曰：此陈同父之流。然则同父之论，果非也哉！①

徐学谟云：

苏子瞻文字，其变化起伏无中生有，全学庄子。至读其所为韩非论，谓老聃、庄周、列御寇之徒，更为虚无淡薄之言，而治其猖狂浮游之说，纷纭颠倒，而卒归于无，有由其道者，莫得其当。夫以子瞻之聪明妙悟，而犹不能解三家之指，何也？然于周也，则又敢于操戈而入室矣，岂宋人习气固宜尔耶？朱紫阳经书训诂，多自注疏中来，而其诋毁注疏之儒特甚，此不胜其胸中拘挛之见，欲妄意上接乎孔孟不传之统，故于汉唐诸儒不得不阴攘其长而阳摘其短，以为孔孟而后惟予一人耳。陈同甫卓见之士，尝为书诋诃紫阳，其往来辨证，不一而足，可谓紫阳之忠臣。惜乎同甫之名，竟因紫阳而没没于世。甚矣后儒之陋也！②

陈亮在历史上自有他的学术地位。宋濂将倪朴上书与贾谊、陈亮并列（《文宪集·倪朴传》）。

王祎云：

① 〔清〕黄宗羲编：《明文海》卷九七《嗤道学》，四库全书本。

② 《明文海》卷四八〇《斋语》。

圣贤之道所以致用于世也：礼乐典章制度名物。盖实致用之具，而圣贤精神心术之所寓，故在学者尤不可以不讲，是故致用在乎经邦，经邦在乎立事，立事在乎师古，师古在乎随时。苟不参古今之宜，穷始终之要，则何以涉事济变弥纶天下之务哉！秦汉以来，儒者之学，或泥于训诂，或沦于辞章，或淫于清虚，或滞于功利，其于圣贤致用之道能通焉者，鲜矣。至于宋，而有永嘉经制之学焉。盖自郑景望氏、薛士龙氏，以及陈君举氏、叶正则氏先后迭起，其于井牧卒乘、郊丘庙社、章服职官刑法之类，靡不博考，而精讨本末源流，粲然明白，条分缕析，可举而行。当其时，吾金华唐与正氏帝王经世之术、永康陈同父氏古今事功之说与之并出，新安朱子皆所推叹，然于永嘉诸君子之学独深许之，岂不以经制之讲，固圣贤之所以为道者欤？①

归有光将陈亮学说与同时诸大家之说并提：

陈亮才气豪迈，心存经济。……而当其时，江西有易简之学，永嘉有经制之学，永康有事功之学，虽其为说不能有同，而要皆不诡于道者，岂不皆可谓圣贤之学矣乎！此与朱子并时而起，皆有得于道者也。②

刘麟长曾为浙江提学副使。他曾采自宋迄明两浙诸儒，“录其言行，排纂成帙”，“首列杨时，次以朱子、陆九渊并列，陈亮则附载于末”③。

兰溪人胡应麟讲到陈亮更多。他曾咏《婺七贤诗》，以吕祖谦、陈亮、唐仲友、黄溍、柳贯、吴立夫、陈君采为婺七贤。咏陈亮云：

同甫真人豪，矫矫谢拘局。宁为跃冶金，肯作瓦全玉，

① 〔明〕王祎：《王忠文集》卷七《王氏迂论序》，四库全书本。

② 〔明〕归有光：《震川先生集》别集卷之二下《应制策 · 浙省策问对二道》，周本淳校点，上海古籍出版社2007年版，第766页。

③ 《四库全书总目提要》卷六二《浙学总传》。

四上阜陵书，十返紫阳牍。至今华川阳，英气贯岳渎。[①]

何瑭（1474—1543），曾在浙江金衢严道任职，驻金华。当地乡贤祠曾把陈亮撤出，何瑭恢复了对陈亮的祭祀，作文云：

本道为表彰先贤，以明公论事，照得故宋永康陈同父先生，才高志忠，文雄节峻，当时推重，后代景仰。旧祀于本府乡贤祠内，公论允惬。近按临考试诸生，闻前此有议其喜谈兵事不修小节，与圣门所学不同者。当道惑于其说，罢其祠祀。窃惟圣门施教，尚分四科，君子取人，岂拘一律，子路好谈军旅，游夏齐驱，宰我立论短丧，闵曾同祀，若依浅狭之见，均在罢黜之中。陈同父言行始终，人所共知，予不多及，特明此意，以释群疑，仰抄案回府，着落当该官吏即造先生神主，照旧奉入郡学乡贤祠内致祭，仰抄案官员，先具不违，依准呈来。[②]

批评陈亮的有章懋等人。章懋云：

陈亮才气不可及，而未尝见于政事。[③]

人之进学，不在于志气进锐之时，而在于工夫有常之后。吾曩见先生请益。先生以为为学之道，居敬穷理，不可偏废。浙中多是事功，如陈同父、陈君举、薛士龙辈，只去理会天下国家事，有末而无本。江西之学多主静，如陆象山兄弟，专务存心，不务讲学，有本而无末。惟朱子之学，知行本末兼尽，至正而无弊也。[④]

---

① 〔明〕胡应麟：《少室山房集》卷一七《婺七贤诗》，四库全书本。
② 〔明〕何瑭：《柏斋集》卷九，四库全书本。
③ 〔明〕章懋：《枫山集》卷二《与韩知府焘》，四库全书本。
④ 〔明〕章懋：《枫山语录》，四库全书本。

崔铣云：

夫游定夫、张九成、杨简之经，禅也；陈傅良、叶适之道，法也，陈亮之功力也，王安石之政利也，背孔孟之道，而袭儒名，乱程朱之学，而立士的。①

他在《士翼》卷二中还说：

夫民者，农桑生之，孝弟道之。生厚而德正，然后以其壮健为兵修武业焉，斯无敌于天下。强国非是必剥，弱国守此可立。陈亮拾功利之余迹，济其张大之气，为主复仇，可谓不自量已。②

顾允成则从另一个角度批评陈亮，不过他这里所说的并非事实。他指责陈亮反对道学，而又宣传道学，言行不一，心不能许。殊不知陈亮曾潜心道学再反道学的心路历程。此点本书已言之甚详，此不赘。顾云：

陈龙川上宋孝宗书曰：今世之儒士，自以为得正心诚意之学者，皆风痹不知痛痒之人也。举一世安于君父之雠，而方低头拱手以谈性命，不知何者谓之性命乎？陛下接之而不任以事，臣于是服陛下之仁，盖明诋朱子所谓平生所学惟此四字之语也。及其论孟子则曰：周道衰而王泽竭，利害兴而人心动，计较作于中，思虑营于外，其始将计其便安，而其终至于争夺诛杀，毒流四海而未已。孟子生于是时，悯天下之至此，极谓其流不可胜救，惟人心一正，则各循其本，而天下定矣。况其势已穷而将变，变而通之，何啻反掌之易？孟子知其理之甚速，而时君方以为迂，吾是以知非斯道之难行，而人心之难正也。何一人之口，判若两舌？彼其论孟子者，

① 〔明〕崔铣：《洹词》卷三《右上篇》，四库全书本。

② 〔明〕崔铣：《士翼》卷二，四库全书本。

乃民之秉彝。而其告孝宗者，则诡遇获禽之智耳。始吾以龙川识即未纯，亦磊落不羁士也。今观其论议，反复如此，则磊落不羁，要难为龙川许也。①

清 代

明末清初，由于对陈亮所处之时代深有同感，推崇、赞同陈亮的意见远占上风。

傅山是明末清初的一大奇人。他博学多艺，有侠气，善医家女科，终生保持气节不仕新朝。有人向他请教学问，傅说：

> 老夫学庄、列者也，于此间诸仁义事，实羞道之，即强言之亦不工。又雅不喜欧公以后之文，曰："是所谓江南之文也。"……或强以宋诸儒之学问，则曰："必不得已，吾取同甫。"②

朱舜水是此时的另一个奇人。他从事抗清，不果，奔走流落于日本、安南、暹罗，最后在日本定居，一直服明代衣冠，对日本"水户学"的建立产生过影响。他赞同陈亮重史的思考方法，在《答奥村庸礼书》第十一首中说：

> 一部《通鉴》明透，立身制行，当官处事，自然出人头地。俗儒虚张架势，空驰高远，必谓舍本逐末，沿流失源。殊不知经简而史明，经深而史实，经远而史近，此就中年为学者指点路头，使之实实有益，非谓经不须学也。得之史而求之经，亦下学而上达耳。晦菴先生力诋陈同甫，议论未必尽然。③

① 〔明〕顾允成：《小辨斋偶存》卷三，四库全书本。

② 〔清〕全祖望：《鲒埼亭集》卷二六《阳曲傅先生事略》，《全祖望集汇校集注》（上册），朱铸禹汇校集注，上海古籍出版社2000年版，第480页。

③ 〔清〕朱舜水：《朱舜水集》（上），朱谦之整理，中华书局1981年版，第274页。

冯班说：

古人之善意可师也，然临事亦须审其所急。如南宋之时岌岌将亡矣，而儒者方讲井田封建，岂当时所可行耶？又非薄管仲，亦何益于事？我读陈同甫文集，未尝不恨也。君子使人也器之，如管仲子产遇汤武，岂不为贤臣乎？范我驰驱终日，不获一禽，罪在嬖奚，不在王良。儒者好言范吾驰驱而不计功业，皆嬖奚而加之以愚者也。此言非欲诡遇也，正谓范吾驰驱非失禽之道也，使王良御后羿操弓，虽若丘陵可矣。儒者做事不来，须要还我一个嬖奚。若只是自己无能，则孟子之言非藏身之地。儒者多言管仲诡遇，非也。五伯假之也，正假这个驰驱之法，仁义是也。管仲范吾驰驱而假者也。①

颜元是陈亮的坚决支持者：

朱、陆、陈三子并起一时，皆非尧、舜、周、孔之道之学也。龙川之道行，犹使天下强。象山之学行，虽不免禅宗，还不全靠书本，即无修和、习行圣人成法以惠天下，犹省本来才力精神，做得几分事功，正妙在不以读书误人也。朱子更愚，全副力量用在读书，每章“读取三百遍”，又要“读尽天下书”，又言“不读一书，不知一书之理”。此学庸人易做，较陈学不犯手，无杀战之祸；较陆学不须上智超悟，但工之乎者也，口说笔做，易于欺人，而天下靡焉从之。但到三十上下，耗气劳心书房中，萎惰人精神，使筋骨皆疲软，天下无不弱之书生，无不病之书生，一事不能做。而人生本有之“三达德”尽无可用，尧、舜、周、孔之“三事”“三物”无一不亡；千古儒道之祸，生民之祸，未有甚于此者也。②

---

①〔清〕冯班：《钝吟杂录》卷二，四库全书本。

②〔清〕颜元：《朱子语类评》，《颜元集》，王星贤等点校，中华书局1987年版，第272页。

吕伯恭眼还阔，量还大，其本传中说“当时豪杰归心”，盖书生文人中之欲有为者也，极尊重同父，又极密交晦庵，费许多牵合苦心，欲二人相交，而终成冰炭。反恨伯恭不直治同父，不剖破他说，任他纵横包裹在里，不知二子之胜于腐儒，正在“纵横包裹”四字也。傥晦庵而能此四字分毫，三家打成一片，不惟有宋社稷生民之幸，亦五百年乾坤之幸矣。奈渠原是以禅宗为根本，以章句为工夫，以著述为事业，全不是帝、皇、王、霸路上人。①

颜元评论朱熹、陈亮的是非说：

是朱子自坏不觉了。同父方要看人相杀，岂止相打乎？②

予观朱子论龙川数段，思素尝言，“以干济英雄手段向宋家书生说，如与夏虫问冰”，益认矣。③

颜元针锋相对地批评“朱子之道”，为陈亮事功之学辩护。他说：

都门一南客曹蛮者，与吾友王法乾谈医云：“惟不见效，方是高手”，殆朱子之徒乎？朱子之道千年大行，使天下无一儒，无一才，无一苟定时，不愿效也。宋家老头巾群天下，人才于静坐读书中，以为千古独得之秘；指办干政事为粗豪，为俗吏；指经济生民为功利，为杂霸。究之，使五百年中平常人皆读讲《集注》，揣摩八股，走富贵利达之场；高旷人皆高谈静敬，著书集文，贪从祀庙廷之典。莫谓唐虞三代之英，孔门贤众之士，世无一人，并汉唐杰才亦不可得。是世间之德乃真乱矣，万有乃真空矣。不惟周、程、张、朱之功效可见，乡愿、佛、老之流祸乃

① 《朱子语类评》，《颜元集》，第264—265页。

②③ 《朱子语类评》，《颜元集》，第265页。

极矣。[①]

陈同甫谓："人才以用而见其能否，安坐而能者不足恃；兵食以用而见其盈虚，安坐而盈者不足恃。"吾谓："德性以用见其醇驳，口笔之醇者不足恃；学问以用而见其得失，口笔之得者不足恃。"[②]

颜元在《阅张氏王学质疑评》中说：

宋、明两代之不竞，陈文达一言尽之，曰："本朝是文墨世界。"[③]

黄淳耀也说：

国家重熙累洽，垂三百年，一旦有崇祯甲申之变，河决鱼烂，几于不可收拾。逮夫世遘中兴，天下颙颙思治矣，而寇未即歼，民未即安者，其故何哉？士大夫才多而气弱也。才者，所以用世也；气者，所以用才也。气有余则激，才不足则弱。激与弱均非所以善，其才而弱为甚。昔者东汉之末，士大夫竞为危言讦辞，污秽朝廷，批抵卿寺，卒至以身塞祸，而国家之乱亡随之，其气激也。南宋之末，士大夫伈伈伣伣，拱手圜视，以苟岁月，陈同父谓之风痹不知痛痒，积数十年而国亦亡，其气弱也。今天下之患，不在于类东汉，而在于类南宋。[④]

乾隆《御批续资治通鉴纲目》在陈亮进士及第下云：

【发明】观亮之宏才博学，而不为时论所容，则其在廷之臣，罔非持禄

① 《朱子语类评》，《颜元集》，第266—267页。
② 《年谱》卷上，《颜元集》，第747页。
③ 《颜元集》，第491页。
④〔明〕黄淳耀：《陶庵全集》卷二《徐定侯行卷序》，四库全书本。

保位因循苟且之人可知矣。迨夫光宗擢用亮，乃告终，可胜惜哉。使其弗获是显，则将没齿无闻矣。书之实所以哀之也。

【广义】人才如亮者，固不多得，惜其气质少纯耳。易曰：谦谦君子，用涉大川，斯无弊矣！①

这段文字表达了对与陈亮同时之大臣的贬斥，肯定陈亮是一个人才，惜在气质少纯。

《四库全书总目提要·永嘉八面锋》云：

圣人之道有体有用，天下之势有缓有急，陈亮上孝宗疏所谓风痹不知痛痒者，未尝不中薄视事功之病，亦未可尽斥永嘉为俗学也。②

有的则推崇陈亮的见解，王士禛云：

陈同甫作《忠臣传》，以武庚为忠臣孝子之首。孙可之作《西斋录发凡起例》，大义凛然。惜其书不传于后世，是古今一大缺陷事。③

陈鼎痛惜陈亮的见解不为用，将其与李纲相提并论，他说：

宋李纲尝议巡幸，谓关中为上，襄阳次之，建康为下，当时亦未尝胶柱于故常也，特规度之地不同耳。陈亮论与纲合，而惜乎宋不能用也。④

李塨则从多元化的角度，为道学贬斥陈亮喊冤：

---

① 〔清〕乾隆：《御批续资治通鉴纲目》卷一七，四库全书本。

② 《四库全书总目提要·永嘉八面锋》，四库全书本。

③ 〔清〕王士禛：《池北偶谈》卷一五《史笔》，四库全书本。

④ 〔清〕陈鼎：《东林列传》卷一一《徐石麒传》，四库全书本。

宋明儒者，如司马君实变新法而过，朱晦庵门人欲杀陈同甫，明之东林党人偏而激亢，以致祸及家国，孔子所谓无妄灾也，不亦验哉。[①]

储大文将陈亮与贾谊并列，同称有识。[②]魏裔介则将陈亮与汉代郭林宗并称，同为“赍志而殁，未竟其施”者。[③]毛奇龄在论及金华文章时说：

金华自颜乌、许孜以后，多忠孝节烈之士，而各有文章。在唐则骆丞最著，而舒侍郎与冯节度继之，顾专以诗名。至宋元迄今，则道学如吕伯恭，史学如陈同甫，以及元之金、许，明之王、宋，辉煌彪炳，指不胜屈。[④]

另外，多有人以陈亮为自比，或作他人之比，此略引两条以见之：

计东，字甫草，吴江人，顺治丁酉举人。为人慷慨磊落，尝以唐马周、宋陈亮自比。与汪琬讲欧、曾之学。过中州，与汤斌讲程、朱之学。故其文醇雅，有矩矱，家贫奔走四方，所至设几礼之。[⑤]

吴应箕，字次尾，贵池人，太学生。性倜傥，善谈论，力持清议，与东林诸贤相应和。生平以经济自负，文词雄伟，为一时才俊之宗。华亭陈子龙以宋陈亮比之。所著有《楼山堂集》《两朝剥复录》《东林始末》诸书。[⑥]

不过，浙东史学大家全祖望是指责陈亮的。在书中我们已经提到了他的言

① 〔清〕李塨：《周易筮考》，四库全书本。
② 〔清〕储大文：《存研楼文集》卷二《原势》，四库全书本。
③ 〔清〕魏裔介：《兼济堂文集》卷一三《诰赠大学士拙庵公墓碑文》，四库全书本。
④ 〔清〕张廷玉等：《皇朝文献通考》卷二三八，四库全书本。
⑤ 《江南通志》卷一六五，四库全书本。
⑥ 《江南通志》卷一六七，四库全书本。

论，他还说：

予观宋乾、淳诸老，以经世自命者，莫若薛艮斋，而王道夫、倪石林继之，叶水心尤精悍。然当南北分裂，闻而得之者多于见，若陈同甫则皆欺人无实之大言。故永嘉、永康之学，皆未甚粹，未有若先生之探原竟委，言言可以见之施行，又一禀于王道，而不少参以功利之说者也。[①]

朱彝尊也是反对陈亮的，他说：

陈同甫言于孝宗曰：今世之儒士自以为得正心诚意之学者，皆风痹不知痛痒之人也。举一世安于君父之仇，方且低头拱手高谈性命之学，不知何者谓之性命乎？吾尝诵其书而悲之。嗟夫！言固可以若是哉。及观新安朱夫子之文，其上孝宗封事，感奋激烈，殆有过于同甫之所云者。世之人重夫子以道，不以文，览其文者或以质直病之，不知夫子之文原本乎道，其辟二氏、崇经术、正人心，皆非得已。孟子曰：予岂好辩哉？予不得已也！夫惟不得已而为文，斯天下之至文矣。孔子筮得贲，愀然有不平之色，而曰：贲非君子之所乐也，丹漆不文，白玉不雕，质有余者，不受饰也。其夫子之文之谓与？夫子集凡百卷，生徒问答八十卷，别录十卷，大约论学之书为多，而予独取其有关时事出处者若干篇，盖非为学者入德之资，俾后之论文者不以质直病焉，而观其感奋激烈。彼同甫之书，其不为夫子言之，亦可信已。[②]

近代的李慈铭非常讨厌陈亮，他说：

阅近人山阳鲁孝廉《通甫类稿》及《通甫诗存》。……皆识议绝人，笔

---

① 〔清〕全祖望：《亭林先生神道表》，《全祖望集汇校集注》（上册），第227页。

② 〔清〕朱彝尊：《曝书亭集》卷三六《朱文公文钞序》，四库全书本。

力亦足相副。拟之杜牧、尹洙，良无愧色，叶适、陈亮，非其敌也。①

新政以来，朝局一变，上书言事者肩背相望，爱我者争相从谀，谓可骤进。弟深耻之，窃以为朱朴、陈亮辈，能少出一人，亦国家之福也。②

予生最不敢轻议人，然于古今亦有深恶者十余人：魏王肃，唐啖助，宋郑樵、王柏、陈亮，明程敏政，国朝陆陇其、沈德潜、程晋芳、程廷祚、朱仕琇、翁方纲，近时方东树，皆愚而自用，谬种遗患。③

但是，随着近代民族矛盾的加深，陈亮的形象开始大幅度正面化。魏源是近代中国的杰出思想家。他曾在咏包世臣时提到陈亮：

陈亮上书气纵横，开扩万古请迁京。
堂堂正正矜旗阵，过宫对策忘生平。④

左宗棠为清代后期“中兴四大名臣”之一。他将陈亮与贾谊、诸葛亮并列：

每观古今蓄道德、能文章，卓然为时论不可少之人，天地不数生之才者，即其英妙之年，类皆能坚自植立，不为流俗所转移。其始亦未尝不为世诟病也。及其功成事就，而天下翕然归之。如贾谊、诸葛亮、陈亮辈，可指数乎？⑤

维新派王韬赞扬陈亮。王韬在给冯桂芬《校邠庐抗议》写序时说：

---

① 〔清〕李慈铭：《越缦堂日记》同治元年十月初八日，《越缦堂日记》第4册，广陵书社2004年版，第2156—2157页。

② 《越缦堂日记》同治二年十二月十三日，《越缦堂日记》第4册，第2665—2666页。

③ 《越缦堂日记》同治七年十一月二十三日，《越缦堂日记》第6册，第4225页。

④ 〔清〕魏源：《题包慎伯文集二首》，见《魏源集》（下），中华书局1976年版，第753页。

⑤ 〔清〕左宗棠：《上徐熙庵先生》，见《左宗棠全集·书信一》，岳麓书社2009年版。

呜呼！此今时有用之书也，贾长沙、陈同甫逊此剀切矣。[①]

郭嵩焘是近代睁眼看世界的杰出外交官。他曾正面评价陈亮：

近日朝廷辄谓言事者“空谈无补”。此四字谈何容易。贾山、严助、杜甫、陈亮之属，庶几近之。今人但语一事，论一人，谁够得事理清楚？其言之善，亦不过随众波靡、强附正论而已。任摘其中一二语，必皆不能自伸其说。朝廷却只一例以空谈无补四字置之，其间是非得失更不深辩，所以终不能一得言者之益。[②]

近世杰出的思想家郑观应说自己写《盛世危言》的创作动机是为了救国。

或有见是说者，比之贾长沙、陈同甫痛苦陈词，则吾岂敢？[③]

李伯元则将郑观应比之陈亮：

《盛世危言》一书，著者香山郑陶斋观察观应。寿州孙相国曾以之进呈，得邀赞赏。中国谈维新，言变法，此书盖鼻祖也。观察复好吟咏，有《罗浮待鹤山人集》。平日所论时务，纵横精确，益发于诗，时人目之为诗中陈同甫。[④]

---

① 〔清〕王韬：《校邠庐抗议跋》，见〔清〕冯桂芬：《校邠庐抗议》，上海书店出版社2002年版，第88页。

② 〔清〕郭嵩焘：《郭嵩焘日记》（第一卷），湖南人民出版社1981年版，第146页。

③ 〔清〕郑观应：《〈盛世危言〉增订新编凡例》，见《盛世危言》，华夏出版社2002年版，第14页。

④ 〔清〕李伯元：《南亭笔记》卷四《郑观应》，山西古籍出版社、山西教育出版社1999年版，第95页。

江湜是近代著名诗人，还到过太平军败走后的永康。他的《九重一首》诗有云：

忽为古人悲不遇，《中兴五论》至今传。[①]

晚清诗人易顺鼎曾作诗，将当时维新派代表人物之一陈炽拟作陈亮：

当代陈同父，轩然日下来。荒荒燕市酒，衮衮汉廷才。[②]

谭嗣同是近代杰出的进步人士、革命家。他曾檃括《抱朴子》《龙川集》语赠黄芳洲云：

曾受双戟单刀，长于葛洪者剑；
所谓麤块大脔，奄有陈亮之文。[③]

---

①〔清〕江湜：《伏敔堂诗录》，左鹏军校点，上海古籍出版社2008年版，第336页。

②〔清〕易顺鼎：《寄怀陈次亮户部即和其赠别诗韵》，见〔清〕易顺鼎：《琴志楼诗集》（上），王飙校点，上海古籍出版社2004年版，第243页。

③〔清〕谭嗣同：《石菊影庐笔识·学篇四十五》，见《谭嗣同集》，岳麓书社1981年版，第147页。

结束语　陈亮成就概说

经过近年的再研究，对陈亮成就的认识进一步加深，陈亮的面目或可经我的说解，更本然地呈现在众人面前。

首先，陈亮是一位伟大的爱国主义国事活动家。这一句话的关键词有两个：爱国主义者和国事活动家。先说第一个词。爱国主义者一词有着特别纷繁的内涵。陈亮究竟是怎样的爱国主义者？在今人的思虑中，一个爱国主义者首先考虑的应该是人民的福祉，他应该为本国人民的幸福而奋斗。众所周知，每个民族都有自己的历史和文化，让一个民族强行离开自己的历史与文化，他的生活将会空空荡荡，无所凭依。异族的统治总是难以契合民心，从这个意义上考虑，爱国主义者的行为确乎十分正当。但是陈亮一生不忘被金人占去的半壁河山，终生鼓吹恢复，究竟是为谁考虑？他的服务对象很简单，就是赵宋朝廷。陈亮认为，从政治层面看，天下必须统治在一人手里，像魏晋南北朝、五代十国等割据时代，皆不足法。换句话说，就是天下的“产权”要分明，应该掌握在一个皇帝手里。所以陈亮终其一生，反复上书，他说如果现在不及时收复北方，日子推移，人民对赵宋的记忆淡薄，北方就可能永远回不来了。归根结底，这里并没有为北方人民生活幸福着想的意思，为的仅仅是赵宋王朝。正史为什么记载下陈亮这么一个人？应该是看重陈亮作为一介平民，作为一个普通知识分子，不屈不挠地为复国呼吁，为赵宋王朝打算，可谓身居江湖则忧其君。我没有任何贬斥陈亮的意思，本书中也早已说明，在陈亮这个时期，国与国之间发动的战争并不像今天这样需要寻求道义的理由，需要编造哪怕是虚妄的合法性。

为利益赤裸裸地发动战争，是当时的通则。在那样的战争中，普通士兵根本无权考虑自己为何献身，他们唯有唯命是从，毫无个人的意志。只有从这样的历史真实去理解陈亮，才能真正认识陈亮的地位以及历史意义。而第二个词对于理解和评价陈亮也十分关键。爱国主义必须体现于一个人物的具体主张和主要活动中。在高中状元以前，陈亮一直以来是一位没有官职的士人，但是他就谋划恢复河山一事上做出了非凡的举动，曾经三次赴阙上书，极论社稷之大计。于朝廷切论此事，结交挚友辛弃疾，前往江陵、京口视察地形，都是出于同一个大目标。而且他在二十多岁就仿诸葛孔明而更名为“亮”，充分表达了他对自己计谋策略的自信。作为一介士人，他的活动能量已经大到让正史予以注意，这足以证明他非同凡响。他的爱国主义，不同于他的同代人陆游的上马击剑、亲赴疆场，而是体现于他的谋划和呼吁。这让陈亮的爱国主义有确切的附丽和表达。

其次，陈亮是一个伟大的思想家。前人多把陈亮思想的重点贡献限定于哲学层面，其实，陈亮思考的重点及其贡献，很大程度上还有政治层面。在哲学上，陈亮在与朱熹的论争中，系统、深刻地整理和表达了他对世界和人生的思考。他跟朱熹的分歧，今天看来，也难以对孰正孰误作一定论。但有一点是确凿无疑的：朱熹对陈亮的概括——“王霸并用、义利双行”，实在是误解了陈亮的思想；而陈傅良的总结——“功到成处，便是有德；事到济处，便是有理”，实在更接近陈亮本意。陈亮以为，任何成功的事功，必然暗合内在的天道。朱熹从应然的观念出发，强调培养伦理道德规范的重要；陈亮则从已然的事实出发，强调实践和效果的必需。另外，他跟朱熹的论争，在某种程度上还是一个英雄主义者和道德主义者的对决。陈亮还总结了哺育了他的浙东人民的生活意旨，表达了父老乡亲的生活取向，他是牢牢生长于人民之中的思想家。只凭这一点，他就是不可推翻且让人们常读常新的。在政治上，陈亮也有非常深邃的思考。他从自己读书经商并行的经验出发，憧憬“官民一家”“农商一事”“商藉农而立，农赖商而行”的和谐社会；他深知苛政猛于兵，认为统治者必须为人民谋利益，指出汉武帝虽虐民，但由于其前的诸位皇帝德泽在民，民心戴汉如故，所以汉家不亡于汉武帝，由此规劝当世的统治者不可竭泽而渔；他有意识地反对君主独运天下的管理办法，强调发挥各个层次的积极性，尤其是地方的积极性，尊重各地的实际，按实际行事；最深刻的，是他总结了古代王朝兴衰的周期律，对一代王朝始则奋发、中则怠惰、晚则腐败的运行表示了深深的忧虑，并为挽回这种趋势做了大量的思考，并尽其所能提出了许多改革方案。历史没有给陈亮一个实践的机会，使我们再次领略陈亮在现实中的风采。当然这种领略没有也罢，因为陈亮按其本质来说为一思想家而非政治家，让他投身现实也许反而削减了他的光芒。

再次，陈亮还是一个杰出的文学家。他的应制律诗较为拘谨，但他的歌行汪洋恣肆，想象丰富奇特，气势一泻千里，虽略有粗疏之处，仍然率真可爱。陈亮词屡被重视，近几十年来更是突出政论风格和战斗主题。平心而论，陈亮词有独特风格，足成一家。但古代再无其他政论词家的事实也提醒我们，如果将这种风格再发展一步，确实也将彻底损害文学，同时也损害词人本身。当然，当行之作，陈亮不是没有，也极见功力与水平，只不过非陈亮词作主要特色而已。陈亮文，则历代未受文家重视，但他的文章，对底层政治有非常深入的观察。他的议论，风起云生，笔势奇逸，如长江大河，滔滔不绝，颇有怒涛汹涌挟泥沙俱下之气势。固然他未以文人自命，没有有意识地进行散文创作，但仍有一些文章是可以传之百世的。

陈亮的自赞，我以为仍是本书最好的结语。文云：

> 其服甚野，其貌亦古。倚天而号，拔剑而舞。惟禀性之至愚，故与人而多忤。叹朱紫之未服，谩丹青而描取。远观之一似陈亮，近视之一似同甫。未论似与不似，且说当今之世，孰是人中之龙，文中之虎！

大事年表

1143年（宋绍兴十三年）　1岁

出生于两浙东路婺州永康县龙窟山南的村中。

1160年（宋绍兴三十年）左右　18岁

写成《酌古论》。

1160—1162年（宋绍兴三十年至三十二年）

其间，受婺州郡守周葵赏识。

1165年（宋乾道元年）　23岁

上半年，娶义乌何氏。八月，母黄氏去世。

守丧期间，父陈次尹入狱。

1167年（宋乾道三年）　25岁

夏，祖母黄氏去世。十二月，祖父陈益逝世。

1168年（宋乾道四年）　26岁

更名为“亮”，参加婺州乡试，为解元。

四月十二日，父陈次尹出狱。

1169年（宋乾道五年）　27岁

参加礼部会试，不中。

上《中兴五论》，不报。

1172年（宋乾道八年）　30岁

收徒讲学。钻研理学，并研究《文中子》等。

1173年（宋乾道九年）　31岁

安葬祖父母。十二月，父陈次尹去世。安葬父亲。

1177年（宋淳熙四年）　35岁

入太学考试。

1178年（宋淳熙五年）　36岁

连上孝宗皇帝三书。

1181年（宋淳熙八年）　39岁

七月二十九日，吕祖谦去世，陈亮往吊。

1182年（宋淳熙九年）　40岁

正月，与朱熹相识相会。

1184年（宋淳熙十一年）　42岁

三月，被捕入狱。五月二十五日，被释放。

1184—1186年（宋淳熙十一年至十三年）

与朱熹作王霸义利之争。

1187年（宋淳熙十四年）　45岁

年初，去临安考试，得病，庶弟因而病死。

十月初八，进京会友，宋高宗崩。

十二月，赴江西会辛弃疾。

1188年（宋淳熙十五年）　46岁

作金陵、京口之行。

1189年（宋淳熙十六年）　47岁

宋孝宗退位。

1190年（宋绍熙元年）　48岁

十二月，陈亮再次入狱。

1192年（宋绍熙三年）　50岁

二月，出狱。

1193年（宋绍熙四年）　51岁

春，中进士。五月殿试，中状元。回永康祭祖。

1195年（宋庆元元年）　53岁

陈亮逝世。

参考文献

〔宋〕陈亮：《陈亮集（增订本）》，邓广铭点校，河北教育出版社2003年版。

《龙川词校笺》，夏承焘校笺，上海古籍出版社1982年版。

《陈亮龙川词笺注》，姜书阁笺注，人民文学出版社1980年版。

《陈亮政论词选注》，王叔珩选注，山东教育出版社1996年版。

方如金：《陈亮事迹著作编年》，河北大学出版社2021年版。

董平等：《陈亮评传》，南京大学出版社1996年版。

〔美〕田浩（Hoyt Cleveland Tillman）：《功利主义儒家——陈亮对朱熹的挑战》，姜长苏译，江苏人民出版社1997年版。

《陈亮研究：永康学派与浙江精神》，卢敦基、陈永革主编，上海古籍出版社2005年版。

〔宋〕吕祖谦：《吕东莱先生文集》，《金华丛书》本。

〔宋〕叶适：《叶适集》，中华书局1961年版。

〔宋〕吕皓：《云溪集》，《续金华丛书》本。

〔宋〕朱熹：《朱子语类》，黎靖德编，中华书局1986年版。

〔隋〕王通：《中说校注》，张沛校注，中华书局2022年版。

〔元〕佚名：《宋史全文》，李之亮校点，黑龙江人民出版社2004年版。

〔宋〕叶绍翁：《四朝闻见录》，中华书局1989年版。

余英时：《朱熹的历史世界——宋代士大夫政治文化的研究》，台湾允晨文化实业股份有限公司2003年版。

束景南：《朱子大传》，商务印书馆2003年版。

束景南：《朱熹年谱长编》，华东师范大学出版社2001年版。

周梦江：《叶适与永嘉学派》，浙江古籍出版社2005年版。

何忠礼、徐吉军：《南宋史稿（政治·军事·文化）》，杭州大学出版社1999年版。

田浩：《朱熹的思维世界》，陕西师范大学出版社2002年版。

《宋代思想史论》，田浩编，杨立华等译，社会科学文献出版社2003年版。

韦政通：《中国思想史》，上海书店出版社2003年版。

后　记

陈亮为人，慷慨奇节，出语则跌宕不羁。他曾讲过一个故事：一士子经常上顿不接下顿，一日他端正衣冠，前去造访相邻的某富翁，请教致富之方。富翁答：致富不易，你回去吃三天斋后再来，我当告你。士子照办，三天后再往。富翁摆出庄重仪式，然后郑重地说：大致致富之道，当先去“五贼”。“五贼”不除，富不可致。士子问：何为“五贼”？富翁答曰：即世之所谓“仁、义、礼、智、信”是也。士子含糊告别而出。陈亮讲完这个故事，便以手捋髯，朗声道：“我们这些读书人如果不被‘五贼’所制，将成何等人耶！”①

这个故事，如果让今人来解读，大多会看成是“仇富心理”。当然，本意为透露陈亮心头坚守道德而嘴巴少把门的脾气，应是人所共知。只是当我们先存一为古人立信史的决心，马上就会发现，陈亮平素谈吐间应该有不少这样的精彩言辞，但是本书中竟然毫无痕迹。我当然可以推托说本无更多这样的资料留存，今天传记总不可能再按陈亮的性格去虚构，但谁都能因此发现，今天的传记离真实古人的距离会有多远。

这本《人龙文虎：陈亮传》是在2004年上海社会科学院出版社出版的《陈亮传》的基础上撰写的。本来我无意申报“浙江文化名人传记”课题，在一次课题评审会上，主编万斌院长出于关心，指示我承担这项课题。不愿拂此好意，

① 参见《宋稗类钞》卷二五。

于是填表申报，又承众位评委支持，通过评审。

这次重写，除按学术著作规范增添了所有的出处注释外，还对以下几点做了大量的补充：一是关于永康民情与文化的叙述。对于家乡文化，我从这个新世纪才开始关切，多少有点自己的领会；二是对陈亮从出生到青年时国家大事的补充，为此我将这一时期的《宋史全文》看了一遍；三是陈亮最推崇《文中子》，这次就此作了一些粗浅的研究，增添了一些内容；四是就陈亮与朱熹的辩论作了更多的正面阐发；五是对陈亮的其他思想及其文学成就作了更多的研究；六是增写了“永康学派”一节；七是增写了“毁誉千古”一章，对南宋至清末关于陈亮的评论做了总结性的叙述。这项工作，以前一直想做，但是如果没有何勇强博士的帮助，仍是做不出来的。可以说，这是一部吸收了迄今为止关于陈亮研究众多成果的著作了。

以博学著名的束景南先生，是我一直佩服至极的学者。这次竟然答应审读此稿，真是幸运之甚！他对拙稿提出的意见，除了老老实实地改动，只有道谢的份。他对我们“浙江文化名人传记”整套丛书，也提过不少宝贵意见，借此一并深深致谢！另外，在撰写期间，我还共同主编了一部陈亮研究的论文集，尽管工作主要是由陈永革先生完成的，但我在董平、周梦江等许多先生的文章中学到了许多。好在文内皆有注出，在此不一一说明了。书内照片，承好友施瑞瑛先生提供，在此一并致谢。

卢敦基

2006年1月23日

再版后记

此书作为“浙江文化名人传记丛书”之一在2006年上半年初印。那年下半年，笔者所在工作单位浙江省社会科学院，同中共永康市委、永康市人民政府联合主办了“陈亮国际学术研讨会”。当时的永康市委宣传部领导赴杭同我商量筹办事宜。本人为会议的举办出了不少心力，作为主要组织者之一是毫无问题的，但最后因故竟未能亲与盛会，实是遗憾。

十多年来，陈亮的名声在浙江日渐壮大，特别是在“浙学研究”领域，陈亮成为不可或缺的经典人物。笔者与他人新近完成的《〈龙川文集〉选注》初稿，作为“浙学经典读本”丛书之一，被列入“浙江文化研究工程（第二期）”。刚刚几天前，笔者还列席了永康市陈亮研究会第四次代表大会。家乡以及各地的陈亮研究热潮，让人欣慰。

但有一个问题随着“陈亮热”的扩散而越加凸显，那就是：“王霸并用，义利双行”究竟是不是陈亮所主张？尤其在专业的学术研究界外，这种对陈亮思想的褊狭认识越来越广泛。尽管研究者们在各种场合反复说明这不是陈亮的思想和主张，而只是朱熹当年对陈亮思想的概括，况且陈亮马上表示反对，声明完全不能接受。陈亮以仁义道德为先的取向，只需看看我前一篇《后记》开头所引的陈亮故事，便能明白。古代中国的士人，自孔夫子传统的主流地位在西汉被确立后，很难说有谁不将仁义道德放在第一位的，哪怕他真做不到他都不愿在心里自认，何况堂而皇之公之于世。在将义字放在前面这一点上，陈亮自认为跟朱熹没有任何区别。陈亮只是觉得，哪怕你话说得再对，面对多变的现实，如果拿不出应对良策并获得上佳效果，那也没什么意思。而朱熹的看法与此不同，他认为人首先要讲正心诚意，如果放弃了这一条，那么，投机取巧、悖仁弃义的恶劣行为马上会大行其道，人心的防线将会崩溃，世界将会步入恶的循环。平心而论，朱熹的看法，在一元化的古代中国也不能说没有合理性，社会行为在某种程度上确也受着时代潮流的影响，潮流的偏向确也助推着此类行为。但即使如此，也不能说陈亮的观点就没有道理。相比于朱熹，陈亮看见了社会的多面性与复杂性，看见了在道德规范和客观效果之间的某种不重合性，所以他坚持要用效果来评价动机，从实效中见道德。他不同意朱熹给自己贴的“王霸并用，义利双行”标签，也是有道理的。

但是，对陈亮思想的这种显然为陈亮自己所不认同的理解，为何今日又如此广泛地为大众所认可接受并得以推广？今天的企业家朋友在想：办一个企业，话说得再好听，产品卖不出去，没有利润，有啥用场？今天的公务员朋友心里想，少一些口头上的政治正确，多办些百姓叫好的实事，难道还有问题？你可以说他们和陈亮一样看到了现实社会的复杂性、多面性，知道念经解决不了根本问题。当然，更大的、也是更少的人指出的一个问题是：中国自辛亥革命以来深刻的社会变革，彻底推翻了传统道德的正当性和无所不在性，义字当头的准则自然而然地被弱化、取消了。人们更愿意从多元的角度来看待现实了。也正是因为这样，陈亮的思想在今天，比起八百多年前反而更熠熠生辉。与其说思想哺育了时代，还不如说是时代让思想重光。

此次重印，是应初版之出版社之邀。我在书的首尾作了一些修订。其他偶有的讹误，此次一并订正。原附录是栾贵明先生当时新发现的几篇陈亮佚文，此项工作今日已集腋成裘，非本书可以胜任，兹全删去。再次感谢为此书提供过帮助的诸位师友及支持此次重印的浙江人民出版社。在此，不禁想起本院老院长万斌先生。当年是他一手主持力主上马百册之巨的“浙江文化名人传记丛书”，我才得以负担了此丛书的许多工作，包括组稿、审稿以及各种杂务等并写成了此书。他于去年因病去世，本人今年也近花甲。追忆往事，不禁感慨系之。“古人云：死生亦大矣！岂不痛哉！”

卢敦基

2021年6月2日

修订后记

这次“浙江文化名人传记精选修订”在原来的百部中选取四十部，以修订的方式进入“浙江文化研究工程（第二期）”，完全是由于浙江省社科联主事领导的关心和安排。这套丛书原为浙江省社会科学院于21世纪初推出的大型科研项目，主编万斌教授时任院长，亲挂其帅，全力推动。本人在组织过程中被选为常务副主编，从头到尾综理其事。原主编万斌先生已经去世，此次大家委托我主持修订，承蒙各位研究人员积极支持，至为感激。修订时正当奥密克戎变异株大流行，诸位作者均能安全度过，并用心修订，交出成果，也是一幸。在此特向提供这次修订机会的相关领导和参与修订的作者表示衷心谢忱。

我自己这部写陈亮的传记在2006年初版，2021年再版。这次修订，颇有改动。陈亮研究，虽不算是当世显学，但历年来总是不绝如缕，其中颇有一些成果可供借鉴，如方如金《陈亮事迹著作编年》。仔细看了一下自己的修订文字，此次主要在以下几方面做了一些工作：

一是在《陈亮事迹著作编年》等著作的基础上，参照友人特别是如《永康文献丛书》主编李世扬先生等的各种意见，订正了原来的一些错讹和疏漏，如陈亮出生地、生日，等等。近年来本人还整理了永康旧方志，所以对永康古代状态的描绘也略有添加。

二也是更为重要的，是在龚鹏程先生参与我院主办的陈亮国际学术研讨会论文《词史上的陈亮》的启发下，重新思考了陈亮之意义。陈亮是一个立体的人，他的言行著作蕴含多重意义，后人大多是从自己所处立场入手重点解读陈亮的某一方面，如永康民间历来重视其“状元”称号，当代哲学研究及社会则注重其功利主义思想。而本人此次修订，更多地体会到陈亮的锐意创新、不与人同，体会到陈亮的特立独行和卓思异想，体会到陈亮的踽踽独行、九死未悔。陈亮不仅在思想上有独创新见，在为人处世上也是戛戛独造，难与俗人共情。其实，他在人群中是孤独的，他两次无端入狱估计就跟旁边人因看不惯而举报他密切相关。他在学术上也是孤独的，他独立扯出“永康学派”的大旗与其他学派分庭抗礼也是一个证明。左宗棠论陈亮“其始亦未尝不为世诟病，及其功成事就，而天下翕然归之”。此语又未尝不是左翁的自我写照？杰出的人物，总是有一个能够独立思考的头脑。在纷纭繁杂的当代世界，这条原则其实更为重要。所以，关于陈亮词，受龚鹏程先生《词史上的陈亮》以及王叔珩《陈亮政论词选注》之启发，突出了陈亮作为一个特立独行的词人的意义。

陈亮原名汝能，二十六岁改名为亮。以前没有深究其意。前两年听同乡同事陈永革专论陈亮改名之报告，印象极深。在修订时特索其文稿，回复说未存。本人于是从诸葛亮形象的演化史出发，再行细究，新成一节，补于书中。

此次丛书修订，距初版已有十几年。其中有两位本是同事的原丛书的作者已经阴阳永隔！而当年新来参与了丛书结尾工作的吴寒女士，仍然参与课题，在修订工作中负责组织联系工作，仍然尽心尽责。特此致谢。

卢敦基

2023年2月4日